다시 대한민국을
상상하다

KB207143

본 저서는 우원장학문화재단의 2023년도 학술연구비 지원을 받았음.

다시 대한민국을 상상하다

석학 4인이 진단하는
한국의 구조와 지속 가능한 미래

최정호, 김진현, 김경동, 오명 지음
박성희 엮음

21세기북스

차례

서문

더 놀라운
미래를 상상하며

박성희

이화여대 커뮤니케이션 미디어학부 교수, 한국미래학회 제6대 회장

먼 과거를 볼수록 먼 미래를 볼 수 있다.

The farther backward you can look,
the farther forward you can see.

윈스턴 처칠(Winston Churchill)

○ ● ○

대한민국이라는 에니그마(enigma)

고등학교 때 내 짝은 비가 오면 비를 쫄딱 맞고 학교에 오곤 했다. 집에 우산이 딱 하나 있는데, 언니가 잽싸게 쓰고 나가는 날이면 할 수 없이 비를 맞고 등교하는 것이다. 착한 그 애는 교실 구석에서 물이 뚝뚝 떨어지는 젖은 머리를 닦고 교복 치마를 짜면서도 자신의 굼뜸을 탓했지 언니를 욕하지는 않았다. 우리는 흔히 가난을 이야기하지만, 우산조차 없어 비 맞고 등교하던 시절을 이해하는 젊은이가 21세기 대한민국에 얼마나 될까.

장맛비인지, 기후 변화로 인한 열대 비인지 알 수 없는 비가 오락가락하던 지난여름, 문득 내가 지금 가지고 있는 우산이 몇 개나 되나 세어보다가, 너무 여러 개라 세기를 포기했다. 그러면서 자연히 그 친구가 떠올랐다. 그도 분명 지금쯤 '우산 부자'가 되어 있으리라. 요즘의 한국은 그때의 한국이 아니니까. 마침 청탁받은 한 잡지에 그 이야기를 에세이로 써서 기고했는데, 가벼운 글로 시작해 우산조차 귀했던 나라의 눈부신 발전을 증언하는 묵직한 글로 마쳤다.

베이비붐 세대 끝물에 태어나 1980년대에 대학을 다닌 나에게도 대한민국의 변화는 이처럼 눈부시다. 그보다 몇 년 앞선 소위 '검정 고무신' 세대엔 신발이 귀했던 것 같다. 신는 것이 귀한 시절이니 입는 것, 먹는 것도 모두 다 귀했을 터이다. 좀 더 과거로 가면 한국전쟁의 포연이 있고, 거기서 시간을 좀 더 뒤로 돌리면 해방 후 혼란과 분단의 비극, 그리고 일제강점의 역사가 있다. 우산이나 신발은커녕, 태어나보니 우리말이 없었고, 나라조차 없었던 시절이 있었다. 아직 우리 주변엔 그 시절을 살아낸 어른들이 적지 않다.

'없음'에서 '있음'으로의 변화를 우리는 '기적' 혹은 '마술'이라고 한다. 있던 것이 그냥 없어지지 않으며, 없던 것이 그냥 생기지 않기에 그 변화의 과정은 늘 수수께끼의 영역, 고대 그리스어로 '에니그마'다. 이 책은 오늘날 우뚝 선 대한민국 발전의 수수께끼를 둘러싼 궁금증을 찾아가며 의문을 풀기 위한 여정이라고 할 수 있다. 어느 날 '눈떠보니 선진국' 같은 한국, 그러나 때로는 '다시 눈떠보니 후진국' 같은, 잘사는 것 같기도 아닌 것 같기도 한 나라가 오늘의 대한민국이다. 어느 책에 나온 구절을 인용하자면 "스핑크스가 묻는다. 아침에는 전근대이고 오후에는 근대이며 저녁에는 탈근대인 것은 무엇인가? 정답은 한국이다. 이렇게 세 겹의 시간대가 착종돼 있는 곳이 우리의 현실이다."01

우리 사회가 안고 있는 다층적이고 복합적인 문제들은, 아마도 이런 서로 다른 시간대의 중첩성에 기인하지 않았을까 추측해본다. 잠시 눈을 감았다가 뜨면 도시가 올라가고 동네가 바뀌는 압축적인 성장과 변화를 겪은 우리나라 사람들은 그렇게 시간을 건너뛰며 바쁘게 살아왔다고 해도 과언이 아니다. 그렇다면 아마도 대한민국이 지금까지 이룬 성취와 그림자, 혼돈과 자신감 속에 상충하는 가치관과 눈부신 물질적 발전 속에서 흔들리며 만들어지고 있는 정체성을 푸는 열쇠는 한국인의 정신(psyche) 속에 깃든 시간과 공간의 개념 속에 깃들어 있을지 모른다. 그리고 어쩌면 앞으로 지향해야 할 방향도 거기서 묻고 해답을 찾아갈 수 있을지 모른다. 우리에게 시간은 무엇이고, 우리가 과거에 가졌던 미래 공간의 내용물은 무엇인지, 그런 질문들을 던지면서 말이다.

다행히도 나는 대략 어디서부터 그 질문을 풀어가면 좋을지 알고 있다. 누구보다 일찍 이런 질문들을 던지고, 누구보다 오래 대한민국을 살아오고 탐색하며, 누구보다 깊이 분석하고 성찰해온 현명한 어른들을 알고 있기 때문이다. 전 세계적인 '발전의 세기'라고 할 수 있는 1960년대에 태동해 1968년 창립된 한국미래학회는 바로 그 물음을 바탕으로 창립되어 지금까지 격동의 대한민국을 목도해왔다. 문명사의 한 줄기를 우리나라 지식 사회에 이식하고 함께 고민하며 성장해온, 당시에는 홍안(紅顔)이었던 학회 멤버들을 찾아가 만나는 것으로 탐구의 여정을 시작하기로 했다. 그들이라면 이 뒤죽박죽한 나라의 본래 모습을 정직하게 증언하고, 탁월한 분석과 함께 앞으로 나아가야 할 방향도 제시해줄 수 있으리라. 무엇보다 미래를 고민하는 젊은 세대가 반드시 들어야 할 이야기를 갖고 계실 것이다. 내 역할은 그 이야기를 듣고 기록해 전해주는 것이다.

그 전에 '미래'라는 시간에 대해 잠시 생각해 보자. 영어를 비롯한 로만스(Romans) 언어를 배울 때 우리에게 낯선 개념 중 하나가 시제(Tense)에 따른 동사 변형이다. 물론 한국말에도 '했다', '할 것이다'처럼 과거와 미래를 나타내는 말이 있기는 하지만, '현재진행형', '과거완료 진행형', '미래완료형' 등 시제 구분이 다양한 서양 언어에 비할 바가 못 된다. 그들은 과거도 가까운 과거와 먼 과거로 나누고, 미래도 가까운 미래와 먼 미래로 나누며, 진행 중인 것과 완료한 것을 시점에 따라 구분해 말한다.

아리스토텔레스는 스피치를 세 장르로 구분하며, 잘잘못을 가리는 사법적 장르, 정책의 실효성을 따지는 정치적 장르, 그리고 가치를 옹호하는 제의적 장르로 나눴다. 이들은 각각 관장하는 시간이 달라, 사법적 장르는 과거, 정치적 장르는 미래, 그리고 제의적 장르는 현재를 다루도록 했다. 이 중 제의적(epideictic) 장르란, 어떤 가치를 옹호하고 청중을 통합하는 기능을 한다. 주로 장례식 조사, 취임사, 이임사 같은 제식에서 사용하는 언어의 장르가 여기 속한다. 이 언어가 지향하는 시제는 '영원한 현재'다. 고대 그리스어에 있는 9개의 시제 중에는 '시제가 없는 시제'도 있다고 하는데, '영원한 현재'와 유사한 개념이 아닐까 상상해 본다.

이렇게 언어의 사용에서부터 시간에 민감한 서양인들은 시간도 양적인 시간과 질적인 시간으로 나누었고, 그 둘을 달리 지칭했다. 양적인 시간은, 글자 그대로 시계열상으로 늘어선, 잴 수 있는 객관적이고 물리적 시간을 뜻하며, 그런 시간의 신을 '크로노스'라고 불렀다. 질적인 시간은 기회와 행운을 뜻하는 주관적 의미가 부여된 시간으로 '카이로스'라고 했다.

신을 인간의 형상으로 표현하길 즐겨한 그리스인들은 크로노스에게 백발 성성한 노인의 모습을, 카이로스에게는 앞머리는 길고 뒤는 대머리이며 어깨와 발꿈치에 날개가 있고 저울과 날카로운 칼을 들고 다니는, 기이하고 독특한 생김새를 각각 부여했다. 모든 '기회의 시간'이 그렇듯이, 앞에서는 잡을 수 있지만 지나간 후에는 소용없으며, 그 순간을 잡기 위해서는 저울과 같은 분별력과 칼 같은 결단력이 필요하다는 메시지를 담고 있다. 아리스토텔레스나 키케로 같은 수사학의 대가들은 로고스·에토스·파토스를 모두 지배하는 것이 '카이로스'라고 했다. 다시 말해 아무리 논리적이고 매력적인 웅변이라도 시공간에 적합하지 않으면 설득력을 발휘할 수 없다는 뜻이다.

불교의 윤회 사상에도 나타나듯 동양인은 시간을 순환적 (circular) 존재로 인식했다. 이에 비해 서양인들은 시간을 줄지어 흘러가는 하나의 선으로 인식했다. 그들에게 미래는 아직 오지 않은, 비어 있는 미지의 영역이고 현재란 그에 앞서 그 빈 곳을 예측하거나 창조할 수 있는 영역이다. 미래에 대한 이런 선형적(linear) 사고는 현재를 사는 인간들의 영역에 미래를 편입시켜 거대한 인과관계의 합리성 안에서 인식하도록 도와준다. 미래는 현재의 결과이며, 현재는 미래의 원인이다. 1960년대 전 세계를 휩쓴 미래학 담론은 전쟁으로 얼룩진 과거의 기억과 답답한 현재 속에서 바라볼 곳이라고는 미래밖에 없던 상황이 빚어낸 창조적 에너지의 발현이라고 할 수 있다.

한국미래학회의 시작

이런 시대적 사조에 일찍 눈뜬 두 젊은이가 있었다. 1963년 주스위스대사(오스트리아 EEC대사, 바티칸공사 겸임)로 제네바에 부임해 있던 36세의 이한빈 대사(2004년 작고)와 독일 베를린자유대학에서 유학하며 한국일보 특파원을 겸하고 있던 31세의 최정호 연세대학교 명예교수가 그들이다.

이한빈 박사는 후일 최정호 박사 화갑(華甲)에 붙인 글 「생각의 벗 미래의 벗」에서 당시 상황을 이렇게 회고하고 있다.

"스위스대사로 가 있을 때였다. 모르는 사람들은 대사라니까 화려한 경력이라고 속단할는지 모르지만 내게는 이때가 일생에서 가장 참기 어려운 청춘 유배의 4년이었다. 불혹도 되기 전에 벌써 첫 번째 커리어였던 직업 공무원 생애의 종막을 의미하는 것이었기 때문이다. 최정호 씨는 바로 이 시절 나의 가장 심처의 생각을 나눌 수 있는 벗이었다. … 우리가 만나면 그저 시국을 논하는 차원을 넘어서, 우리의 시대를 같이 생각하고 얘기할 수 있다고 서로 느꼈다. … 그때의 나와 최정호 씨 사이는 모든 것이 시로 통했다. 적어도 언젠가 보람찬 내일을 같이 열어보자는 암시 같은 것이 들어 있었을는지 모른다. 후일의 눈으로 보면 그런 설계가 하나 들어 있는 셈이 되는데, 그것이 미래학회의 탄생이었다. 사실 한국미래학회는 저 알프스의 메아리 속에서 잉태한 우리 둘의 지적 합작품이라고도 할 수 있겠다. 1960년대 초에 유럽에서는 벌써 그(미래학) 바람이 일어났다. 주로 프랑스·독일·오스트리아에서 일어난 이런 흐름을 접한 최정호 씨는 나에게 말과 글로 한국에서도 미래학을 일으켜야 하지 않겠느냐는 제안을 여러 번 해마지않았다."02

최정호 선생은 이한빈 선생의 고희에 붙인 글에서 "이한빈 선생은 세상이 다 아는 예산 행정의 전문가이다. 그러나 그가 재정 예산만이 아니라 시간 예산(time budget)도 탁월하게 관리하는 전문가, 시간도 돈처럼 예산을 세우고 합리적으로 관리하고 금융적으로 절제하는 인물이라는 것을 아는 사람은 많지 않을 것이다"03라고 적고 있다. 최 선생의 증언에 따르면 이 대사는 스위스에 부임한 지

2년도 안 돼 사표를 내고 수리만을 기다리며 하루빨리 고국으로 돌아가고 싶어 했고, 외국에서 3년 이상 체류하는 것을 경계했다고 한다. 늘 나라 밖에서도 안을 보려 했던 이한빈 선생은 "나라에 도가 행하여지면 나타나고 도가 없으면 들어가 숨어 지낸다(天下有道則見)"는 말처럼 이승만 대통령과 장면 총리 정부에서 10년 동안 공직자의 경력을 쌓아오다 5·16 군사정권에 의해 국외로 유배당했고, 잠시 관계에 복귀해서 부총리 겸 경제기획원 장관을 맡기도 하였으나 그나마 신군부 집권 이후 물러나 학계와 교육계에 투신하며 지냈다.

1966년 한국에 돌아온 이한빈 선생은 행정대학원에 자리를 잡고, 최정호 박사도 학위를 마치고 귀국하면서 마침내 1968년 7월 6일 수유리에 있는 아카데미하우스에서 한국미래학회를 발족시킨다. 인문, 사회, 철학, 과학 등 다학제 간 '생각의 벗'들이 모인 학회는 발전의 시대인 1960년대에 태어난 학회답게 초기 '발전'의 문제를 주로 다루었지만, 1970년대 들어서는 발전을 넘어선 삶의 질에 관한 토론으로 주제를 넓혀갔다. 발족한 지 20년이 넘도록 회장도 없이 운영되다가 이한빈 박사가 초대 학회장을, 최정호 박사가 2대 학회장을 역임했다.

미래에 대한 착안을 바탕으로 한 한국미래학회의 탄생은 우리 사회의 시관(時觀, Time Orientation)을 새롭게 제시했다는 점에서 중요한 사건이다. 시간에 대한 관점, 즉 시관은 개인과 조직의 발전에 영향을 미치는 중요한 요소다. 이한빈 박사는 1965년 7월 미국 버클리대학에서 열린 한 세미나에서 시간에 대한 새로운 시각의 영감을 얻었다고 밝히고 있다. 그가 주목한 것은 "미래의 시간이 긴 것이 아니라 긴 미래는 미래에 대한 긴 기대요, 과거의 시간이 긴 것이 아니라 긴 과거는 과거에 대한 긴 기억이다"라고 한 아우구스티누스『고백록』11권 28장의 구절이었다. 그는 시관과 사회변동과의 관계를 성찰하며, 결국 사회의 발전은 변화에 대한 태도가 결정하며, 그 시대 엘리트 집단의 시관이 사회변동의 양과 질을 결정한다는 결론에 이른다. '미래에 대한 긴 기대'냐, '과거에 대한 긴 기억'이냐에 따라 사회변동의 방향과 질이 결정된다는 것이다.

그의 '시관'에 따르면 사회변동에 대해 적극적인 태도를 가진 지배층이 사회발전을 긍정적으로 이끌며, 그중에는 과거 지향적인 전승형 시관, 현재 지향적인 예비형 시관, 미래 지향적인 발전형 시관이 속한다고 보았다. 그의 시관을 정리하면 다음 표와 같다.

이한빈의 시관(時觀)

		변동에 대한 태도		
		소극적	양향적	적극적
시상	과거	도피형	회한형	전승형
	현재	혼미형	착취형	예비형
	미래	공상형	조급형	발전형

부연 설명하면, 과거로의 도피형에 속하는 유형으로는 지주층의 전통 사회 엘리트나 제1세대 민족 지도자를 들 수 있다. 또한, 미래로의 도피형에 속하는 공상형 유형으로는 개발도상국의 청년층과 지식인이 속한다고 하겠다. 혼미형에 속하는 유형에는 이농한 도시 이주민이나 공무원의 복지부동이 속한다고 보았다. 착취형에 속하는 유형으로는 무절제한 인플레 정책을 능사로 아는 정치인이 있다. 회한형 유형에는 누리지 못한 과거를 보상받으려는 유형이 들어가며, 조급형 유형에는 정권 찬탈과 같은 월권적 행동을 하는 지배 계층이 속한다고 분석했다. 여기까지는 이한빈 선생의 분석이지만, 그 후 강대국으로 부상한 중국의 경우는 과거 화려했던 중국 문명을 다시 꽃피우자는 적극적인 '중국몽'에 기반한 '전승형'에 가깝지 않을까 분석해 본다.

이한빈 선생에 따르면 이승만 정권의 경우 대한민국 건국의 공이 있으나, '과거에 대한 긴 기억', 즉 판단의 준거를 독립운동 시절에 두어서 진취적일 수 없었고 6·25 이후 문제를 해결하는 데 한계가 있었다고 분석했다. 그뿐만 아니라 해방에서 4·19, 5·16에 이르기까지 어느 엘리트 집단도 딱 부러지게 가장 바람직한 '발전적 시관'의 소유자였다고 말하기 어렵다고 보았다. 그런 논리라면 이한빈 선생 타계 이후 대한민국의 새로운 지배 계층으로 부상한 소위 민주화 세력에게도 같은 이유로 시관의 한계를 지적할 수 있을 것 같다. 즉 해방 전후 정국을 준거점으로 하여 대한민국 분단의 책임을 묻거나, 그보다 앞서 친일 세력의 청산을 주장하거나, 군사정부가 주도한 개발연대의 부작용에 대한 부정적이고 비판적인 관점은 바로 그들의 '과거에 대한 긴 기억'이 그 이유일 것이기 때문이다.

4인의 현자들이 말하는 대한민국의 발전:
최정호·김진현·김경동·오명

그럼에도 불구하고 대한민국의 발전은 지속되어왔고, 산업화와 민주화의 한계와 부작용에 아랑곳하지 않고 산업화와 민주화에서 상당한 진전을 이루었다. 2023년 현재 대한민국은 언론 자유국이며, 완전한 민주주의 국가이며,[04] 세계 10위권의 경제 대국이다. 그뿐인가. K-컬처로 통칭되는 한류 열풍은 한국을 매력적인 국가의 반열에 올려놓았다. 지독히도 운이 좋거나 아니면 누군가, 무엇인가 열심히 하고 잘했기 때문일 것이다. 잠재된 어떤 국민성이 발현되었을 수도 있다. 아무튼, 그 해답을 찾아가는 것은 즐겁고 흥분되는 여정이다.

가장 먼저 찾아간 분은 한국미래학회 탄생의 주역인 최정호 연세대학교 명예교수(91)였다. 또 다른 주역 이한빈 선생이 2004년 봄 소천하셨으니 두 분 사이의 당시 만남과 나누었던 생각과 미래학회의 초기 모습을 직접 증언해주실 귀한 증인이다. 경부고속도로변 묘목상들의 설렌 봄맞이가 눈부신 어느 날 오후, 멀미가 날 정도로 환한 벚꽃과 노오란 개나리로 잘 가꾸어진 정원이 있는 분당 아파트의 자택에서 만난 최 교수는 마치 어제 일인 듯 미래학회 탄생 전후의 세계와 당시 한국에 대해 이야기를 시작했다.

최 교수가 기억하는 이한빈 선생은 유럽의 신문을 엄청 많이 읽고 스크랩하며 세계 변화와 지성의 최전선을 탐색하던 선비였다. 당시 한국 사회의 시대적 배경이던 5·16이라는 변화를 받아들이고 반응하는 데 한국의 지식인들이 가장 후진적이었다는 스위스 언론인 릴리 아베크(Lily Abegg) 여사의 말을 인용하며, 우리 사회 근대화는 크게 밖에서 안으로 오는 근대화(선교사 등을 통한), 안에서 밖으로 배우는 근대화(신사유람단 등), 그리고 미디어를 통해 들어오는 근대화를 통해 이루어졌다고 말했다.

한국의 근대화와 관련, 최 교수는 한국전쟁 당시 6,000명의 한국 장교가 미국에서 참모 교육을 받고 모두 귀국해 한국 사회 변화를 견인했다는, 우리 사회 근대화에 미국이 끼친 영향에 대해 언급했다. 이는 이한빈 선생도 일찍이 분석했던 바다. 김진현 선생 역시 인터뷰에서 한국 사회 발전에 드리워진 '미국이라는 하늘'에 대해 설명했고, 김경동 교수도 미국의 당시 아시아 정책과 맞물려 이루어진 한국의 근대화를 설명해 주었다. 모두 연결되고 종합되며 우리 현대사를 이해하는 중요한 부분인 미국에 대한 입체적 시각을 제시해 주셨다.

최정호 교수는 서울대학교 문리과대학 철학과를 졸업하고 한국일보 기자, 편집위원, 특파원 등 언론인으로 활동하다 독일로 유학, 하이델베르크대학교를 거쳐 베를린자유대학교에서 철학박사 학위를 받았다. 중앙일보 논설위원과 조선일보 비상임 논설위원 등을 역임한 언론인이자 성균관대학교, 연세대학교, 울산대학교 석좌교수를 역임한 학자로서 한국미래학회와 함께 한독포럼 공동의장을 역임했다. 언론학 교수로, 사회 비평 칼럼니스트로, 또 공연 문화예술에 조예가 깊은 문화인으로서 최 교수는 우리 사회를 다양한 시각에서 진단했다. 오늘날 환경, 인구 감소, 교육 등의 제 문제는 수천 년간 지속되어온 중앙집권의 방향성에 원인이 있다고 했다. 또한, 경제 강국이 되었음에도 불구하고 아직 근대화의 첫걸음이라고 할 수 있는 법치라는 근간을 확보하지 못한 미완의 근대성을 지적하며 이를 후진들의 과제로 돌렸다.

그가 우리 청년들에게 하고 싶은 말은 "시간적으로나 공간적으로 전체를 보라"는 것이다. 한국 사회의 변하는 것과 변하지 않는 것, 어제와 오늘과 내일, 한반도와 주변국 등 전체를 보는 안목이 있어야 미래를 말할 자격이 있다는 것이다. 최 교수는 또 대한민국의 지정학적 대립을 해양 세력과 대륙 세력과의 대립으로 보았는데, 이에 대해서는 이어지는 김진현 전 과학기술처 장관(88)의 자세한 설명이 한국 사회 발전을 이해하는 실마리를 제공하며 더욱 풍부한 이해를 도왔다.

김진현 전 장관은 언론인으로 출발해 정부 부처 장관을 지내고, 서울시립대 총장, 세계화추진 공동위원장 등을 거쳐 현재 세계 평화포럼 이사장을 맡으며 대한민국 중심 주류 찾기에 힘써왔다. 2022년 그간의 경험을 깊은 성찰과 함께 녹여낸 『김진현 회고: 대한민국 성찰의 기록』을 펴낸 그는 현재도 각종 기고와 강연 등으로 바쁜 나날을 보내고 있다.

각종 자료와 저술로 빼곡한 강남의 한 사무실에서 만난 김 전 장관은 이동성·개방성·대담성으로 요약되는 한국인의 남다른 경험에서부터 이야기를 풀어갔다. "1930년대생으로 대륙 시대와 해양 시대를 영위한 다생 세대로서의 편력과 자각을 기록하기 위해서" 회고록을 집필했다는 그는 서문에 "우리 세대는 단군 이래 우리 민족사에서 가장 장수하는 세대이면서 단순히 명만 길게 사는 것이 아니라 여러 경험의 삶, 다단계, 다차원, 다문화, 다문명, 다혁명을 한꺼번에 모두 겪는 아마도 전무후무한 다생 세대 (중략) 우리 세대는 또한 일제, 미 군정, 대한민국, 조선민주주의인민공화국(대구 이남의 영남 제외), 대한민국으로 생전 5번의 국가 통치 체제의 변화를 겪었다"[05]라고 밝히고 있다. 그의 표현대로 "시골 할머니 집에 가면 숙모들이 베틀에 앉아 목화솜으로 옷감 짜는 소리 듣고, 짚신 신고 짚신 삼으며…, 벼 심고 벼 베고 송진 따 호롱불 켠 체험의 세대…, 한 말 이전부터 이어온 '전통의 정상'을 체험한 마지막 세대"인 그가 증언하는 대한민국 이야기는 솔직하고 거침없었다. 2차 세계대전 후 독립한 150개 국가 중 유일하게 극단의 성공과 극단의 도착이라는 양극화를 경험한 현상을 이해하기 위해 그가 제시한 여러 가지 키워드 중 인상 깊었던 것은 '강제화된 해양화의 경험' 그리고 '미국이라는 존재'였다.

그는 1945년 이후 (중국이라는 대륙 세력에 속한) 2000년 역사에서 일탈해 비로소 해양으로 길이 열렸으며, 38선과 한국전쟁의 비극이 가져온 강제된 해양화의 시작이 사실 대한민국 성공의 상부-하부 구조를 구성했다고 설명했다. 이어진 미국의 원조가 놓은 경제의 초석에 대해서도 이야기했다. 그리고 5·16 혁명의 성공 이유로 휴전 이후 한국 군인들이 미국에서 교육을 받고 돌아와 미국의 군대 문화를 이식한 것이 주효했다고 설명했다. 이와 함께, 이승만과 박정희가 독재했으나 거기에는 미국이라는 하늘이 있어 한계가 존재했다는 분석은 필연적으로 국제 정세와 얽혀 있는 한국의 현실을 확인시켜주었다.

김경동 서울대 명예교수(88)는 일찍부터 '미래'라는 키워드로 가르치고 연구해온 우리나라 1세대 사회학자다. 대한민국 근대화와 사회 발전의 문제를 문명사적 관점에서 이론화하고 분석하며 한국적 특성에 기반한 학문의 문화적 독자성과 독립을 추구해왔다. 2023년에는 학술원 총서인 역작 『선비문화의 빛과 그림자』를 펴낼 정도로 왕성한 현역으로 활동하고 있으며, 같은 해 봄 중앙일보 인터뷰에서 "서구 사회에 없는 답, 한국에 있다"는 메시지로 도덕적으로 피폐해가는 세상에 한국의 선비문화가 기여할 수 있는 독자적 경쟁력을 제시했다.

학술원 3층 인문사회 5분과 회의실에서 만난 김 교수는 정갈한 정장 차림과 힘 있는 목소리가 인상적이었다. 그는 1961년부터 강의를 시작해 평생 교육과 연구에 매진한 학자이자, 4편의 소설과 2편의 시집을 낸 문인이기도 하다. 은퇴 후에는 서초구 자원봉사회장을 하며 사회봉사의 모범을 보여왔다. 1968년 한국미래학회 6인의 발기인 중 한 명인 김 교수는 "사회(司會)를 잘 봐서 사회학(社會學) 박사학위가 두 개"라는 농담을 했는데, 실제로 한국미래학회 창립회의 때에도 사회를 보았다. 1990년대 서울대에 영어 강의를 개설하며 '미래사회학'을 강의했고, 2000년대 초 KDI에서도 'The Future & Development Policy'를 강의했다. 2002년 은퇴하며 발간한 책의 제목 역시 『미래를 생각하는 사회학』이었다.

그에게 사회개발 혹은 발전이란 경제개발의 하위개념이 아니라 가치 함축적(value-laden)인 개념이며, 따라서 어떤 '가치'를 지향해 간다는 것이다. 그렇다면 우리 사회는 어떤 가치를 추구하며 발전해 왔는가? 이 문제에 접근하기 위해 그가 처음 착안한 건 한국 사회를 지배해오던 유교라는 사상이었다. 또 한국인의 한과 체면, 명분, 연고주의 등의 문화적 특성을 대한민국 근대화와의 관계 속에서 설명하고자 했고, 이런 학문적 정체성은 곧 한국적 사회학의 정립으로 이어졌다. 1960년대 초 미국으로 유학을 떠났다가 한국적 사회학에 대한 문제의식으로 다시 귀국해 우리 사회를 성찰하며 대학 강단에서 강의와 연구에 매진했던 그는 1969년 코넬대학교에서 한국 노사관계에 대한 경험적 연구로 박사학위를 받았다.

미국 원주민인 이로쿼이족은 7대 앞까지 내다봤다며, 지금 우리 사회는 과연 어떠한지 되묻는 그가 오늘 한국 젊은이들에게 전하고 싶은 메시지는 "넓게, 멀리, 밝게 보라"다. 또 특정 이념에 꽂히지 말고 "유연한 사고를 하고 열린 마음으로 살라"는 것이다. 이는 도가 사상에서 나온 상선약수, 역경, 음양 변증법, 성리학의 천인합일 사상 등이 망라된 그의 사회학적 관점의 정수라고 할 수 있다.

적어도 1980년대까지 한국은 공업화와 산업화에 약진하며 발전을 이루었다. 그 후에 21세기 대한민국의 눈부신 발전이 이어졌다. 이에 대해 오명 전 부총리 겸 장관(84)만큼 생생하게 증언해줄 인물도 많지 않을 것이다. 1980년, 마흔의 나이에 청와대 경제비서관으로 관직에 들어선 그는 이듬해 체신부 차관이 되어 8년 동안 한국 정보통신 혁명의 기틀을 닦았다. 건국 이래 최대 R&D 프로젝트인 전전자교환기(Time Division Exchange) 개발, 전국 전화 자동화 사업, 4MD램 반도체 개발 등 정보화 사회에 필요한 사업들이 그의 지휘 아래 진행되었다. 다시 말해 오늘날 대한민국을 IT 강국으로 우뚝 서게 한 출발점에 그가 있었다. '초고속 인터넷의 아버지'라는 별칭은 결코 과장이 아니다.

'오명'을 검색해보면 다양한 경력이 먼저 눈길을 붙든다. 군인, 정치인, 교육인, 과학기술부 장관, 체신부 장관, 교통부 장관, 건설

교통부 장관, 부총리 겸 과학기술부 장관, 대전엑스포 조직위원장, KBO 총재, 아주대학교 총장, 건국대학교 총장, 동아일보 사장·회장. 그러나 그런 화려한 이력보다 더 빛나는 것은 테크노크라트로서 국가 비전을 제시하고 정부 정책을 수행해 정보 선진국의 길을 닦았다는 것, 그리고 민과 관이 합심하면 어떤 시너지가 가능한지 손에 잡히는 결과로 보여주었다는 것이다. 그의 사유는 확고한 국가관에서, 확신은 해당 분야의 전문성에서 나오며, 그의 행동은 긍정적 에너지가 이끄는 것 같았다.

한국미래학회 회원인 오명 전 부총리는 2009년 『30년 후의 코리아를 꿈꿔라』라는 책을 냈다. 2022년까지 26쇄를 찍어낸 이 책에 이런 구절이 나온다. "1960년대·1970년대 활약했던 미국의 유명 군사전략가 허먼 칸은 사실 물리학자였다. 그런 그가 『2000-다음 33년 미래를 내다보는 프레임워크』라는 저서를 통해 앞으로 발명될 혁신적인 미래 상품 100가지를 예측했다. 여기에는 현금 자동 지급기, 초고속 열차, 위성 항법 장치 등이 포함되어 있었다. 그의 예측이 족집게처럼 들어맞자 사람들은 그에게 '예언가' 혹은 '미래학자'라는 칭호를 붙였다. 하지만 그의 예언은 신통력의 산물이 아니라 쉼 없는 공부와 연구의 결과물이었다. 과거를 알고 현재를 이해하고 그를 바탕으로 미래를 보면 앞으로 무슨 일이 일어날지 비전이 보이는 법이다."[06]

그에게 미래란 막연한 기대나 행운이 아니라, 전문성과 노력의 결과물이다. 가난했던 나라가 맨땅에서 지금의 눈부신 코리아를 일구어낸 이야기가 담긴 책에서 그가 다음 세대에게 전해주는 메시지는 '우리 자신을 믿자', '조금만 더 힘을 내자', '우리는 할 수 있다!'[07]는 희망과 긍정이었다.

다시 스위스 가는 길에서

2023년 가을, 스위스 취리히대학에 출장을 갈 일이 있었다. 작은 책자처럼 생겼던 비행기 티켓은 옛말이다. 요즘에는 인터넷으로 비행기 표를 예약·결재하는 것은 물론 좌석 선택까지 가능하다. 출국 하루 전에 모바일로 체크인하면 공항에서는 짐만 부치면 된다. 그조차 요즘에는 자기가 짐을 올리고 짐표를 출력해 부착하는 무인 키오스크에서 할 수 있다. 탑승권은 모바일 QR코드로 대신한다. 탑승 게이트나 라운지에서 기다리고 있으면 "수하물이 안전하게 통과되었다"는 카톡 안내문이 온다.

내 기억에 비행기 기내식은 한동안 치킨이나 비프 등 양식이 주였고, 비빔밥이나 라면은 비즈니스석에서나 나오는 특별한 것이었다. 그러나 요즘에는 일반석에도 비빔밥이 주메뉴로 나올 뿐 아니라 김치볶음밥 같은 다른 한식류도 서빙된다. 과거에는 탑승 후 작은 봉지에 담긴 땅콩을 나눠주곤 했는데, 이제는 기내에 땅콩 알레르기 있는 승객이 있을 수 있으니 땅콩을 꺼내거나 개봉하지 말라는 안내 방송이 나온다. 좌석마다 달린 모니터에서는 할리우드 신작 이외에도 한국 영화와 한국 드라마와 한국 음악이 구비되어 이를 즐길 수 있다.

스위스에 도착해 들어간 식당에서 무엇을 주문할까 고민하는 우리 일행에게 그곳 직원이 반가운 한국말로 무엇을 도와줄지 물어온다. 한국말을 배운 한류 팬이다. 지하철역에서도 한국말로 도와줄지를 물어오는 친절한 스위스인이 있었다. 유럽의 한복판에서 낯선 사람에게 듣는 한국말이라니. 그 생소한 감동을 어떻게 표현해야 할까. 그뿐 아니다. 관광지 인터라켄에는 다양한 점포들이 있었는데, 그곳 편의점에서는 '신라면'은 기본, '불닭볶음면' 같은 매운 우리 음식이 불티나게 팔리고 있었다.

1960년대 초, 스위스에서 고국을 바라보며 한국미래학회를 구상했던, 그때의 대한민국이 먼 곳의 작은 나라였다면, 지금은 가는 곳마다 대한민국이 넘친다. 영토는 그대로인데, 경제 자본과 매력 자본이 커졌기 때문이다. 앞서 '우산 부자'로 이야기를 열었으나, 요즘 한국 사람들에게 넘쳐나는 건 우산뿐만이 아니다.

대한민국의 성공 담론, 그 변화의 여정을 탐색하기 위한 인터뷰는 각기 다른 울림으로, 경험으로, 표현으로 전달되었다. 이야기 중에는 겹치거나 만나거나 이어지며 설명되는 부분들이 적지 않았다. 그래서 애플 창업자 스티브 잡스의 표현을 빌리자면, 과거를 돌아볼 때만 가능한 연결점 찾기(connecting the dots)의 즐거움도 느꼈다.

연결된 점들 사이로 여전히 설명을 기다리고 있는 부분도 적지 않았으나, 대한민국의 윤곽을 이해하기에는 부족함이 없었다. 큰 산 같은 이야기를 들으며 그 산 깊은 곳을 모두 알 수는 없으나, 산을 마주한 것만으로도 크기와 웅장함은 알 수 있었다. 내가 느낀 이런 호기심과 경이를 다음 세대에서도 계속 이어가기를 바랄 뿐이다.

내가 만난 네 분의 어른들은 모두 맑고 곧은 정신으로 국가를, 또 국가가 처한 상황을 직시하며 각자의 위치에서 최선을 다해 진실을 말하고 실천하며 살아오신 분들이다. 그런 긍정의 자세와 이로운 행동들이 모여 오늘의 대한민국을 이루었다. 그분들을 통해 내가 본 것은 지식과 사상이 발전할 수 있었던 자유롭고 풍요로운 대한민국이었다. 그런 반듯한 어른들을 보며, 나는 마치 정신없이 사는 부모 밑에서 자유롭고 건강하게 잘 큰 아이들을 보는 느낌을 받았다. 그렇다면 그 부모는 좀 권위적이고 좀 무식하더라도 잘산 것이다. 충분히 사랑받고 존경받을 자격이 있는 것이다. 대한민국이 바로 그런 부모라는 느낌이 들었다.

제1장

과거를 돌아보며 미래로 나아간다

최정호

울산대학교 철학과 석좌교수, 제2대 한국미래학회 학회장

Q

상상한다는 것이 큰 힘을 갖고 있다는 사실을 요즘
실감하고 있습니다. 상상하고 생각한 대로 이루어지
는 부분이 분명히 존재합니다. 따라서 우리나라가 이
렇게 발전하게 된 데에는 많은 분의 사유와 상상의 힘
이 크게 작용했다고 생각합니다. 그렇다면 지금의 젊
은이들도 그러한 사고를 해야 하지 않을까요? 한국미
래학회를 창립할 당시, 어떤 생각으로 그 학회를 설립
하셨고, 어떤 대한민국을 꿈꾸고 상상하셨는지 말씀
해 주시길 바랍니다.

○ ● ○

상상의 힘에 대하여, 역사를 바꾸는 생각의 힘

한국의 미래를 함께 논의하고 고민하는 모임을 만들어보자는 꿈을 꿨던 옛 시절로 돌아가고 싶습니다. 이것이 1960년대 후반의 일입니다. 제2차 세계대전과 한국전쟁을 거친 후의 1950년대와 1960년대는 세계가 동서 두 블록으로 나뉘어 냉전 체제에 고착되어 있었습니다. 소련과 동유럽의 공산주의 체제와 서방의 자유주의 시장경제 체제로 나뉘어 있었지요. 잘 아시다시피 소련의 공산주의 체제는 19세기 독일의 사회사상가 카를 마르크스의 유물사관, 즉 사적 유물론의 철학을 이념적 기반으로 하고 있었습니다.

유물사관의 기본적 명제는 무엇일까요? 그것은 존재와 의식, 사물과 사고의 관계에서 코페르니쿠스를 연상시키는 전환을 이루어 "인간의 사회적 존재가 의식을 결정한다"는 명제를 제시한 것입니다. 당시까지 서양의 근대 철학에서는 데카르트 이후 "코기토 에르고 숨(cogito ergo sum, "나는 생각한다. 고로 나는 존재한다.") 즉 존재에 선행하는 의식, 존재에 대한 의식의 우위를 의심할 여지가 없는 확고한 진리로 받아들이고 있었습니다. 그러나 19세기에 이르러 카를 마르크스는 그의 『정치경제학 비판』 서문에서 이러한 근대 철학의 핵심 명제를 뒤집었습니다. 의식이 존재를 결정하는 것이 아니라, 인간의 사회적 존재가 그들의 의식을 결정한다고 주장했습니다.

그러나 마르크스의 아이러니는 그 뒤의 독일과 세계의 역사가 보여주듯이 마르크스의 사회적 존재가 아니라 마르크스의 의식이, 의식의 소산이, 구체적으로 『공산당 선언』이나 『자본론』과 같은 그의 의식의 소산이 무릇 사회적 존재 세계의 엄청난 변화를 가져온 결정적인 동인이 되어왔다는 사실입니다.

나는 지난 세기 말에, 이와 비슷한 문제를 '사회주의 인터내셔널'의 당시 의장이던 빌리 브란트 전 독일 총리를 만나서 거론한 일이 있었어요. 일종의 고전적인 문제라고 할 '지식인의 사회적 기능과 역할'에 관한 것이었습니다.

빌리 브란트의 답변은 직재(直裁)적이고 명쾌했습니다. 그는 단도직입적으로 "세계 역사상의 모든 거대한 사회적 변동은, 마르틴 루터건, 카를 마르크스건, 코페르니쿠스건, 아인슈타인이건 한 사람의 위대한 사상가의 의식에 의해서, 의식의 상상력에 의해서 촉발되어 나왔다"고 말했습니다. 마르크스주의도, 소비에트 사회주의 체제도 사람의 의식에 의해서, 아이디어에 의해서, 상상력에 의해서 나왔거든요. 그건 좌익 소아병적인 유물론자를 제외하곤 우리 시대에는 이미 자명한 상식이 되고 있지요.

최근 세계적으로 독서계에 큰 반향을 일으키고 있는 유발 하라리도 비슷한 이야기를 하고 있습니다. 사람의 상상력에서 나오는 커다란 서사, 커다란 이야기가 호모 사피엔스의 역사에서 고비마다 새로운 장을 열어놓았다고 설명하지 않았어요. 가령 기독교의 역사에서 지금의 질문에서 거론한 이 '상상력'이 얼마나 창조적인 힘을 갖는 것이냐 하는 것은 아무리 강조해도 지나치지 않다고 생각돼요. 저는 제1차 세계대전 후의 철학자 베르그송의 『창조적 진화』를 애독한 적이 있습니다. 제2차 세계대전 후 유럽 문화계를 풍미했던 사상가 사르트르의 첫 철학적 저서가 『이마지나시옹』, 즉 상상력에 관한 논저란 것도 새삼 되돌아보게 되는군요. 모든 것을 창조하는 출발점에 상상력이 있다는 면에서 박 교수의 질문은 대단히 좋은 화두를 짚었다고 생각합니다.

다만 우리가 미래학회를 꾸리던 시대가 1960년대인데 그때 우리의 상상력을 키워낸 건 저마다 겪은 '두 세계'의 체험의 촉발이 아닌가 생각해 봅니다. 그건 그냥 머릿속에서 나온 게 아니라 우리가 살았던 그 시대의 사회적인 여건 속에서 나왔다고 생각합니다.

한국전쟁 이후 1950~1960년대의 한국의 실정이 어떠했는지는 여러 말이 필요 없을 줄 압니다. 지구상의 최빈국에 속하는 후진국이었습니다. 그것이 우리가 체험한 하나의 세계였습니다.

다른 한편으로 1960년대 후반에 미래학회의 창립에 참여했던 멤버들은 거의 모두가 장단기 해외 유학 또는 연수를 하고 돌아온 분들이었습니다. 그들은 이를 통해 모두 다 일정 기간 미국이나 유럽에 나가서 또 하나의 세계, 선진국의 실상을 체험하고 돌아왔습니다. 뜻 있는 후진국의 지식인들에게 이러한 두 세계의 체험은 당시 유행하던 '근대화론'이나 '개발론'이 거론하던 '더 잘살아 보자', '더 많이 배우자' 하는 혁신(innovation)에의 욕망에 절로 불을 당기게 된 계기가 되지 않을 수 없었습니다.

그런 의미에서 한국미래학회가 창립된 1960년대가 어떤 연대였는지 좀 더 얘기를 해봐도 좋을 것 같아요. 1960년대가 끝나는 1970년에 세계에서 처음으로 (그리고) 아직까지는 마지막으로 국제미래학회가 일본 교토(京都)에서 열렸어요. 그때 우리도 한국미래학회란 이름을 가지고 참가했는데, 이런 우연도 있었습니다. 교토의 국제미래학회를 주관했던 일본 측 대표와 만나 수인사를 하며 이야기를 나누어보니, 일본미래학회도 우연히도 한국과 같은 해, 같은 달, 같은 날, 즉 1968년 7월 9일에 창립되었더군요. 물론 그거야 단순한 우연이지만, 어떤 의미에서 그만큼 1960년대가 세계적으로 미래를 생각하고 미래 문제를 다루게 된, 다루지 않을 수 없는 시대적 배경을 가지고 있었다고 볼 수도 있겠습니다. 그 얘기를 좀 더 부연해서 해보지요.

1960년대: 전 지구적인 '대여행의 시대'

사사로운 얘기가 됩니다만, 저는 1960년 가을 고국을 떠나 유학을 가서 1960년대가 끝날 무렵인 1968년에 귀국했습니다. 그리고 1960년대가 끝나는 1969년 12월, 어느 월간 잡지사로부터 저물어가는 1960년대를 회고해 보라는 글을 청탁받았습니다. 그때 저는 그 글에 「대(大)여행의 시대」라는 표제를 얹었습니다. 1960년대는 세계사·인류사에 있어 '대여행의 시대'였다는 것입니다. 나는 1960년대의 거의 전 기간 고국을 벗어나 유럽에서 공부하고 또 신문사 특파원 생활을 했기 때문에, 우선 개인적인 차원에서도 그랬습니다만 돌이켜본다면 그러한 해외여행을 하는, 우선 여행 수단, 여행 인프라에 있어서, 가령 점보 제트 여객기의 등장, 또는 북극 항공 노선의 개발 등으로 비약적인 발전을 보여준 때가 1960년대였어요. 제가 처음 유럽에 갈 때만 해도 사흘 걸렸어요. 그런데 1960년대 중반에 일시 귀국할 때는 북극 노선이 개발되어 기내에서 하룻밤 자고 다음 날 도착했어요. 그뿐만 아니라 1960년대엔 여행의 행선지가 우주적으로 확대되었어요. 알다시피 1969년에는 드디어 인간이 달에 갔습니다. 그리고 지구로 돌아왔어요.

예전엔 '여행을 한다'는 것은 한 사회의 유한(有閑)계급만이 누릴 수 있는 여가 활동이었고 더욱이 해외여행은 특권계급만 할 수 있었죠. 1950년대에 서울에서 우리가 공부하고 신문사에서 일할 때만 해도 대한민국에 다른 계급은 없어도 '여권계급'은 있다는 말이 나돌 정도였어요. 여권을 가졌다는 것은 대단한 특권이었어요. 술집에서도 여권만 보여주면 두말없이 외상을 주리만큼 '외국에 나간다, 나갈 수 있다'는 게 특권계급의 상징으로 여겨졌어요.

1960년대의 점보 제트기 출현은 다른 경제·사회 변화와 함께 대량 여행, 대중 여행의 시대를 열어젖혔습니다. 1960년대의 유럽에도 초반기에는 그래도 비교적 여유 있는 학생들이, 말하자면 우리 사회의 엘리트들이 주로 유학을 왔는데, 1960년대 중반부터는 정부에서 국책 사업으로 추진한 인력 수출 정책에 따라 수천 명의 광부와 간호사가 독일에 몰려왔어요. 여행의 항로·기술·인프라만 비약적으로 발전한 게 아니라 여행의 행선지도 전 지구적으로, 아니 우주 공간으로 확대되었으며, 여행하는 사람도 소수 엘리트가 아니라 다중화되고 대중화되었습니다. 1960년대를 '대여행의 시대'라고 부른 배경이 이것입니다.

여행이라는 건 지금까지 살던 곳을 떠난다는 것입니다. 근대화 이론이나 개발 이론에서 '이륙(take off)한다'는 말을 많이 쓰잖아요? 지금껏 살던 땅, 익숙했던 고장, 적응해 묻혀 살던 세계로부터 벗어난다는 비유겠지요. 그건 굉장한 일이에요. '대여행의 시대'라

한 1960년대는 '개발(development)의 연대'라고도 일컬어졌죠. 우리나라를 포함한 제3세계의 많은 나라가 전근대적 사회에서 근대 사회로 이륙(take off)을 시도하던 시대이며 농경 사회에서 산업 사회로 이륙을 시도하던 시대였습니다. 그런 의미에서도 1960년대는 엄청난 변혁의 시대, 이질적인 것, 낯선 것, 생소한 것과 만나게 되는 변혁의 시대였습니다.

그러한 변혁의 시대를 사는 사람들이 맞이하는 충격이라는 것도 생각해 볼 필요가 있습니다. 예전에는 할아버지가 하던 일을 아버지가 하고, 아버지가 살던 대로 다시 또 자식이 살면 되었지요. 그러한 '같은 것의 무한 반복'이 영원할 듯 보였습니다. 그러나 근대화의 이륙은 변화를 거부하는 그러한 동일성의 자기 반복을 부정하고 변화를 적극적으로 받아들입니다. 변화에의 지향이요 변화에의 의지라 하겠습니다. 확실히 1960년대는 그러한 변화에의 지향, 변화에의 의지가 세계 도처에서 폭발적으로 분출한 시대였습니다. 그 무렵 베스트셀러가 된 피터 드러커의 책 제목 『단절의 시대(The Age of Discontinuity: Guidelines to our changing society)』는 어떤 면에서는 1960년대의 시대정신을 상징하는 표제어가 되었습니다.

그리고 그러한 단절을 가져온 폭발적인 변화가 1960년대의 한반도에서, 한국에서 선구적으로 막을 올렸습니다. 1960년 4월의 학생 혁명 그리고 1961년 5월의 군사 쿠데타가 그것입니다.

1960년대의 세계 도처에서 변혁을 일으킨 세력은 젊은이들이었습니다. 특히 1960년대 대학생들은 미국과 유럽의 여러 도시에서 이른바 '스튜던트 파워'를 형성하면서 기성 질서를 부정하고 새로운 것을 모색하고 요청한 주인공들이었습니다. 4·19 혁명을 주도한 한국의 대학생들은 바로 전 세계적으로 부상하기 시작한 이 스튜던트 파워의 선구자라 해도 조금도 과언이 아닐 겁니다.

5·16 군사 쿠데타를 어떻게 평가하느냐에 대해 여러 가지 견해가 있을 수 있겠죠. 그러나 일찍이 터키에서 그리고 그 후 제3세계 여러 나라에서는 근대적 교육과 훈련과 조직을 앞서 경험한 군대 조직이 그 나라의 근대화를 위한 사회 세력으로서 힘을 기르고 있었다는 것도 사실이었죠. 그건 어떻든 1961년에 쿠데타로 집권했던 박정희 장군의 군사정부는 당시의 시대정신을 상징하는 '조국 근대화'라는 구호를 이른바 '혁명 공약'으로 내세우고 있었습니다. "5000년 가난에서 벗어나자", "우리도 잘살아보자"라는 표어들과 함께 착수한 5개년 경제개발계획의 추진은 특히 제3세계를 위해 UN이 제창한 '개발의 연대(decade of development)'라는 큰 흐름을 제대로 탔다고 할 수 있겠지요.

동과 서, 제3세계를 휩쓴 '문화 대혁명'

제3세계만이 아니었어요. 나는 일찍이 1960년대를 전 지구적인 차원에서 '문화 대혁명의 시대'였다고 일컫곤 했습니다. 1960년대에는 지구의 북반부에서 대치하고 있는 동쪽의 공산권 세계와 서방의 자유 세계, 지구 남반부의 이른바 A.A.LA(Asia, Africa, Latin America) 제3세계 도처에서 문화 혁명의 커다란 회오리바람이 휘몰아치고 있었습니다.

1960년대에 들어서면서 적어도 나 자신의 의식세계에 그때까지 자리 잡지 못하고 있었던 아프리카 대륙의 세계가 돌연 등장하게 됐습니다. 유럽에 가서 보니 아프리카는 오히려 가까운 이웃이었습니다. 그에 비해 한국은 동녘의 극지에서 가물가물 존재하는 세계였습니다. 유럽의 언론에선 그 당시 1960년을 '아프리카의 해'라 일컬으며 특집기사로 크게 다루고도 있었습니다. 1960년에는 그 이전에 이미 유엔에 가입하고 있던 9개국을 합쳐 아프리카의 22개국이 유엔의 회원국이 됨으로써 국제정치에서 차지하는 비중은 막중해졌습니다. 그뿐만 아니라 세계무대에 아프리카의 등장은 종전까지의 동·서 대결에 남·북의 관계라는 새로운 문제를 제기하였습니다. 게다가 젊은 존 F. 케네디가 대통령으로 취임한 미국에서는 1963년, 오래전부터 부글부글 끓고 있던 이 나라의 흑백 인종분쟁이 8월 한여름 워싱턴에서 55만 명이 모인 '검은 민권의 대행진'을 통해서 '흑인 혁명(아서 슐레진저의 말)'으로까지 급진전하게 됩니다.

그뿐만 아니라 당시 매일 1억 달러(!)의 전비를 퍼붓고도 베트남전쟁의 진흙탕에서 벗어나지 못하고 있는 미국에서는 먼저 대학생들이 캠퍼스를 기점으로 반전시위를 시작했고 이것이 이내 미국의 여러 대학 도시를 석권했습니다. 동시에 그 불길이 대서양을 건너 유럽의 여러 대학 도시에도 번졌습니다. 그리고 머지않아 기성 체제, 기성 질서, 기성세대에 총체적으로 저항하는 '스튜던트 파워'라 일컬어지는 반체제 세력을 형성하게 되었지요. 그리고 그러한 반체제운동이 1968년 파리의 '5월 혁명'으로 절정에 이릅니다.

공산권에선 스탈린 우상의 파괴와 함께 진행된 전반적인 해빙 (解氷) 무드 속에 중국과 소련의 이념 대립 심화로 내부 균열이 드러납니다. 그리고 이탈리아 공산당의 톨리아티가 표방한 '사회주의로 가는 다양한 길'을 앞세운 '유로 코뮤니즘'이 등장합니다. 한편 중국 대륙에서는 '문화대혁명'의 기치 아래 펼쳐진 홍위병의 난동이 공자묘(孔子廟)까지 쑥대밭을 만드는 광풍을 일으켰습니다. 한편 동유럽에서는 이른바 '인간의 얼굴을 한 공산주의'를 표방한 체코슬로바키아 공산당의 '프라하의 봄'이 진행되지 못하고 소련 전차부대에 무참히 짓밟히고 마는 비극이 벌어졌습니다.

1960년대의 문화 혁명은 이처럼 정치 사회적인 표층에서만이 이뤄진 것은 아닙니다. 젊은이들의 머리 모양, 옷 입기, 여가 생활 같은 일상성의 세계에도 혁명적인 문화 변동을 가져왔습니다. 몇 가지 표제들만 들추어본다면 장발과 미니스커트의 보편적인 유행, 일종의 '대안 종교'로까지 침투해서 젊은이들을 몰입시킨 '팝' 음악, 특히 영국 맨체스터 출신의 비틀스 음악이 불러일으킨 전 세계적 선풍, 미국 우드스톡에 50만 명이 모여 사흘 밤낮 동안에 걸쳐 펼친 록 페스티벌 등을 떠올릴 수 있습니다.

돌이켜보면 나는 1960년대의 이러한 대변화의 현장에 있었고 그 현상을 목격한 증인들 가운데에 있었다고 해도 과언이 아닙니다. 우선 1960년 4·19 학생 혁명의 현장을 지켜봤습니다. 당시 내가 신문 지면을 편집하면서 붙인 제목대로 4월 19일 '피의 화요일'에서부터 4월 26일 이승만 대통령이 하야 성명을 발표한 '승리의 화요일'까지의 일주일 동안, 나는 경무대(오늘의 청와대)로 가는 중앙청 서쪽 대로에서 경찰의 발포로 순식간에 수백 명의 학생이 피를 흘리며 쓰러지는 것을 보았습니다. 한국일보사 앞길에선 서울대 병원으로 부상자들이 실려 가는 걸 목격했습니다. 다시 열흘 후에는 이승만 박사가 대통령직에서 하야하여 이화장 사저로 가는 모습도 편집국 차창 밖으로 목격했습니다.

4·19 혁명과 대공위(大空位)의 시대

이승만 대통령의 하야. 그것은 말 그대로 한 시대의 종언(終焉)임을 실감하였습니다. 그때까지 대통령이라면 곧 이승만이었고 대한민국 정부 수립 이후 12년 동안, 한 한국인이 초등학교에 입학해서 중학교와 고등학교를 졸업할 때까지의 전 기간, 대통령이라면 오직 한 사람 이승만 대통령이 있을 뿐이었기 때문입니다. 이승만 박사는 곧 대통령이고 한국 정부였습니다. 이전에도 이승만 아닌 다른 대통령은 없었고 이승만 이후에 다른 대통령은 상상하기도 쉽지 않았습니다.

이 대통령의 하야 그건 단순히 대통령의 공위(空位)가 아니라, 거의 정부의 공위, 권력의 공위, 모든 질서 체제의 공위였습니다. 거의 무정부 상태라고나 할 대공위(大空位)의 상태를 졸지에 보여준 듯싶었습니다. 나는 4월 26일, 이 대통령이 하야 성명을 발표한 날 석간신문의 편집을 마친 뒤 이른 오후의 종로 화신백화점 앞 네거리에 나가봤습니다. 그건 참으로 기이한 광경이었습니다. 그 번화한 종로 네거리에는 자동차 한 대도 다니지 않고 전차도 운행되지 않고 교통순경마저 보이지 않고 밝은 햇빛 속에 몰려들고 서성거리는 시민들의 모습만 어른거렸습니다. 그 광경은 마치 초현실주의 화가 조르조 키리코가 그려낸 몽환적인 도시 풍경 같았습니다.

무언가 엄청난 역사의 단절, 시간과 공간의 분절을 경험하고 있는 듯 느꼈습니다. 느닷없이 펼쳐진 공백의 순간, 일종의 거대한 타불라 라사(tabula rasa, 백지)를 경험했습니다. 이 백지 위에 앞으로 어떤 그림이 그려질까? 이러한 공백의 현재가 오래갈 수는 없고, 그렇다 해서 과거로 돌아갈 수는 더욱 없고, 그렇다면 남아 있는 것은 오직 미래로 가는 길밖에 없다. 그러나 그 미래로 가는 길이 어떠한 길인지? 여러 의문이 뇌리를 채웠습니다.

4월 혁명 이후 혼란과 무질서는 계속되었습니다. 오직 한 대통령이 12년을 다스린 이승만 박사의 정부가 4·19 혁명으로 막을 내린 것은 동시에 광복 후 처음 시도했던 대통령 책임제 정부의 종언을 의미했습니다. 그다음 들어서는 제2공화국은 당연한 것처럼 내각 책임제 정부로 출범하였습니다. 그러나 장면(張勉) 총리가 이끌게 된 새 정부는 약체였습니다. 제2공화국 수립 이후 거리의 시위는 더 많아지고 더 다양해지고 더 격화되었습니다. 각계각층의 모든 불만이 한꺼번에 터져 나오면서 그 해결을 요구하는 시위가 밤낮으로 이어졌습니다. 학생 시위의 결과로 탄생한 새 정부는 그 어떤 시위도 진압하고 탄압할 힘이나 명분을 갖지 못했습니다. 모든 계층에서 모든 문제를 내걸고 날마다 거리에 나가 시위를 했습니다. 막판에는 초등학교 학생들이 시위하고 급기야 시위를 진압하는 경찰관도 거리에서 시위했습니다. 그 시위를 다스리는 어떤 권위도, 어떤 힘도 없는 것처럼 보였습니다. 한국에 '데모크라시(민주정치)'는 발전하지 못하고 있으나 '데모'-크라시(시위정치)는 그 절정을 구가하고 있다는 농담이 돌곤 했습니다.

민주당 정권 시절 나라의 최고 권위, 최고 권력은 정부에 있는 게 아니라 시위대에 있는 것으로 보였습니다. 특히 4·19 학생 시위에 앞장섰다가 희생된 부상자들과 서울대 병원에 입원하고 있는 학생 시위 부상자들의 권위와 위신은 어느 무엇으로도 꺾을 수 없었습니다.

1960년 10월 하순에는 미지근하게 진행돼 오던 혁명재판, 특히 시위대에 대한 발포로 수백 명의 희생자를 낸 대참극의 주범들에 대한 혁명재판에서 납득할 수 없는 관대한 판결이 나왔습니다. 이에 불만을 품은 4·19 혁명의 부상자들이 대학병원을 뛰쳐나와 목발을 짚고 국회의사당에 진입해 의정 단상에서 사회를 보고 있던 국회의장의 사회봉을 빼앗고는 "혁명재판 다시 하라!"고 외치는 돌발 사건이 터졌습니다. 나는 이 사건을 보도한 신문까지 마지막으로 제작한 후 신문사를 휴직하고 독일 유학의 길을 떠났습니다.

베를린과 버클리의 스튜던트 파워, 파리의 68혁명

1960년대 현대사에서 내가 그 현장을 목격하고 증언할 수 있는 두 번째 장면은 이른바 유럽 젊은이들의 반체제 운동, 특히 '스튜던트 파워'라 일컬었던 1960년대 후반의 독일 학생 시위입니다.

기성세대, 기성 질서, 기성 체제를 총체적으로 거부하는 젊은 세대의 이른바 '반체제 운동'의 중심지가 유럽에서는 서독이었고 그 중에서도 서베를린의 자유대학(FU-Berlin)이었습니다. 미국의 버클리(UC Berkeley)대학과 독일의 베를린자유대학은 잘 알려진 대로 1960년대 스튜던트 파워의 두 근원지였습니다. 그들의 이념적인 멘토로 이른바 뉴 레프트(신좌파)의 이데올로그라 할 허버트 마르쿠제(Herbert Marcuse) 교수는 당시 버클리대학과 베를린자유대학을 오가면서 강의했습니다.

내가 공부하던 베를린자유대학은 1960년대 내내 캠퍼스 안에서나 밖에서나 급진적인 신좌파 학생들의 각종 시위, 항의, 농성 등이 그치지 않았습니다. 내가 학업을 마칠 때까지 '도대체 이 대학이 문을 닫고 폐교가 되지는 않을까'하는 불안한 상태에서 공부했었죠. 당시 독일 학생 운동의 리더였던 베를린자유대학의 사회학과 학생 루디 두츠케는 주간지 〈슈피겔〉의 표지에도 등장하며 전 유럽 스튜던트 파워를 상징하는 간판스타가 되었습니다.

이처럼 소란스러웠던 서베를린시에서 1968년 봄, 학생이 경찰의 총탄에 맞아 죽는 불상사가 일어났습니다. 이란의 옛날 황제, 그러니까 페르시아의 모하마드 레자 팔라비(Mohammad Rea Shah Pahlavi)가 독일을 국빈 방문했을 때 마지막 일정으로 서베를린에서 오페라를 관람하게 예정되었습니다. 그때 이란에서 독일로 유학 온 학생들 가운데 팔라비에 반대하는 반체제 학생들이 서독 학생들과 같이 도처에서 반정부 시위를 일으키곤 했어요. 그러다 베를린 도이치오페라극장 앞에서 시위대와 경찰이 충돌하면서 경찰이 쏜 총에 독일 학생이 맞아 죽은 비극이 일어났습니다. 베를린대학에서 프랑스 문학을 전공하는 오네조르크(Benno Ohnesorge)라는 학생이었어요. 학생이 경찰의 총에 맞아 죽었다는 이 충격적인 뉴스는 독일뿐 아니라 유럽의 모든 대학가를 들끓게 했습니다. 기성세대, 기성 정치에 항의하는 반체제 유럽 학생운동의 불길에 기름을 퍼붓는 계기가 되었다고나 할까요. 그 항의의 불길은 국경을 넘어 전 유럽으로 번지면서 마침내 그 절정을 이룬 것이 1968년 파리의 '5월

혁명'이었습니다.

서독의 반체제 운동은 어떻게 보면 젊은이들 특히 대학생들(만)의 반체제 운동이라 볼 수 있습니다. 그런데 프랑스의 5월 혁명은 파리 대학생 다니엘 콘-벤디트(콩-방디)가 주도한 것으로 알려졌지만 양상이 독일과 달랐습니다. 프랑스에서는 대학생들뿐만 아니라 노동자들과 장 폴 사르트르나 미셸 푸코 같은 기성세대 지식인들도 이 시위에 참여하였습니다. 독일에서는 학생운동을 반대하고 조롱하는 노동자들이 발코니에서 시위하는 학생들의 머리 위에 물을 뿌리는 일도 있었으나, 프랑스에서는 학생들과 노동조합이 공동전선을 폈다는 것이 인상적이었습니다.

새로운 세대가 기성 체제에 저항하고 도전하는 경향은 서방 사회에만 그치지 않았습니다. 철옹성처럼 단단해 보였던 동유럽 소비에트 체제에도 1960년대에 변화의 징후가 꿈틀거리기 시작했습니다. 이탈리아 공산당 당수 톨리아티가 사회주의로 가는 다양한 길이 있다고 적은 유서가 사후에 발표된 것은 의미심장한 예언이었습니다. 소비에트 공산주의와는 다른 이른바 '유로 코뮤니즘'이라고 하는 서유럽의 변형된 공산주의 운동이 스페인, 프랑스 등지에서 일어나고 있었습니다. 그러나 공산주의 체제의 변화를 향한 지열은 서유럽에서뿐만 아니라 동유럽 내부에서도 이미 부글거리고 있었습니다. 거기에 앞서 나간 것이 체코슬로바키아였습니다. 알렉산데르 둡체크 당 서기장이 내세운 이른바 '인간의 얼굴을 한 사회주의'

의 기치는 1968년 이른바 '프라하의 봄'이라 일컫는 '개혁' 공산주의 운동의 선봉에 섰습니다. 체코슬로바키아 공산당의 당시로선 과격한 개혁의 시도는 그해 여름 바르샤바조약기구를 앞세운 소련의 전차부대에 의해 무참하게 짓밟히고 맙니다. 그러나 한번 불붙은 개혁의 불길은 지열로 번져 머지않아 동유럽 전역으로 확산하여 내연하게 됨을 세상은 보게 됩니다.

단절의 시대와 미래에의 관심

어디를 둘러봐도 편안하고 안정된 지역은 보이지 않았습니다. 내일도 오늘과 같이 과거의 세계가 현존하는 질서가 그대로 유지되리라고 예상할 수 있는 곳은 없어 보였습니다. 1960년대의 우리는 그야말로 변화의 시대, 단절(dis-continuity)의 시대를 일상적으로 살고 있다는 것을 실감하고 있었습니다. 그러자니 변화의 앞날에, 즉 단절의 다음에 오는 것이 무엇이 될지 궁금하지 않을 수 없었습니다. 미래에 대한 관심은 대변혁의 시대, 단절의 시대가 낳은 필연적인 소산이라고 해야 할 것 같습니다. 과연 1960년대 후반에 들어와선 '미래'에 대한 광범위한 궁금증이 미래 문제를 체계적으로 학문적으로 성찰해보자는 관심으로 번져 도처에서 조직적으로 일어나기 시작하였습니다. 저는 그러한 상황 변화를 비교적 일찍 파악할 수 있었습니다.

어떤 면에선 1960년대 당시의 서독 지식인 사회는 '미래'에 대해선 오히려 등을 돌리고 모든 관심과 정력을 독일 '현대사(Zeitgeschichte)'라는 과거에 경주하고 있는 듯이 보였습니다. 제2차 세계대전의 동맹국이었던 일본은 1941년의 진주만 기습공격으로 시작한 태평양전쟁과 그에 이르는 일본 군국주의의 침략 과정과 전쟁 범죄 등은 씻은 듯이 잊어버리고 1945년 '히로시마의 원폭' 이후에는 완전히 다른 모습으로 세계에 나타납니다. 피폭으로 인해 일본은 어느덧 전쟁의 '가해자'가 아닌 '피해자'가 되었고 급기야 세계 평화의 메시지를 전하는 대변자 구실을 자청해서 맡고 나선 것이지요. 그래서 일찍부터 일본은 전후 세계의 미래를 논의하고 미래학의 붐을 일으키고 있었던 겁니다. 그와 반대로 전후의 독일(서독)은 초대 대통령 테오도르 호이스 교수가 나치스 제3제국의 과오를 직시하고 반성하며 그를 극복하는 과거사와의 대결을 새로운 공화국의 도의적 책무로 강조하고 있었습니다.

사실 내가 유학하던 1960년대의 서독 학계와 문화계는 미래보다는 과거와 대결하고 그를 규명하고 극복하는 일에 골몰하고 미래의 문제에 대해선 소홀히 하고 있는 것처럼 보였습니다. 그래서 구미의 여러 나라에서 1960년대에는 미래를 연구하는 여러 기관이 나타나 활동하고 있었지만, 서독에선 그런 움직임이 별로 감지되지 않았습니다. 서독에서 본격적인 미래 연구기관이 탄생한 것은 1970년대에 들어와서 원자물리학자이자 철학자인 바이츠제커(C.F.

von Weizsäcker) 교수와 사회 철학자 하버마스(Jürgen Habermas) 교수가 뮌헨 근교에 '과학기술 시대의 생존 조건 탐구를 위한 막스 플랑크 연구소'를 결성한 것이 처음이 아닌가 생각합니다.

그러나 1960년대에 앞서 유럽에서 처음으로 미래 연구를 위한 발의를 한 것은 오스트리아의 언론인 로버트 융크(Robert Jungk)였습니다. 그는 1945년 8월 히로시마에 투하된 원자폭탄을 보고 그때 『미래는 이미 시작되었다』라는 베스트셀러를 냈습니다. 아마도 유럽에서 미래학에 관련된 단행본 출간으로는 효시가 아닌가 생각됩니다. 참고로 말씀드린다면 '미래학(Futurologie)'이란 말을 처음 쓴 사람은 알고 보니 내가 공부하고 있던 베를린자유대학 정치학과의 플레히트하임(O.K. Flechtheim) 교수로 그가 히틀러 시대에 망명한 미국 대학에서 강의하면서 이 신조어를 사용했다는 것입니다. 이런저런 견문과 정보를 바탕으로 해서 당시 스위스대사로 있던 이한빈 박사와 나는 귀국하면 우리나라에도 미래 연구를 위한 모임 같은 걸 만들어보자는 구상을 했던 것입니다.

조금은 중복되지만, 여기서 다시 한번 1960년대의 우리나라를 되돌아보겠습니다. 2차 세계대전 후의 전후 세계에서 아마도 가장 큰 국제적인 '이벤트'가 한반도에서 일어났다는 걸 다시 한번 상기하고 싶습니다. 한국전쟁입니다. 전쟁은 거의 돌이킬 수도 돌아갈 수도 없을 정도로 우리 사회 문화의 과거를 처참하게 파괴해버렸습니다. '빠져나갈 길은 미래밖에 없다'고나 할 단속의 체험이었습니다. 과거는 회진(灰塵)되고 현재는 파괴되고 난 자리에 마련된 허무한 황야, 광대무변(廣大無邊)의 공백이 우리 앞에 펼쳐진 것이 전쟁의 유산이었습니다. 그 공백 위에 1960년대의 한국 현대사가 그려졌습니다. 검은 유니폼을 입은 대학생들의 '스튜던트 파워'가 유혈이 낭자한 4·19 혁명의 붉은 유화를 그렸고 그 뒤를 이어 또 다른 유니폼을 입은 장교 집단이 5·16 군사 쿠데타라는 카키색 공포의 스릴러 드라마를 연출하였습니다.

한국 현대사에서 젊은 대학생 세대가 처음으로 현실 참여의 무대에 등장한 상징적 사건이었던 4·19 혁명. 당시 나는 신문기자로서 이 역사의 현장을 몸소 체험하게 됐지요, 엄청난 체험이었습니다. 그때까지 대한민국 정부가 수립되면서 대통령이라면 오직 한 사람, 이승만 박사가 있었을 뿐이었습니다. 그 이승만 박사가 학생 시위로 대통령직에서 갑자기 물러났다는 것은 (앞에서 이미 쓴 바와 같이) 단순히 한 대통령의 하야가 아니라, 권력의 공위, 정치의 공백을 가져온 것처럼 느껴졌다고 해도 과장이 아닌 줄 압니다.

다른 한편으론 그처럼 절대적인 권위로 군림하고 있었던 이승만 대통령과 그를 떠받들던 자유당 정부 체제를 맨주먹으로 무너뜨렸다는 체험이 젊은이들에게 준 자신감이나 자부심, 혹은 변화에 대한 적극적 열망 같은 것도 함께 분출하여 팽배하게 된 분위기도 감지할 수 있었습니다.

그러나 4·19 혁명의 피로써 쟁취했던 내각 책임제의 민주당 정권은 1년 반 만에 5·16 쿠데타로 무너져버렸지요. 그야말로 걸음마도 익히기 전에 산욕(産褥)의 어린이가 총잡이에게 도살을 당한 셈입니다. 돌이켜보면 5·16 쿠데타 이후 1960년대 내내 우리 지식인 사회에서는, 국내에서나 국외에서나, 양성적이든 음성적이든 큰 논의를 불러일으킨 주제가 둘이었던 것 같습니다.

민주당 정권을 전복한 5·16 쿠데타를 어떻게 받아들일 것이냐 하는 문제가 하나이고, 또 다른 하나는 그 뒤 5·16 군사 정권에서 추진하게 된 한일 국교 정상화를 어떻게 받아들일 것인가 하는 문제입니다.

반대하는 건 언제나 쉽습니다. 전통 사회에 뿌리내린 문무(文武) 양반의 이분법과 편협한 숭문주의의 전통적인 고정관념으로 보아선 도대체 '총잡이들'의 정권 장악이라는 쿠데타를 애초부터 부정하고 비판하는 건 쉬운 일이지요. 그러나 그 군사 쿠데타가 왜 일어났으며, 그리고 왜 성공할 수 있었는지를 설명하는 논리나 담론의 경험은 당시 우리나라 지식인 사회에서는 빈약했던 것 같습니다.

내 경험을 돌이켜보면 4·19 혁명의 결과 탄생한 제2공화국 장면 정부는 탄생의 도움을 받았던 대학생과 언론인에 대해서 처음부터 약한 자세였습니다. 민주주의적 권리와 자유를 피로써 되찾았다는 4·19 혁명 후의 고양감(euphoria) 속에서 설혹 그 권리와 자유가 어떤 방만과 일탈에 흐른다 해도 그걸 제어하기는 쉽지가 않았습니다. 그 결과 장면 정권의 제2공화국에서는 시위의 자유와 언론의 자유는 거의 제한을 모르는 상태로 팽배해 버렸습니다. 거리에서는 날이면 날마다 수많은 데모가 파도치고 있었습니다. 고등학교, 중학교에 이어 초등학교 학생까지 데모한다고 거리를 휘젓더니 마침내 데모를 단속하는 경찰관까지 데모에 나섰습니다.

언론의 자유를 제약하는 멍에도 단순히 걷어버렸습니다. 허정(許政) 과도정부는 1960년 7월 신문 등 정기간행물에 관한 새로운 개정 법률을 공포함으로써 종래의 허가제를 폐기했습니다. 그 결과 사이비 언론, 부실 언론 매체가 우후죽순처럼 난립해서 4·19 이전까지 41개였던 일간 신문사는 112개로 두 배 이상 부풀어 올랐고, 709종을 기록했던 정기간행물은 1509종으로 급증했습니다.

자유는 소리높이 외쳐지고 있을 뿐, 그를 수호하려는 의지는 어디에도 보이지 않았습니다. 제2공화국의 새 질서를 낳는 데 기여했던 모든 세력이 이제는 이 질서를 파괴하는 데 여념이 없는 듯 보였습니다. 대학은 김일성 정권과의 즉시 직접 통일 협상을 벌이기 위해서 판문점으로 가자는 구호로 술렁이고 있었고, 신문은 헌정사상 처음 시도해 본 내각 책임제 정부를 걸음마도 익히기 전부터 호되게 매질하여 약체화·무력화하는 모양새였습니다.

1960년 늦가을 독일 유학길에 오르던 나는 내가 공부를 마치고 돌아올 때까지 제2공화국이 그대로 지탱이 될까 하는 불안감·위기감 비슷한 것을 안고 떠났습니다. 나는 낙관론보다는 비관론에 기울어져 있었습니다. 민주당 정권이 4·19 혁명의 정신과 유산을 지키며 발전하게 되리라는 기대보다도 머지않아 이 땅에는 질서 회복과 강력한 리더십으로 어필하는 새로운 전체주의 세력이 등장하게 되지 않을까 하고 생각했습니다. 그것이 북에서 책동하는 공산주의이든, 남에서 나올 수 있는 군부의 보나파르티즘이든(당시 4·19 이후의 신문에는 한국군 내부에서 영관급 장교 집단의 이른바 하극상 사건들이 이따금 보도되곤 했습니다) 전체주의 체제가 나라의 앞날에 바람직하지 않은 세력으로 모습을 드러낼지 모른다는 두려움을 느꼈습니다.

5·16 쿠데타, 보나파르티즘의 등장

5·16 쿠데타는 내가 예상했던 보나파르티즘의 등장이었습니다. 쿠데타 정권은 과연 4·19 후의 혼란을 단시일 내에 진압하고 무질서를 청산하고 일반 시민들이 속으로 그토록 아쉬워했던 질서를 회복해놓고 무언가 새로운 것을 이룩할 듯이 보였습니다. 나는 밖에 나가 있어서 5·16 쿠데타는 오직 간접적으로만 견문할 수밖에 없는 상황이었습니다. 리버럴하고 비판적인 서유럽의 언론 보도가 한국의 군사 쿠데타와 권력 장악에 대해서 대체적으로 비판적이었고 부정적이었던 것은 당연한 이치라 하겠습니다. 그러나 한국에서 쿠데타로 집권한 군사정부가 의욕적으로 추진한 이른바 '국가 재건' 운동을 보는 일반 시민들의 반응과 견해는 일방적으로 네거티브 하기만 한 것 같지는 않았습니다. 그것은 전적으로 부정도 못 하고 전

적으로 긍정도 못 하는 매우 유동적 내지는 이중적이고 양면적인 (ambivalent) 것이 아니었던가 돌이켜집니다. 고국에서 날아온 친구들의 서신에서도 그런 걸 감지케 하는 경우가 많았어요. 그럴 수밖에 없었겠지요. 4·19 학생 혁명도 그렇지만 5·16 쿠데타 또한 우리 생애에 처음 들이닥친 전혀 낯선 사건이요, 낯선 사태요, 낯선 충격이었습니다.

5·16 군사정권이 추진한 한일 국교 수립을 위한 협상에 대해서도 국내의 지식인 사회나 특히 바깥의 유학생 사회에선 당시 대체로 부정적인 입장이었던 것 같습니다.

이승만 대통령처럼 국제적 활동 경험이 많은 노련한 정치가조차 오랜 협상을 거듭하고서도 성사시키지 못한 한일 국교 수립 문제를 외교적 활동 경험이 거의 없는 미숙한 30대의 젊은 정보부장이 단숨에 해치우겠다고 덤비는 모양새인데, "그걸 어떻게 그냥 받아들이고 찬성한단 말이냐, 안 될 말이다" 하는 것이 반대론자들의 논리였습니다.

그런 속에서 1964년에 오스트리아 인스브루크에서 동계 올림픽이 열렸어요. 나는 신문사에서 특파원으로 가서 취재하라고 해서 인스브루크로 갔는데, 그곳에서 주스위스·주오스트리아·주바티칸 대사를 겸직하고 있던 이한빈 선생을 만났습니다. 인스브루크에서의 이 만남이, 앞질러 얘기하자면 그 후 한국미래학회가 탄생한 계기가 되었지요.

인스브루크 동계 올림픽: 이한빈과의 해후

이한빈 대사와 나는 첫 만남부터 말이 통했고 뜻이 맞았습니다. 특히 변화의 시대, 격변의 시대의 유럽에서 그리고 세계에서 일어나는 여러 가지 일에 대해서 이한빈 대사는 이해가 빠르고 시각이 독특했으며 해석은 신선했습니다. 원래 이한빈 대사는 외교관에 앞서 당시 한국 정부를 대표하는 테크노크라트로 명성이 자자했습니다. 그는 광복 후 제1세대 미국 유학생으로 하버드대학에서 공부한 MBA 제1호로 6·25 전쟁의 한복판에 피난 수도 부산으로 돌아왔습니다. 지도교수의 만류도 뿌리치고 "오히려 전쟁 때니까 더욱 고국에 돌아가 일을 해야 한다"며 귀국했습니다. 이승만 대통령이 그 애국심에 감동해서 20대의 약관을 요직 중의 요직인 재무부 예산과장으로 발탁시켰다는 소문입니다. 이한빈 선생은 4·19 때 재무부 차관으로 중앙정부 관직에서 물러날 때까지 항상 나라 전체의 살림을 맡아 하는 예산 행정의 중책을 맡고 있었습니다. 예산 행정가라는 건 어느 한 행정부처가 아니라 나라 살림 전체를 두루 보고 다루는 자리입니다. 그래서 이한빈 선생은 항상 "전체를 보자, 전체를 봐야 한다"는 말을 자주 하신 듯해요. 인문학에서 출발한 인문주의자고, 시인이고. 그래서 그런 배경을 가진 분이 학회 창립의 주역이 됐다는 사실은 한국미래학회의 성격이나 발전 방향과 무관하지 않았다고 생각됩니다. 그뿐더러 내 생각으로는 한국미래학회가 이처럼 인문주의적인 배경을 갖고 출발했던 바탕이 학회가 50년이 넘도록 장수를 하게 된 것이 아닐까 생각되기도 합니다.

돌이켜보면 서둘러 미래학 붐을 일으켰던 곳은 미국보다도 일본이었던 것 같습니다. 그 반면에 독일은 이미 앞에서 얘기한 것처럼 미래학 분야에서는 가장 뒤에서 서성거리고 있던 모양새였습니다. 그 점에서도 2차 세계대전의 동맹국이자 패전국이었던 일본과 독일은 아주 대조적인 모습을 보인 것 같았어요. 말하자면 독일은 과거에 매몰되어 미래를 망각하고 있었다고 한다면, 일본은 미래를 크게 부각하면서 과거는 망각 속으로 (암)매장하고 있는 듯이 보였던 것입니다.

같은 제2차 세계대전의 패전국이요 전범 국가인 일본은 1960년대만이 아니라 지금까지도 계속 중일(中日)전쟁 당시의 난징(南京)대학살 같은 일은 깡그리 뭉개서 덮어버리고 있습니다. 전쟁 중엔 그렇게 자랑스럽게 선전하던 개전 초 미국의 태평양함대를 격멸시킨 진주만 기습작전조차 언제 그런 일이 있었느냐는 듯이 깔아뭉개버립니다. 패전 후 일본이 대내외적으로 크게 홍보하고 있는 일본 현대사의 빅 이벤트는 오직 '히로시마', 일본을 세계 최초이자 아직까지 유일의 원자폭탄 피폭국이 되게 한 히로시마입니다.

태평양 전장을 도발한 1941년 12월 8일도, 포츠담 선언 수락으로 전쟁을 종결한 1945년의 8월 15일도 다 무시해버리고 오직 히로시마에 원폭이 투하된 8월 6일이면 해마다 '덴노(天皇)'와 '고고

(皇后)' 임석 하에 일본 정부가 성대한 추모 행사를 베풀고 있습니다. 다시는 지구상에 히로시마의 비극이 되풀이되어서는 안 된다는 '평화의 메시지'를 세계에 호소하면서 말입니다.

일본의 과거 망각 미래 지향, 독일의 과거 지향 미래 망각

전후 일본의 리더십이 보여준 참으로 절묘한 '기억의 정치'입니다. 난징대학살, 진주만 기습공격, 관동군 731부대의 생체실험 등은 역사의 기록과 기억에서 말끔히 지워버리고 오직 '히로시마'만을 전후(前後) 문맥에서 떼어내 클로즈업함으로써, 한국 침략, 중일전쟁, 태평양전쟁을 도발한 군국주의 일본이 하루아침에 가해자에서 피해자로, 전쟁 도발자에서 세계 평화의 대변인으로 둔갑하게 된 것입니다. 그 결과 2차 세계대전의 전범 국가로 피고석(被告席)에 있던 일본이 이젠 미국의 비인도적 원폭 투하의 죄책을 따지는 원고석(原告席)에 슬그머니 바꿔 앉아 있는 듯한 인상마저 주고 있습니다. 히로시마로 인해서 일본에서는 또 다른 의미에서 미래가 시작되었다고 할 수 있겠습니다.

독일의 경우는 이와 대조적입니다. 일본이 히로시마만을 떼어서 클로즈업함으로써 히로시마에 이르게 된 과거를 외면해버리는 것과는 정반대의 길을 갔습니다. 독일 현대사의 과거를 직시하고 그를 도의적으로 극복하자는 독일(서독)의 초대 대통령 호이스 교수의 제언은 전후 서독국민의 정신 생활에 정향을 제시한 바탕이 됐습니다. 나아가 제6대 대통령 리하르트 폰 바이츠제커(Richard von Weizsäcker) 박사가 제2차 세계대전 종전 40주년을 추념하는 명연설을 통해 전 세계에 큰 감동의 반향을 일으켰던 것은 우리의 기억에도 새롭습니다.

그는 1945년 5월 8일(독일이 패전한 날)을 1933년 1월 30일(히틀러가 권력을 장악한 날)과 떼어놓아선 안 된다는 걸 분명히 밝히면서 제일 먼저 히틀러의 전쟁에 희생된 수많은 유대인, 그리고 다음으론 말할 수 없는 고통 속에 죽어간 소련과 폴란드 국민의 죽음을 추모하면서 가장 마지막으로 전쟁에 희생된 독일 국민의 죽음을 추념했습니다.

2차 세계대전 말에는 유럽에도 히로시마에 버금가는 대량 살육의 비극이 있었습니다. 1945년 2월 13일 밤부터 다음 날 점심때까지 미·영 공군의 폭격기가 10여 시간에 걸쳐 폭탄으로 융단(카펫)을 깐다는 '융단폭격(Bombenteppich)'이란 신조어가 나올 정도로 '엘베강변의 파리'라는 평화로운 도시를 처참하게 파멸시켰습니다. 1만 2,000동의 건물이 파괴되고 최소 6만 명의 사망자가 발생한 것으로 통계에 잡히고 있으나, 실제 숫자는 히로시마의 희생자를 웃돈다는 추측도 있습니다. 왜냐하면 그때까지 드레스덴에는 연합군의 폭격이 없었기에 동유럽으로부터 소련군의 공세를 피해 몰려든, 그 수를 알 수 없는 엄청난 난민들이 있었기 때문입니다.

그럼에도 불구하고 독일은 드레스덴을 거론하는 것조차 자제하고 있습니다. 전후 일본이 1941년의 진주만 기습공격도, 1945년 8월 15일의 무조건 항복도 덮어버리고 오직 히로시마만을 해마다 대대적으로 기념하고 있는 것과는 대조적입니다.

히로시마 비극의 원인이 일본이 한동안 우쭐대던 진주만 공격에 있다는 것을 일본은 외면하고 있으나, 독일은 드레스덴의 원인이 자기들이 잘못 추대한 나치스의 히틀러에 있음을 자인하고 있습니다. 이것이 2차 세계대전의 동맹국 일본과 독일의 차이입니다.

독일에서 미래학에 대한 관심이 저조한 데 비해 일본에선 특히 1970년의 '오사카(大阪) 엑스포'를 앞두고 일대 붐을 일으켰습니다. 나는 이런 양상에 대해서 그 배경을 되돌아 살펴봤습니다. 우리가 추진하려는 미래에 관한 연구 프로젝트에 매우 중요한 문제 제기를 할 수 있는 사례라고 여겼기 때문입니다. 사실 미래학회를 발족시킬 당시부터 우리는 우리나라의 일부 지식인 사회에서 미래에 관한 논의가 자칫 현실 도피, 현실 외면을 지나 현실 긍정 내지는 현실 미화를 위한 방편이 될 수도 있다며 곱지 않은 눈길을 보내고 있음을 인지하고 있었습니다.

더욱이 학회가 발족한 초창기에 우리 나름대로 '서기 2000년의 한국'에 관한 다각적인 논의를 시작하고 얼마 지나지 않아 KIST와의 공동 연구 프로젝트로 이 테마를 본격적으로 다루고 있을 때 당시 여당의 유신정우회(維新政友會)에서 정부가 추진하는 경제 개발 정책을 홍보하기 위해 장밋빛 미래의 청사진을 그려 보여주는 일을 하고 있었습니다. 이것은 우리 학회의 '서기 2000년 한국' 프로젝트와 유사한 작업이어서, 자칫 우리의 연구가 '관변 미래학'으로 오해를 받지 않을까 무척 신경을 썼던 기억이 납니다.

이 점에서는 한국미래학회가 창립 당시부터 (조금은 자화자찬이 될지 모르지만) 매우 슬기로운 회원 정책을 일관되게 견지해왔다고 할 수 있겠습니다. 오늘날에 와서는 일반화된 상식에 속하고 있지만, 그 당시 우리가 미래를 주제로 학회를 마련하면서 직능과 전공을 가르는 울타리를 걷어버리고 다양한 직업, 다양한 전공의 배경을 가진 사람들을 한자리에 모아 대화의 광장(FORUM)을 마련하였다는 것은 획기적인 일이었습니다. 그 시절엔 생소했던 다(多) 학문적인(multi-disciplinary), 범(汎) 학문적(pan-disciplinary)인, 또는 학제적(學際的)인(inter-disciplinary) 연구와 토론을 위한 최초의 학회 모델로서 한국미래학회(당시는 서기2000년회)는 발족했던 것입니다.

한국미래학회의 정체성

학회를 창립할 때, 우리나라 과학기술의 최첨단에서 연구 활동을 하는 KIST의 빼어난 과학자들도 참여했고, 미래를 여는 또 다른 주동자(prime mover)라고 할 경제인·경제학자도 적지 않게 참여했습니다. 그러나 한국미래학회는 경제·과학 분야의 전문가 이상으로 많은 창립 회원이 경제·과학 이외의 인문·사회과학 분야에 속해 있었다는 사실을 밝히지 않을 수 없습니다. 한국미래학회가 이러한 회원 구성을 갖추다 보니 처음부터 매우 '가치 지향적(value=oriented)'인 학회로서 특색 지워졌다고도 하겠습니다. 우리는 과학기술의 발전, 경제 분야의 발전이 가져올 '가능한 미래(possible future)'를 탐색했을 뿐만 아니라 그에 못지않게 '바람직한 미래(desirable future)'에 관한 활발한 논의와 토의를 했습니다. 우리는 도피주의적 미래학이 아니라 '비판적' 미래학을 추구해왔다고도 할 수 있겠습니다.

궁극적으로 본다면 미래에 대한 관심은 변화에 대한 관심입니다. 내일이 오늘과 다른 바 없고 미래가 현재와 동일한 것의 반복이라면 굳이 미래를 궁리해볼 필요는 없을 것입니다. 그러나 이러한 동일자의 영구 반복의 고리가 서방 세계의 산업혁명과 과학기술혁명으로 끊어져 버렸습니다. 이제는 여러 분야에서 변화가 일상으로 자리 잡았습니다. 미래 사고, 미래 연구, 미래학은 바로 이 변화를 받아들이고 변화의 방향과 추이, 그 결과를 살펴보자는 데서 출발했습니다. 변화의 긍정에서 미래학은 시작됐습니다. 그 무렵에는 경제·사회의 개발 이론이나 혹은 일반적으로 근대화 이론에서도 변화(Change)는 그 자체로서 하나의 긍정적 가치로, 추구해야 할 가치로 격상되고 있었던 것으로 회고됩니다.

이런 맥락에서 본다면 한국미래학회는 '비판적'이자 또한 '보수적'인 미래학회였다고도 할 수 있겠습니다. 이에 대해서는 좀 더 구체적으로 이야기해보아야겠군요. 물론 변화를 살펴보자는 것이 미래학입니다. 그러나 우리 학회에서는 초창기부터 항상 변화하는 것만 보지 않고 변화하지 않는 것에 대해서도 관심을 갖고 함께 살펴보자는 논의가 있었습니다. 그 점에서는 한국미래학회를 함께 시작했던 훌륭한 회원들, 특히 이한빈 선생, 유동식 선생, 함병춘 박사, 이홍구 박사 등이 생각이 납니다. 이홍구 박사는 학위 논문의 주제로 '근대화와 사회적 보존'의 문제를 다뤘다고 들었습니다. 함병춘 박사도 초창기 월례 세미나에서 '변화하는 것과 변화하지 않는 것'을 처음으로 주제 삼아 발표했던 생각이 납니다.

1968년에 창립된 한국미래학회(서기2000년회)는 학회장 제도나 회장 선거 따위로 불필요한 일에 시간과 정력을 낭비하는 일을 최소화하자는 취지에서 20년 동안 학회장 없이 세 명의 간사만으로 실무를 분장해서 학회 활동을 운영해왔습니다. 한국식품연구원의 창립 초대 원장을 지내신 KIST의 권태완 박사, 학회의 정관을 기초하고 학회의 종신 감사 역을 맡아주신 전정구 변호사 그리고 나 세 사람이 창립 초기의 공동 간사를 맡게 됐습니다. 델파이 설문 토의에 100여 명의 전문가를 초청하기도 했던 학회의 첫 연구 프로젝트 '서기 2000년의 한국' 용역 사업도 우리 세 사람의 간사 시절에 원만히 진행해서 성사시킬 수 있었습니다. 더 정확하게, 더 공정하게 얘기하자면 학회장이 없는 학회이기 때문에 모든 회원이 학회장처럼 학회 일을 내 일이라 생각하고 열심히 참여해주신 덕이라 해야 할 것입니다.

우리가 학회장을 갖게 된 것은 1988년부터였습니다. 한국미래학회도 이제 스무 해 성년이 되었으니 회장을 두어도 괜찮겠다는 회원들의 합의에 의해 이한빈 선생을 초대 학회장으로 모셨습니다. 88 서울 올림픽의 해였군요. 요즈음 젊은 세대에겐 하나의 역사(history)가 된 88 올림픽도 이젠 옛 이야깃거리(history)로 간접적인 견문의 대상이 되어버렸습니다만, 88 올림픽이 한국과 세계의 현대사에 미친 영향은 결코 과소평가할 수 없는 것이었습니다.

동서 냉전 시대에 소련과 미국에서 유치한 1980년의 모스크바 올림픽, 1984년 LA 올림픽이 그때마다 한쪽 진영의 참가 보이콧으로 반쪽짜리 대회가 되고 말았는데 하필이면 냉전 체제의 최전선에 자리 잡은 분단국가 한국에서 개최된 88 서울 올림픽은 동서양 진영의 모든 나라가 참가하게 된 온전한 오륜대회가 되었습니다.

한국, 한국인에게는 적어도 88 올림픽 기간에는 철의 장막, 죽(竹)의 장막이 돌연 걷혀버리고 공산권을 가로막았던 무거운 터부도 사라진 듯 보였습니다. 아마 철의 장막이 걷히고 터부가 사라진 '리얼리티'와 돌연 만나게 됨으로써 받는 충격은 '헐벗고 굶주리는 미 제국주의의 식민지 남한'을 선전이 아닌 현실로 만나보게 된 동유럽 젊은이들에게 더욱 컸으리라는 건 짐작하고도 남음이 있습니다.

실제로 88 올림픽 이후의 세계, 특히 동유럽의 세계에는 엄청난 변화가 찾아왔지요. 폴란드, 헝가리, 체코슬로바키아, 동독으로 확산해간 자유화·민주화 혁명의 거대한 물결이 그것입니다. 우리에게 가장 큰 관심의 대상이었던 유럽의 분단국 독일은 소비에트 공산권에 휘몰아친 자유화의 거센 파도를 타고 베를린 장벽을 무너뜨리고 머지않아 동서독 통일의 위업을 달성합니다.

말하자면 '미래'는 우리가 아니라 저쪽에서, 먼 훗날이 아니라, 어제, 오늘 그리고 내일로 날마다 시작되고 있었던 당시였지요. 그것도 이론이나 시나리오가 아니라 일상적인 현실로서 미래가 실현되었다거나 되어가고 있다 싶은 감회를 금할 수 없던 것이 1990년 전후의 세계였다고 할 수 있었습니다.

이 무렵 이한빈 선생도 무척이나 바쁘셨던 것 같습니다. 모처럼 초대 학회장을 맡으신 지 2~3년도 못 돼서 더는 못하시겠다면서 후임으로 나를 미시기에 엉겁결에 1990년대 초부터 2대 학회장을 맡게 됐습니다. 그리고 1999년, 20세기의 세기말까지 근 10년 동안 학회 운영의 책임을 맡은 나는 크게 두 가지 프로젝트를 추진했습니다. 하나는 위촉을 받은 사업이고 다른 하나는 스스로 개발한 사업입니다.

위촉 사업은 학회 회원인 오명 장관이 1993년 대전 EXPO 조직위원장이 되면서 학회에 주신 용역입니다. 일반 국민이 '올림픽'은 누구나 알아도 '엑스포'라고 하면 생소하게 여기고 있으니 한국

미래학회가 대전 EXPO를 홍보할 수 있는 프로젝트를 하나 기획해달라는 얘기였습니다. 롯데호텔에서 사흘 동안 열린 국제 학술회의 '발전과 환경' 심포지엄이 그 소산입니다. 이 심포지엄은 대전 EXPO를 홍보해준 이상으로 한국미래학회를 홍보하고 학회 활동의 기반을 다지는 데 적지 않은 기여를 한 것으로 자체 평가하고 있습니다. 큰 줄기에서 본다면 미래학의 담론이 경제 개발(독재)의 연대에 자칫 관변 미래학의 테두리 안으로 말려드는 것을 경계하기 위해서 우리 학회가 초창기부터 '발전과 갈등', '산업화와 인간화', '산업화와 도시문제' 등의 큰 주제를 다뤄온, '비판적 미래 연구'의 흐름 속에 사업을 수행했습니다. 이번에는 현대산업 및 과학기술 사회의 더 심각한 주제인 '환경' 문제를 큰 테두리에서 미래학적으로—다각적, 다(多) 학문적 차원에서— 다뤄본다는 것이 심포지엄 주제 선정의 배경이었습니다.

미래의 변수(變數)와 상수(常數): '한국인의 삶' 시리즈

아무튼, 대전 EXPO를 위한 국제 학술 심포지엄을 성공적으로 마친 이후 학회는 새로운 프로젝트를 시도해볼 수 있는 여력과 자신을 얻게 됐습니다.

1960년대 말 한국미래학회를 창립하면서 우리는 30년 후의 미래상을 그려보았습니다. 내가 1990년에 학회장을 맡은 후에는 그 이전과는 달리 그전에는 못했던 작업, 생각은 있었지만 나서서 하지 못했던 작업을 시작했습니다. 미래에 변하는 것이 아니라 미래에도 변하지 않는 것을 알아보자는 작업입니다. 한국 사람이 그 속에서, 또는 그와 더불어 살고 있고 앞으로도 계속 살게 되는 것, 그러한 것들을 주제적으로 한 10년 동안 공동으로 연구 성찰해보는 프로젝트를 시작해보자는 것이지요.

『산과 한국인의 삶』, 『물과 한국인의 삶』, 『멋과 한국인의 삶』, 『하늘과 한국인의 삶』, 『토지와 한국인의 삶』 등 후에 두꺼운 단행본으로 상재된 책들이 해마다 연간 프로젝트로 학회에서 수행한 작업의 소산들입니다. 특히 첫 번째 프로젝트의 소산인 『산과 한국인의 삶』은 재판, 3판을 거듭했는데, 아마 한국미래학회에서 내놓은 책 가운데서 가장 많이 팔린 책이 아닌가 싶습니다. 한국에서 한국 사람은 산을 보지 않고는 살 수 있는 데가 없어요. 한반도에서 한국인으로 산다는 것은 산과 더불어 산다는 것이라 말하는 데 무리가 없습니다. 어떤 산을 갖느냐, 산을 어떻게 가꾸느냐, 산과 더불어 어떻게 지내느냐 하는 것은 모든 한국인에게 삶의 질과 필연적인 관계가 있습니다.

산이 많다는 것을 달리 생각해보면 한반도의 지형이 평면보다 삼각형의 요철(凹凸)이 많다는 것입니다. 삼각형은 그 어느 한 변도 두 변을 합친 것보다는 짧습니다. 그러니까 산이 있다는 것은 그걸 펴면 그만큼 넓어진다는 이야기이니, 이 넓어진 국토의 가상 공간을 이용할 대안은 없는가 하는 따위의 구체적인 이야기도 많이 했던 것 같습니다.

1990년대에 내가 학회장으로 있을 때 시작한, 변하는 것 가운데 변하지 않는 것, 그러면서도 변하는 것 못지않게 중요한 것을 살피면서 항상 전체를 보는 눈을 잃지 않고 미래를 내다보려는 이 프로젝트는 계속 이어졌습니다. 2000년대에 들어와서 학회장을 맡으신 김형국·전상인 박사께서도 계속 새로운 주제를 개발하여 『땅과 한국인의 삶』, 『불과 한국인의 삶』, 『배움과 한국인의 삶』, 『강과 한국인의 삶』 등 훌륭한 연구 성과를 내놓고 있습니다.

청년에게 주는 메시지:
전체를 봐라, 시간적으로나 공간적으로나

우리가 미래학회를 창립할 때는 이른바 '개발의 연대'라 일컫던 시기입니다. 이미 언급했던 것처럼 세계적으로 미래 연구, 미래학이 붐을 이루고 있었습니다. 보통 미래학이라면 일본이나 미국에서 흔히 보듯이 경제와 기술 발전을 주된 동인(prime mover)으로 하는 과학기술적인 차원의 미래 연구가 주류였습니다. 물론 우리는 한국에서 그런 것도 해야 했고 또 했습니다. 그러나 그에 못지않게 다른 미래에 관해서, 즉 객관적으로 예측 가능한 미래(possible future)뿐만 아니라 주관적으로 바람직한 미래(desirable future)를 처음부터 시야에 넣고 미래에 관한 논의를 시작했습니다. 그래서 한국미래학회 멤버도 과학기술 쪽 못지않게 인문주의자들, 철학자들이 많았는데 그건 우리가 참 잘했다고 생각해요.

미래 연구 또는 미래학이라는 것은 필경 어떤 면에서는 시간의 전체성을 보자는 것이거든요. 현재만 보지 말고 미래를 같이 보자는 것, 과거도 포함해서 미래를 보자는 것이고, 공간적으로는 나무만 보지 말고 숲도 보자는 것이지요. 자기가 서 있는 곳만, 그 지역만 보는 게 아니라 자기를 둘러싼 주위, 자기 고장을 둘러싼 바깥 세계, 국토를 둘러싼 해양, 지구 전체를 보자는 것이겠지요. 그래서 시간의 전체성을 지향하고 공간의 전체성을 지향하는 것이 우리의 생각이었고, 한국미래학회를 창립했던 이한빈 씨와 나의 공통된 출발점이었다 할 수 있겠어요.

앞에서 말한 것처럼 예산 행정가라는 게 정부 부처 전체를 포괄하는 살림꾼이라 한다면, 언론인이라는 것은 결국 한 나라의 구석구석까지 사회 전반을 살피고 시비를 따지고 잔소리하는 족속들입니다. 그런 면에서 본다면 양자가 다 전체를 지향하는 직업의 사람들입니다. 그들은 미래학이 시간과 공간의 전체성을 지향한다고 할 때 그러한 일에 어쩌면 가장 가까이 서 있는 사람들이라고도 할 수 있을 것 같습니다.

또 다른 한편으로 미래학의 연구 자체가 학문사적으로 새로운 기풍을 불러일으켰는데, 이는 여러 전문 과학의 울타리를 허물어버리고 다(多) 학문적, 범(汎) 학문적, 학제적(學際的) 연구를 촉발하고 유도하고 있다는 사실 때문입니다. 달리 말한다면 미래학은 밖으로 연구의 대상에 있어서 전체성을 지향할 뿐만 아니라 안으로 연구 자체의 내실이나 내공에 있어서도 학문의 전체성을 지향한다고 말해도 좋습니다.

시간의 전체성을 보고 생각하고 행동하자! 전후 서독의 지식 사회가 한동안 그랬던 것처럼 지나치게 현대사의 '과거'에 침잠해서 그것에 매몰되어 미래를 망각해서도 안 되지만, 히로시마 캠페인으로 일본 군국주의의 과거는 망각한 듯 덮어버리고 평화의 미래만을 노래하는 것도 온당치 못합니다. 그래서 나는 한국미래학회의 창립에 참여한 사람으로서 그에 대한 일종의 보전(保全)으로 1980년에 우리나라 학계에서 처음으로 '현대사' 연구를 기회 있을 때마다 촉구했습니다. 그래서 1980년 드디어 한국 학계의 커다란 공백이자 지식인 사회의 '사보타지'라 할 '현대사의 연구'를 활성화하기 위해 '서울언론클럽'이 새로 출범했습니다. 그리고 이 단체를 통한 〈계간 現代史〉 창간을 발의한 것을 자랑스럽게 생각하고 있습니다.

"시간적·공간적으로 전체를 보고 전체성의 관조 속에서 생각하고 행동하라"라고 말하면 좀 어려운 말처럼 들릴지 모르니 풀어서 얘기해보지요. 한마디로 말해서 멀리 보자는 얘기입니다. 지난 일에만 너무 구애되지 말고 좀 더 멀리 앞날을 내다보자는 것이지요. 공간적으로는 나무만 보지 말고 숲을 보라는 얘기와 통합니다. 오늘의 현실도 함부로 해서는 안 될 중요한 것임에는 틀림이 없습니다. 과거는 이미 어쩔 수 없는 기정사실의 영역입니다. 그러나 미래의 성취 여부는 기정사실이 된 과거의 의미조차 바꿔놓을 수 있음을 우리는 역사를 통해서 알고 있지요.

시간적으로 멀리 보자는 것은 공간적으로는 더 높은 곳에서 조망해보자는 얘기가 되겠지요. 시간만 보지 말고 시대를 보고, 한국만 보지 말고 세계를 보라는 얘기이기도 합니다. 그러기 위해서는 어떻게 해야 하는가? 나는 대학에 있을 때 학생들에게 곧잘 말하곤 했습니다. "책을 읽거나 사색을 할 때는 두 종류의 눈을 뜨고 있어라. 독수리의 눈과 뱀의 눈을!" 하나는 사물을 높은 곳에서 부감(俯瞰)하고 조망하는 눈이요, 다른 하나는 사물의 디테일까지 자세하게 살피는 눈입니다. 미래학적 사고에서 전체성을 강조하는 것과도 통하는 이야기입니다.

'서기 2000년'의 의미

사사로운 이야기지만, 20세기가 끝나가는 1990년대 중반에 나는 문화공보부에서 위촉한 '문화 비전 2000'이란 위원회의 프로젝트 책임을 맡은 일이 있습니다. 김영삼 대통령 정부가 그런 점에서는 할 일을 한다고 나는 생각했어요. 2000년이 되면 현 정부 임기는 끝나고 새 정부가 들어설 예정이었어요. 그런데 물러날 정부가 다음 대통령이 임기에 맞게 될 2000년 맞이 준비를 미리 해놓아야 하겠다는 취지에서 '문화 비전 2000 위원회'를 만들었던 것 같아요. 당시에는 우리나라만이 아니라 선진국의 대부분 나라에서 비슷한 위원회를 만들어 2000년 맞이 준비를 하고 있었습니다.

1990년대는 단순히 한 세기, 백년기(百年紀)가 바뀌는 세기말일 뿐만 아니라, 천년기(千年紀)가 바뀌는 대전환의 시기였습니다. 그에 따라 자연 미래를 내다보는 전망치도 엄청 크게 확대되는 게 자연스러운 이치겠지요. 그러나 사람은 생애주기의 제약을 크게 벗어날 수는 없는 존재이기 때문에 자기 사후 100년, 1000년의 미래에 대해선 별로 관심이 없고, 관심이 있다 해도 그건 알 수가 없습니다. 이 무렵 나는 하나의 이율배반적인 사실을 깨닫게 됐습니다. 미래를 전망하는 시간이 확대되면 될수록 오히려 과거를 되돌아보는 관심이 커진다는 사실입니다. 그 무렵 유럽에서는 지난 1000년 동안 인류의 삶에 가장 큰 영향을 미친 발명이 무엇이었느냐, 유럽 역사에 가장 큰 영향을 끼친 인물이 누구였느냐? 등에 관한 논의가 활발했던 것으로 기억합니다. 미래에 관한 논의가 아니라 과거에 관한 논의였지요. 발레리(Paul Valery)의 오래된 명언이 다시 생각나는 대목입니다. "우리는 뒷걸음질을 하면서 미래로 들어가고 있다(Nous entrons dans l'avenir a reculons)."

1990년대는 100년기, 1000년기가 바뀌는 큰 변곡점이라, 자연 미래를 내다보는 전망치도 엄청 크게 확장되기는 했지만 100년,

1000년의 미래는 알 수 없습니다. 그러나 우리는 우리가 살아온 100년의 과거는 알고 있고 알 수 있습니다. 그와 마찬가지로 우리가 지나온 1000년의 과거도 알고 있고 알 수 있습니다. 미래를 생각하고 우리가 나아갈 미래를 묻는 미래학도들에게 이건 매우 중요한 암시를 주는 포인트라 생각합니다. 한반도에서 삶을 영위해온 우리 한민족의 지난 1000년의 역사를 되돌아본다면 거기에도 우리가 자주 쓰는 말투(jargon)대로 '변하는 것'과 '변하지 않는 것' 또는 '빨리 변하는 것'과 '더디 변하는 것'이 있음을 알게 됩니다.

지난 1000년 동안 한반도에서 무슨 일이 있었느냐? 이것은 어마어마한 질문입니다. 그것을 한마디로 요약할 수는 없습니다. 그래서 한반도 1000년 역사의 변화가 아니라, 한반도에서 지난 1000년 동안 변하지 않은 것이 있다면 그게 무엇인지 알아보자는 것입니다. 한반도 1000년의 역사에 일관되고 있는 어떤 흐름, 어떤 기조, 변수(變數) 아닌 상수(常數) 같은 것이 있다면 그게 무엇일까?

나는 그런 것이 있다고 생각하고 있습니다. 통일신라 이후 고려 시대(918~1392)와 조선 시대(1392~1910)의 1000년을 거쳐 해방 후 대한민국 정부가 수립된 이후 오늘에 이르기까지 1000년 이상의 역사 속에서 변하지 않고 이어온 것, 그것은 우리나라 역사가 언제나 서울을 중심으로 중앙집중적인, 1극 중심적인, 구심적인 발전을 지향해왔다는 것입니다. 모든 것이 서울로, 중앙으로, 중심으로 몰리는 이 흐름은 조선 시대에 더욱 심해진 듯하고 특히 해방 후 대한민국 정부가 수립되면서 지난 70여 년 동안 이 추세는 더욱 심화되고 격화되고 악화되었습니다. 이제는 전국 인구의 4분의 1을 서울로 끌어올리고 국민의 절반을 수도권으로 빨아들인 거의 병적인 기현상을 빚고 있습니다. 그 결과 사람도 자동차도 쉽게 움직일 수 없는 도시, 사랑하는 연인들이 보금자리를 만들 집을 구하기 어려운 도시가 되었습니다. 사람들은 그 서울에 몰려 들어왔습니다. 지방은 홀대받고 소홀해지고 급기야 소멸할 위기에 처했습니다. 서울은 집중화의 부작용으로 주택 문제, 교통 문제, 범죄 문제, 청소년 문제, 노인 문제, 환경오염 문제 등 오늘날 도시화의 모든 병리 현상을 노정하고 있습니다.

한반도 천 년의 흐름을 되돌린다

따라서 서기 2000년이라는 지점에서 우리가 할 수 있는 일은 지난 역사를 되돌아보면서 한반도에서 1000년 동안 변함없이 이어온 흐름, 서울로 집중하는 구심적(求心的, centripetal)인 흐름, 일극(一極) 지향적이고, 중앙(中央) 집중적인, 그런 흐름이 초래한 모든 문제를 성찰하는 것이라 보았습니다. 이것을 공론화하고, 당장에 획기적인 변환에 착수하지는 못한다 해도 그 병폐가 더 악화하지 않도록 사회적 경각심을 높이면서 차분히 대안들을 모색해보는 일부터라도 시작해야 하지 않을까 생각했습니다.

1000년의 흐름을 되돌리려면 그야말로 또 다른 1000년의 역사가 있어야 할지도 모르겠습니다. 그러면 그럴수록 더욱 지금부터라도 새로운 방향으로 가는 첫걸음이 필요합니다. 새로운 다른 흐름의 1000년을 위해서 우리가 먼저 시동이라도 걸어야 하지 않을까 생각하게 됩니다.

실은 지난 세기말 내가 1990년대에 국토연구원장을 맡고 있던 박양호 박사의 도움을 받아 우리나라 '남해안 개발' 프로젝트를 기회 있을 때마다 제안한 것도 서울 일극 중심의 중앙집중적 1000년 흐름을 역류 또는 완화해 보려는 조그마한 시동의 한 시도였습니다.

지금도 내 생각에는 변함이 없습니다. 탈(脫)중앙화, 탈중심화, 탈수도화의 한 방편으로 제기한 '남해안 개발' 안은 프랑스의 드골 대통령 시대의 정책에서 아이디어를 얻어 오래전부터 준비하고 제안한 것입니다.

지금 분단된 대한민국에서도 이렇게 서울의 인구집중 문제가 심각한데, 만약 앞으로 어느 날 통일이 된다고 가상했을 때 북한의 굶주린 난민들이 어디로 몰리겠어요? 서울로 몰리지 않겠어요. 그러면 1000만 수도 서울은 그야말로 인구폭발을 하고 말겠지요.

남해안 개발은 박양호 박사가 소상히 연구한 프랑스의 동부 해안(랑그도크루시용 지방) 개발 정책에서 첫 아이디어를 얻었습니다. 프랑스의 서해안은 일찍부터 크게 개발되었습니다. 유명한 칸, 니스,

생트로페 등 관광지가 다 마르세유의 서쪽에 펼쳐진 도시들이지요. 반면에 동해안은 전혀 개발되지 않는 미개척지였어요. 그래서 프랑스 사람들이 바캉스철이 되면 프랑스의 동해안은 건너뛰고 스페인으로 갔어요. 그래서 드골이 집권하자 랑그도크루시용 개발 장관을 임명하고는 7년 동안 장관직을 계속 맡기며 성공적인 동해안을 개발을 성사시켰지요.

랑그도크루시용은 이제 유럽 전역에서 소문난 관광 명소, 바캉스 명소가 된 듯합니다. 거기서 새로운 포도주도 나오고 관광호텔도 들어서고 누드촌도 인기를 누립니다. 영국 런던에 사는 내 친구는 이곳을 지상낙원이라고 칭찬하면서 그곳에서 해마다 여름을 보내는 게 꿈이라고 떠벌리곤 했습니다. 나도 이곳에 가봤습니다. 문화 비전 2000 위원장을 맡고 있을 때 프랑스 2000년 위원회의 초청을 받아서 가볼 기회가 있었습니다.

새로 개발한 프랑스의 동해안이나 이미 개발된 서해안이나 모두가 이탈리아 말로 '리비에라'라 일컫는 지중해의 해안이지요. 프랑스에서는 '쪽빛의 해안' 또는 '창공(蒼空) 해안'이란 뜻으로 '코트다쥐르(Cote d'Azur)'라고도 합니다. 나에게 이탈리아의 리비에라부터 프랑스의 코트다쥐르 일대를 주마간산(走馬看山)식으로 둘러볼 기회가 두어 차례 있었습니다. 이탈리아의 리비에라는 잠시 젖혀두고 프랑스의 코트다쥐르에 관해서 소견을 얘기해보자면, 해변을 벗어나 내륙의 인문지리적 또는 예술사적 명소가 베풀어주는 볼거리에

탄복했지만, 보잘것없는 지중해의 밋밋한 바다 풍광은 실망스러웠습니다. 아마도 그 실망은 다도해의 크고 작은 수많은 섬이 나그네를 반기고 그를 멀리서 혹은 가까이서 바라보는 오밀조밀하고 아기자기한 한국 남해안의 풍광에 내 눈이 익숙했던 때문인지 모르겠습니다.

사실 우리나라 남해안은 해안선이 참으로 아름답습니다. 섬이 많고 뱃길도 아름답습니다. 그래서 이것을 잘 개발하면 세계적인 명승지가 될 수 있습니다. 그러면 돈 많은 사람들이든 돈 없는 예술가들이든 이곳으로 내려와 똬리를 틀게 됩니다. 그래서 이곳에서 K-미술, K-문학, K-음악 K-패션 등의 성과가 창출된다면 남해안은 그야말로 'K-리비에라'로서 세계적 관광 명소가 되리라 생각합니다. 그밖에도 남해안 개발은 영호남 친화 공영의 둘도 없는 기회도 되리라 기대할 수 있습니다.

우리나라 국민의 4분의 1이 서울에, 2분의 1이 수도권에 집중하고 있는 이 기형적 편중 현상을 치유하려면 어중간한 처방으론 안 됩니다. 국토의 남쪽 끝에, 수도권에서 멀리 떨어진 최남단에 어느 곳보다 아름답고 자랑스럽고 건강하고 삶의 질에서도 앞서가는 주거 공간, 생활 공간, 휴양 공간 혹은 실버타운을 개발한다면 어떨까요? 수도권에서 200만 명 정도를 데리고 올 수 있지 않을까요.

지금 우리나라에서 지방이 소멸되어 간다는 것이 더 이상 경고에 그치지 않고 현실로 다가오고 있어요. 그런데도 우리의 의식은

"마소의 새끼는 시골로 보내고 사람의 새끼는 서울로 보내라"는 조선 시대의 전통적인 의식을 벗어나지 못한 것 같습니다. 게다가 일반 서민들의 재산 보존과 증식을 위한 일반적인 방편이 된 '내 집 마련'에 있어서도 가장 선호하는 것이 이른바 '서울의 똑똑한 집 한 채'입니다. 지방에 살고 있으면서도 서울에 집 한 채를 갖겠다고 한다면 서울로의 집중 현상은 더욱 막을 가망이 없지요

그래서 1000년 흐름의 대전환이 필요한 것입니다. 한국 역사의 지난 1000년간 사람이나 돈이나 정보나 모든 것이 서울로, 중앙으로 몰려들고 말려든 구심적인 흐름을 바꾸어야 합니다. 이제는 서서히 거꾸로 밖으로, 주변으로 흩어지도록 되돌리는 원심적(遠心的, centrifugal)인 흐름으로 바꿔가는 대전환의 역사(役使)에 도전해야 할 것입니다.

독립! 19세기 선각자들의 위업

거창한 이야기요, 꿈 같은 이야기입니다. 그러나 1000년의 흐름을 바꿔놓을 이 엄청난 일이 불가능한 게 아니라 가능하다는 것, 가능할 뿐만 아니라 실행하고 성공했다는 것, 그것도 다른 누구도 아니라 바로 우리 민족의 선각자들이 해냈다는 역사적 사실을 우리는 기억 속에서 끄집어내야 하겠습니다. 나는 여기서 19세기 개화주의 선각자들을 생각하고 있습니다. 유길준, 서재필, 이승만과

같은 선각자들. 그 가운데서도 특히 서재필 박사.

이들은 19세기 말까지, 한반도의 일부 또는 한민족의 일부에게는 오늘날까지도 변함없이 이어진 중국 지향, 대륙 지향, 사대주의, 모화(慕華) 사상의 1000년 전통을 뿌리쳤습니다. 중국을, 중국 문화를 벗어났습니다. 대륙 지향 대신 해양 지향으로, 사대주의 모화 사상 대신 근대주의 독립정신을 강조해 그 뜻을 관철하는 데 진력했습니다. 독립! 중국의 지배로부터의 독립! 중국 문화 지배로부터의 독립! 바로 이 '독립'이란 말이 19세기 말 개화주의자들의 시대정신이었습니다.

중국 사신을 맞기 위해 '은혜를 맞는다'는 뜻으로 세운 '영은문(迎恩門)'을 헐어버리고 서재필은 그 자리에 '독립문'을 세웠습니다. 그리고 서재필은 그런 일들을 같이 도모하기 위해 이 땅에서 최초의 근대적 결사라 할 '독립협회'를 결성했습니다. 또한, 부자간에도 한문으로 서찰을 주고받던 그 시절에 서재필은 한자는 단 한 자도 쓰지 않고 순한글로 우리나라 최초의 민간 신문 〈독립신문〉을 창간했습니다. 중국 지향, 대륙 지향, 사대주의 모화사상, 한문 숭상의 1000년 전통의 흐름을 선각자 서재필의 창의와 발의로 막아내고 되돌려놓는 위업이 시동하게 된 것입니다. 얼마 후 옥에서 나온 청년 이승만은 그의 옥중 수기들을 모아 책을 내면서 『독립정신』이란 제목을 달았습니다.

이승만은 그 뒤 일제 치하에서 상해임시정부의 초대 대통령으로 추대되었으나 중국에 머물지 않고 미국으로 옮겨가서 그곳을 근거지로 삼아 활동하고 해방 후 귀국해서는 미국의 힘과 영향력을 이용해 대한민국 정부를 수립했습니다. 6·25 전쟁을 치르면서 미국을 한미상호방위조약으로 묶었고 그 후 대외개방적인 외교 통상 정책으로 일찍이 한민족이 누리지 못했던 경제적 번영의 초석을 닦아놓았습니다. 한국 역사의 중국 지향, 대륙 지향, 사대주의, 모화(慕華)사상의 1000년 전통을 겪고 그와 정반대의 방향으로 역사를 역류시킨 탈대륙 지향, 탈중국 지향의 해양화, 한국의 해양화가 성공적으로 시작된 것입니다.

대륙 세력에 종속된 한반도에서 해양 세력으로 비상한 한반도! 그 1000년 전통의 대전환! 그걸 성공시킨 19세기 이 땅의 선각자들.

수도 서울을 중심으로 하는 국토의 지나친 중앙집중화에서 국토의 균형 있는 발전을 위한 분산화·분권화로의 대전환! 또 다른 1000년 전통의 대전환! 이 일을 21세기의 새로운 선각자들이 시동을 걸어 착수하리라 기대해봅니다.

미래학자들은 언제나 전체를 보는 사람들입니다. 서울이 곧 한국이 아닙니다. 한국의 전체를 보아야 합니다. 오늘만 있는 것이 아닙니다. 내일이 있습니다. 시간성의 전체를 보아야 합니다.

제2장

청년이여, 근본으로 가라

김진현

세계평화포럼 이사장, 제13대 과학기술처 장관

Q

대한민국 젊은이들은 자신들이 발 딛고 있는 땅이 어떻게 발전했는지 잘 모르는 것 같습니다. 격동하는 역사 속에서 대한민국이 건국됐고 그 후에 큰 발전을 이뤘는데, 그 이야기가 담론으로 계승되지 못했기 때문이 아닐까 생각해봅니다. 여러 가지 모순과 오점에도 불구하고, 이렇게 발전한 것은 누군가가 뭔가는 잘했기 때문이 아닐까요. 대한민국의 발전을 어떻게 읽고 해석해야 할지요? 대한민국을 발전시킨 지혜는 어디서 누구에게서 나왔고, 어떤 원동력이 작용했는지 듣고 싶습니다. 이와 함께 미래 세대에게 반드시 전해주시고 싶은 이야기도 해주시면 감사하겠습니다.

○ ● ○

대한민국 성공의 아나토미:
이동성·개방성·대담성, 그리고 절대상황의 경험

우선 이 말씀을 정리하자면, '대한민국의 근대화'라는 개념은 본래 영어에서 비롯된 용어인 'Modernization', 혹은 'Modern Development'로 이해할 수 있습니다. 이러한 관점에서 보면, 1945년 이후 독립한 약 140~150여 개 제3세계 국가 중에서 대한민국은 사실상 유일하게 근대화에 완전히 성공한 나라입니다. '유이(唯二)'가 아니라 '유일(唯一)'입니다.

물론 1인당 국민소득만 따지면 싱가포르나 쿠웨이트, 아랍에미리트 등의 국가가 더 높을 수도 있습니다. 하지만 사이먼 쿠즈네츠

(Simon Kuznets)가 말한 '근대 경제 성장(Mordern Economic Growth)'이라는 개념에서 보면 기준이 세 가지입니다. 첫째, 인구가 지속적으로 증가할 것. 둘째, 1인당 국민소득이 지속적으로 증가할 것. 셋째, 산업 구조가 고도화될 것. 이 기준으로 보면, 싱가포르나 아랍에미리트는 인구와 소득은 증가했을지 모르지만, 산업 구조는 고도화되지 않았습니다.

예컨대 싱가포르는 서비스 산업 위주이며, 아랍에미리트는 석유 중심입니다. 반면, 대한민국은 농업에서 시작하여 경공업, 중공업, 서비스업, 금융업까지 산업 전반을 두루 갖춘 유일한 나라입니다. 민주주의라는 측면에서도 마찬가지입니다. 이들 국가 대부분은 민주주의가 정착되지 않았고, 싱가포르의 경우 본인들 스스로 독재라 표현합니다. 반면, 한국은 법 제도뿐 아니라 사회 구조와 민주주의 제도 측면에서 일본보다도 선진적인 나라라고 할 수 있습니다.

즉, 제3세계는 물론이고 선진국 중에서도 후발주자였던 일본보다 근대적 측면에서 더 앞선 국가가 바로 대한민국입니다. 이 점은 반드시 기억해야 합니다. 그렇다면 어떻게 이토록 빠르게 근대화에 성공할 수 있었을까요?

이 질문에 대해 두 가지 측면에서 말씀드릴 수 있습니다. 첫째는 다소 철학적인 해석입니다. 탄허 스님께서 말씀하셨듯, 우리의 선조들이 워낙 선하여 나쁜 짓을 하지 않고 항상 외세로부터 구박만 받아왔기 때문에, 그 덕을 자손들이 보고 있다는 해석입니다. 일종의 고진감래, '고생 끝에 낙이 온다'라는 식의 운명론적 설명이죠. 물론 이것은 직관적이고 철학적인 해석일 뿐, 국가나 사회공동체의 역사를 설명하기 위한 논리적인 설명은 아닙니다.

둘째는 더 논리적인 설명입니다. 그것은 바로 한국인들이 다른 제3세계 국가들보다 훨씬 혹독하고도 특이한 경험을 했다는 점입니다. 이 점이 매우 중요합니다. 예를 들어, 김성한 선생이 집필한 『임진왜란』에 따르면 임진왜란 당시 우리나라는 전체 인구의 약 80%에 달하는 600만 명이 전쟁 중 사망했다고 합니다. 지금 인구 5,000만 명 기준으로 계산한다면 4,000만 명이 죽은 셈이니, 얼마나 충격적인 사건입니까.

게다가 그로부터 35년 후 병자호란이 발발하여 또 수많은 사람이 희생당했습니다. 당시 정확한 사망자는 알 수 없지만, 수십 퍼센트에 달했을 것으로 추정됩니다. 이후 한국전쟁 당시에도 두 번 북상하고 두 번 후퇴하면서 참혹한 피해를 입었습니다. 그 이전 임진왜란 시절에도 일본군은 부산에서 평양까지 북상했다가 후퇴하고, 명나라 군대는 충청도까지 내려왔다가 올라가기를 두 차례 반복했습니다. 그 과정에서 수많은 민간인이 목숨을 잃었고, 여성들은 성폭행을 당하고 많은 사람이 인질로 잡혀가기도 했습니다.

이처럼 우리의 역사는 끊임없는 전쟁과 피난, 강제 이주와 같은 '절대상황(absolute situation)'의 연속이었습니다. 1876년 강화도조약 체결 이후부터 1953년 한국전쟁 정전까지 약 77년 동안, 수백만 명의 한국인이 강제 이주 또는 강제 징용당하는 삶을 살았습니다.

예를 들어 일본에 의해 만주로 40만 명 이상이 이주하였고, 간도로 몰래 넘어간 사례도 많았습니다. 일제강점기 때 수십만 명이 징병되거나 징용당하고, 위안부로 끌려가기도 했습니다. 해방 이후에는 만주와 일본에서 귀국한 수십만 명이 다시 한국으로 돌아왔으며, 한국전쟁으로 인해 100만 명 이상이 북쪽에서 남쪽으로, 혹은 남쪽에서 북쪽으로 이동했습니다.

그 결과 한국인은 외형상으로는 유교적 정주 사회, 농경 사회였지만 실질적으로는 전 세계 어느 선진국보다도 더 자주 이사하고 하숙하고, 이동하며 살아야 했던 '이동 민족'이 되었습니다. 이러한 끊임없는 이동과 전환의 경험은 한국인의 DNA에 '이동성', '개방성', '대담성', '초적응력'을 내면화시켰고, 그것이 곧 대한민국의 근대화와 발전을 가능케 한 원동력이 되었다고 생각합니다.

나는 다섯 개 국가의 시민이었다

제 회고록에서도 언급했듯, 저만 해도 다섯 개 국가의 시민으로 살아본 경험이 있습니다. 일제 → 미 군정 → 대한민국 → 조선민주주의인민공화국 → 대한민국입니다.

일제강점기 시절에 태어난 사람들은 제도적 체계 속에서 일본어만을 써야 했습니다. 학교에 들어가면 한국어는 금지되고 일본어만 사용해야 했습니다. 젊은 세대들이 이를 상상하기 어렵겠지만, 우리는 일제 시스템의 한복판에서 성장한 세대입니다. 그 시절, 저는 소년노동대 소속으로 오전엔 공부하고 오후엔 도시락을 싸 들고 나가 소나무 송진을 채취하곤 했습니다. 해방 이후 3년 동안은 미국의 군정 아래 놓여 있었기 때문에 국민의 자격도 없었으며, 말 그대로 피지배자의 삶을 살았습니다.

1948년이 되어서야 대한민국 국민이 되었고, 불과 2년 뒤 1950년 6월 25일에 한국전쟁이 발발했습니다. 경기도 안성 지역에 살던 저는 석 달 동안 조선민주주의인민공화국의 통치를 받기도 했습니다. 이렇게 다양한 정치 체제 아래에서 살았던 제 경험을 바탕으로 볼 때, 역사를 정확히 알지도 못한 채 왜곡하려 드는 일부 행태는 참으로 안타깝게 느껴집니다.

이처럼 우리는 단순히 한 국가의 국민이 아니라, 다양한 체제와 이념을 실생활에서 경험해 본 세대입니다. 이러한 역사적 경험은 젊은 세대에게 반드시 전해져야 하며, 대한민국의 현재를 이해하고 미래를 준비하는 데 큰 밑거름이 될 것입니다.

강제된 해양화의 시작과 미국의 영향

그리고 그다음 중요한 것이 미국이라는 존재입니다. 미국은 그 자체로 매우 독특한 국가입니다. 그런데 그 이야기를 하기 전에 먼저 언급하고 싶은 점은, 1945년 이후 대한민국이 본격적으로 해양화의 길을 걷게 되었다는 사실입니다. 이는 한국 역사 2000년에서 완전히 벗어나는 흐름이었습니다.

조선 후기까지도 우리는 대륙 중심 국가였으며, 육상 교역과 한반도 중심의 전략을 기본으로 삼았습니다. 그런데 해방 이후 미 군정이 들어오고, 일본과 미국의 영향이 급격히 퍼지면서 해양 세력권으로 편입되었습니다. 단순히 지정학적으로만 그런 것이 아니라, 생활 방식, 교육 체계, 소비 문화, 정치 시스템까지도 미국 중심의 해양 문명으로 급변했습니다.

이러한 전환은 자발적인 선택이 아니라 '강제된 해양화'였습니다. 일본이 대륙을 지배하다가 패망하면서, 한국은 의도치 않게 해양 체계에 흡수되었고, 그 결과 미국 중심의 세계 질서에 편입된 것입니다. 미 군정 시절부터 시작된 이러한 흐름은 6·25 전쟁 이후 더욱 가속화되었고, 특히 박정희 대통령 시기에는 철저히 미국식 경제 개발 모델을 따르게 되었습니다.

그 결과 한국은 대륙적 전통을 거의 잃고 해양형 근대 국가로 변화했습니다. 예를 들어, 학교 교육에서 한문 교육은 급격히 사라졌고, 영어 중심의 교육이 강화되었습니다. 소비 문화도 마찬가지입니다. 전통시장이 몰락하고 백화점, 대형마트, 프랜차이즈 등 서구식 소비 패턴이 빠르게 자리 잡았습니다.

미국은 단순한 군사적 후원국이 아니라, 문화적·정치적·경제적 '플랫폼'으로서 대한민국의 성장에 깊숙이 개입했습니다. 특히 1960~1970년대 미국의 개발 원조는 단순한 물자 지원이 아니라, 정책 컨설팅과 행정 시스템 수립, 심지어는 대학의 커리큘럼에까지 영향을 미쳤습니다.

그 결과, 우리는 산업화와 민주화를 동시에 추구할 수 있는 기초를 마련했습니다. 서구 선진국조차 수백 년에 걸쳐 이룬 발전을, 대한민국은 불과 수십 년 만에 따라잡을 수 있었던 배경에는 이러한 강제된 해양화와 미국의 제도적 개입이 있었습니다.

이처럼 '강제된 해양화'와 '미국의 영향'은 대한민국 근현대사의 핵심 키워드이며, 오늘날 우리가 처한 지정학적·정신 문화적 기반을 이해하는 데도 매우 중요한 요소입니다.

대한민국 독재의 한계

대한민국 민주화 과정을 이해하려면, 그 안에서 작동한 '제한된 독재'라는 개념을 짚어볼 필요가 있습니다. 이승만이나 박정희 전 대통령은 분명 독재 성향이 강한 지도자들이었지만, 당시 대부분의 제3세계 국가들과 비교했을 때, 상대적으로 제약된 독재였다는 점도 사실입니다.

1948년부터 1979년까지, 즉 이승만과 박정희 시기에 대한민국보다 덜 독재적인 제3세계 국가는 거의 없었습니다. 아마 인도 정도를 제외하고는 찾아보기 어렵습니다. 물론 이것이 이들의 독재를 정당화하는 것은 아닙니다. 그러나 상대적 비교를 통해 그 시대를 이해할 수 있다는 점에서 의미가 있습니다.

당시 미국은 대한민국의 독재 정권에 대해 일정한 제동 장치를 갖고 있었습니다. 예를 들어, 언론인을 구속하면 미국 국무성이 즉각 성명을 내고 며칠 내로 석방을 요구했습니다. 실제로 제가 동아일보 논설주간으로 재직 중이던 시절, 미국 외교관이 직접 중앙정보부 고위 간부에게 전화해 정치인들의 구속을 재고해달라고 요청하는 장면을 본 적이 있습니다. 그리고 며칠 뒤 실제로 석방되는 일이 있었습니다.

김대중 전 대통령이 일본에서 납치당해 거의 죽을 뻔한 사건도 마찬가지입니다. 당시 미국이 강력하게 반대 입장을 표명하면서, 박정희 정권도 결국 그를 살릴 수밖에 없었습니다. 즉, 대한민국의 독재는 미국이라는 '하늘' 아래 제한된 형태로 존재했던 것입니다.

대한민국은 본질적으로 미국의 자유주의 가치와 제도, 외교적 영향력 아래에서 제도화 과정을 밟았습니다. 단순히 형식적인 민주주의를 넘어, 시장경제와 사법의 제도화를 통해 실질적인 민주화가 점진적으로 이뤄질 수 있었던 이유도 그 영향 덕분입니다.

이승만 정권이 고집을 부리며 경제 원칙을 거스르려고 하면, 미국은 원조를 중단하거나 석유 공급을 차단하는 식으로 대응했습니다. 실제로 서울 시내에서는 버스가 멈추고, 학생들이 등교하지 못한 사례도 발생했습니다. 그러자 한국 정부는 환율 조정이나 물가 정책을 재검토할 수밖에 없었습니다. 그 과정에서 시장경제로의 전환이 부드럽게 이뤄질 수 있었습니다.

이러한 외부의 통제 속에서, 한국은 단기간 내에 산업화와 민주화를 동시에 추구할 수 있었고, 이는 매우 이례적인 역사적 경로였습니다. 미국의 군사 문화는 한국 군부의 조직 문화에까지 영향을 미쳐, 이후 5·16 군사정변 이후 들어선 군사정부가 상대적으로 효율적인 정책 기획과 집행 구조를 갖추게 되는 기반이 되었습니다.

이처럼 대한민국의 독재는 단순한 억압 체제가 아니라, 외부의 감시와 제약 속에서 부분적으로만 작동했던 복합적 체제였다고 평가할 수 있습니다. 이러한 역사적 사실을 직시하고 이해하는 것이, 오늘날의 민주주의와 통치 구조를 평가하는 데 중요한 기준이 되어야 할 것입니다.

통시적·통장적으로 보고 실체를 직시해야

대한민국의 근대화 성공 요인을 제대로 분석하면 앞으로 나아갈 길이 보입니다. 우리가 선진국을 따라잡았다고 자부하는 순간, 대한민국은 단순한 경제 선진국이 아니라 인류사적 도전에 직면한 국가가 되었습니다. 이때 필요한 것은 단편적 분석이 아니라, 장기적이고 공간적인 통찰입니다.

저는 이 점을 '통시적(通時的)·통장적(通場的) 관점'이라고 부릅니다. 통시적이란 시간의 흐름 속에서 역사를 보는 것이고, 통장적이란 공간을 넓게 보되 그 안에서 유기적인 연계를 파악하는 것입니다. 다시 말해, 한국 땅에서만 사고하지 말고 일본과 중국, 더 나아가 미국과 러시아까지도 함께 보아야 한다는 뜻입니다.

우리 사회의 엘리트, 지식인이라면 이러한 시각을 가져야 합니다. 먼저 있는 어떤 이론을 한국 사회에 그대로 적용하려는 태도는 매우 위험합니다. 대한민국의 실체를 먼저 깊이 분석하고, 그 위에 이론을 올려야 합니다. 실체를 무시한 채 이론만 적용하면 제도와 법률, 행정이 현실과 따로 노는 결과를 초래합니다.

오늘날 한국의 헌법, 노동법, 복지법, 언론 관련 법 등은 그 구조 자체가 현실과 맞지 않는 경우가 많습니다. 이는 실체를 제대로 보지 않고 외래 이론을 그대로 가져온 데서 비롯된 문제입니다. 이런 시스템에서는 편법과 탈법이 더 유리한 방식으로 작동하고, 결국은 사회적 신뢰가 약화되는 결과를 낳습니다.

우리는 단순히 서구의 이론을 모방해서는 안 됩니다. 1945년 이후 대한민국은 한반도의 남쪽 절반이라는 제한된 공간에서 급격한 해양화(海洋化)를 경험했습니다. 그 과정에서 기존의 대륙적 사고방식이 해양적 사고로 급변하는 구조적 전환이 일어났습니다. 이처럼 극단적인 전환이 단기간에 일어난 나라는 세계적으로도 드뭅니다.

이러한 특수한 역사적 배경과 지정학적 조건을 함께 고려해야만 대한민국이라는 공간과 시간을 온전히 이해할 수 있습니다. 단지 GDP와 수출 실적만으로 국가를 평가해서는 안 됩니다. 우리가 어떤 역사 속에 서 있으며, 어떠한 공간 속에서 살고 있는지를 함께 바라보는 '입체적 사고'가 필요한 시대입니다.

이제 우리는 실체에 적합한 우리만의 분석 틀을 가지고 미래를 구상해야 합니다. 그것이야말로 진정한 학문이자 정책이며, 대한민국이 앞으로 나아갈 방향의 토대가 될 것입니다.

성공했으나 즐길 여유가 없는 대한민국

대한민국은 세계사에서 유례없는 근대화에 성공했음에도 불구하고, 국민의 삶은 그만큼 여유롭지 않습니다. 우리는 압축 성장을 이뤄냈지만, 그만큼의 내면적 성숙이나 사회적 안정은 아직 따라오지 못한 측면이 있습니다. 무엇보다도, 대한민국 국민은 너무 바쁘고, 너무 열심히 살아야만 하는 구조에 놓여 있습니다.

이는 단순히 경제적 지표로 설명되지 않습니다. 인간다운 삶을 영위하기 위한 최소한의 시간과 공간조차 확보하지 못하고 있는 이 현실은, 국가가 구조적으로 설계한 시스템이 사람들에게 쉼을 허락하지 않기 때문입니다. 노동시간은 길고, 교육은 과열되어 있으며, 부동산 문제와 양극화는 사람들의 일상을 위협하고 있습니다.

성공했지만 즐길 수 없는 나라, 이것이 오늘날 대한민국의 모습입니다. 세계 최고 수준의 인터넷 속도, 세계 어디에 내놓아도 손색없는 청년들의 역량, 눈부신 문화 콘텐츠와 IT 인프라. 그러나 그 안에 살아가는 사람들의 삶은 점점 팍팍해지고 있습니다.

왜 이런 일이 벌어졌을까요? 저는 그것이 '비전의 부재' 때문이라고 생각합니다. 우리는 단기적이고 실적 위주의 정책에 익숙해져 있습니다. 정권이 바뀔 때마다 정책이 뒤집히고, 정치가 국민의 삶을 이끄는 것이 아니라 오히려 발목을 잡고 있습니다.

이제는 근본적인 전환이 필요합니다. 삶의 질에 대한 총체적인 접근이 이뤄져야 하며, 정치·경제·사회 시스템 모두가 인간 중심으로 재설계되어야 합니다. 단순한 소득 증가가 아닌, 행복한 삶을 위한 구조를 만들어야 합니다.

정치 역시 이념의 대결이 아니라 문제 해결의 장이 되어야 합니다. 교육은 경쟁이 아닌 성장의 장이 되어야 하며, 복지는 시혜가 아니라 권리로 자리 잡아야 합니다. 그래야만 대한민국은 진정한 의미에서의 선진국으로 나아갈 수 있습니다.

우리는 지금 그 기로에 서 있습니다. 지난 70여 년간의 성공 경험을 바탕으로, 이제는 '어떻게 살 것인가'에 대한 답을 찾아야 할 때입니다. 그것이야말로 다음 세대를 위한 진정한 유산이 될 것입니다.

그래도 밝은 미래: 대한민국은 성공할 것

물론 앞으로도 어려움을 겪겠지만, 대한민국은 결국 성공할 것입니다. 그 DNA가 되살아난다면 말이지요. 다만, 결코 쉬운 성공은 아닐 것입니다. 나쁜 습관들이 생겨났기 때문입니다. 오만하고 거짓말을 잘하며, 무엇이든 지름길만 찾으려 합니다. 기초부터 다지려 하지 않고 지름길을 택하려 하니까요. 그렇게 하면 단기적으로는 빠르게 성공할 수 있습니다. 그러나 그런 빠른 성공은 반드시 부작용을 일으키게 됩니다.

대한민국의 민주화 역시 그렇습니다. 이렇게 단기간에 민주화를 이룬 나라는 없습니다. 하지만 그만큼 부작용도 큽니다. 경제 성장 역시 마찬가지입니다. 대한민국의 경제 성장에도 틀림없이 상당한 부작용이 뒤따를 것입니다.

한국은 미국도, 프랑스도, 영국도, 독일도, 스위스도 아닙니다. 스웨덴이나 노르웨이도 아닙니다. 그런데 세계 최일류 생존 문제의 중심, 진앙지에 위치하게 되었습니다. 왜일까요? 서양의 선진국들은 공통적으로 하나의 특징을 가지고 있습니다. 그것은 바로 생명 자원이 풍부하다는 점입니다.

제가 정의하는 생명 자원이란 '먹거리'와 '에너지'입니다. 어떤 문명, 어떤 역사든 간에, 인간이 존재하기 위해서는 먹거리와 에너지가 필수적입니다. 먹거리는 동물적 생명을 유지시키고, 에너지는 옷을 만들고 집을 짓는 등 삶의 기반을 마련해줍니다.

그런데 프랑스, 미국, 독일 등 서양 선진국들의 가장 큰 국가 목표는 오히려 식량과 농업 생산의 축소입니다. 유럽연합(EU)이 만들어진 이유도 바로 이 문제 때문입니다. 각국이 단독으로 농업 생산을 조절하려 하면 농민과 국민의 반발이 심하므로, 정치적 책임을 회피하기 위해 공동의 틀을 만든 것입니다. 예를 들어, 프랑스의 농촌 마을에서 올해 어떤 작물을 심을지는 프랑스 농무성이 아닌 EU에서 결정합니다.

스웨덴이 농업 국가라는 사실을 모르는 분들도 많습니다. 추운 기후라 농업에 적합하지 않다고 생각할 수 있지만, 스웨덴은 여름이 무척 길고 해가 지지 않기 때문에 목화 같은 작물이 왕성하게 자랍니다. 현재도 스웨덴은 목화를 수출하고 있으며, 대한민국은 그 목화를 수입하고 있습니다.

최근 기후변화 문제와 탄소 제로 정책에 대한 논의가 활발한데, 독일의 에센 지역에서는 지하 2미터만 파도 석탄이 나옵니다. 그 위에 주택이 지어진 셈이지요.

풍력 발전 이야기로 넘어가면, 영국이나 대서양 연안 지역에 가보면 풍력 발전 설비가 어마어마합니다. 우리나라의 풍력 발전은 비교할 수 없을 정도입니다. 저 역시 과거 독일 정부의 초청으로 한 달간 에너지 시찰을 간 적이 있었는데, 브레멘 항구에서 인생 최초로 그렇게 강한 바람을 경험했습니다. 당시 제가 40대였는데, 바람이 너무 강해서 도저히 걸을 수가 없었습니다. 기둥을 붙잡고 10분 가량 서 있었습니다. 무거운 카메라도 흔들릴 정도였습니다. 그런 지역에서야말로 효율적인 풍력 발전이 가능합니다.

영국은 석탄 자원이 있고, 스웨덴과 노르웨이는 수력 자원이 풍부합니다. 스위스는 석탄도, 석유도 없지만 수력 발전이 충분합니다. 이들 나라는 자생적인 에너지 능력을 갖추고 있습니다.

다시 말해, 선진국들은 단순히 과학기술만 발달한 것이 아니라, 생존의 절대조건인 먹거리와 에너지, 즉 생명 자원을 자급자족할 수 있는 구조를 갖추고 있습니다.

반면 중국·한국·일본과 같은 다른 근대 문명국들은 이러한 자원이 절대적으로 부족합니다. 중국은 세계 최대의 밀·보리 생산국이지만 동시에 세계 최대의 쌀 수입국이자 콩 수입국입니다. 예전에는 일본이 세계 최대 콩 수입국이었고, 그다음이 한국이었습니다. 현재는 중국이 1위, 일본이 2위, 한국이 3위입니다. 이것이 현실입니다.

에너지 문제는 더 심각합니다. 중국은 현재 전 세계 원유의 약 40%를 수입하고 있습니다. 다시 말해, 전 세계 원유 수입의 절반 이상을 중국·일본·한국이 차지하고 있는 셈입니다. 이러한 구조 때문에 대한민국의 생존 조건은 매우 열악한 편입니다. 지금까지는 '팬 아메리카 시스템' 또는 '팍스 아메리카나 질서' 속에서, 석유 파동이 한두 번 있었음에도 불구하고 미국이 석유 시장을 주도하고 있었기 때문에 어느 정도 버틸 수 있었습니다. 그러나 이제는 우크라이나 전쟁 이후의 상황이 어떻게 변화할지 아무도 예측할 수 없습니다.

따라서 이제는 진정한 의미에서의 생명 자원, 환경 조건, 기후변화를 중심으로 한 탈탄소 문제, 그리고 이와 연결된 생명 자원과 환경이 안고 있는 지구적 대전환 문제가 핵심이 됩니다. 여기에 더해 인공지능이 불러오는 제4차 산업혁명과 미래에 대한 문제까지 포함하면, 이 모든 것은 말 그대로 인류 전체가 직면한 공통의 과제입니다. 이는 미국만의 문제가 아니라 전 세계가 함께 마주한 과제입니다.

앞서 말씀드린 두 가지 문제인 생명 자원과 환경은 중국·일본·한국 스스로의 노력 없이는 결코 해결할 수 없는 과제입니다. 미국이나 서구의 휴머니스트들은 '성장 제한(Limited Growth)' 문제나 로마클럽 등의 관점에서 계속 문제 제기를 하겠지만, 국가 정책 차원에서는 결코 그런 방식으로 접근하지 않을 것입니다. 대통령 선거에 영향을 줄 수 있는 사안에서, 누가 굳이 에너지 가격을 올리려 하겠습니까? 미국도 선거철이 되면 정책이 흔들리는 경우가 많습니다. 독일 역시 탈원전을 선언했다가 다시 수정하는 등 혼란이 계속되고 있습니다. 정작 탈탄소가 가장 시급한 국가는 한국·중국·일본이지 프랑스나 미국·스웨덴·노르웨이가 아닙니다.

그러한 각오가 과연 한국의 휴머니스트들에게 있는지, 더 나아가 최고 정책 결정자들의 마음속에 있는지 묻고 싶습니다. 저는 아직 그 진정성을 발견하지 못했습니다. 오히려 정치 싸움에 이용되고 있을 뿐입니다. 그렇게 국가적이고 절박한 문제조차도 권력 다툼과 정쟁의 수단으로 전락해버린 현실 속에서, 진정성은 찾아보기 어렵습니다.

그러므로 다시 탄허 스님의 말씀으로 돌아가 보겠습니다. 만일 한국이 진정으로 중국과 일본을 설득하고자 한다면, '서양과의 결별'이라는 표현을 함부로 사용해서는 안 됩니다. 정말로 서양과 결별할 필요가 있다면, 그것은 오직 하나, 바로 21세기 인류가 직면한 지구촌 공통의 문제들 때문일 것입니다. 이른바 '지구촌 인류 공동 과제', 혹은 '글로벌 프로그래매틱스(Global Programmatics)'라 부를 수 있는 이 과제들에 대해, 한국·중국·일본 세 나라가 함께 진지하고 의미 있는 연구와 개발 그리고 정책 추진을 해야 합니다.

만일 그러한 이니셔티브를 한국이 주도할 수 있고, 이 과제를 실현하기 위한 각오 아래 세 나라가 R&D 공동 정책을 수립하고 집행하며, 철학적 신념과 가치를 국민에게 설득하는 데 성공한다면, 그야말로 탄허 스님께서 말씀하신 '개벽의 시대'는 한국이 주도하여 열 수 있을 것입니다. 즉, 개벽을 한국이 이끈다는 말입니다. 탄허 스님 말씀에 따르면, 앞으로 세계에서 가장 안전한 나라가 바로 한국이 될 것이라고 합니다. 그것은 조상들의 은덕 덕분이라는 긍정적인 해석이기도 하며, 동시에 우리가 스스로 노력할 경우 진정으로 세계에서 가장 훌륭한 나라가 될 수 있다는 가능성을 의미합니다.

한국은 과거에 '강제된 해양화'를 겪었고, 그 해양화를 통해 세계무대에서 성공적인 전환을 이루었습니다. 바로 그러한 강제된 성공 덕분에, 현재 한국은 세계 일류 문제군의 핵심 진앙지로 수렴되었다고 볼 수 있습니다. 유발 하라리의 표현을 빌리자면, 21세기 인류의 딜레마가 가장 농축된 공간이 바로 대한민국입니다. 이는 제가 '지구촌 인류 문제군의 진앙지'라고 표현한 것과 같은 맥락입니다.

젊은이들이여, 기초로, 근본으로, 낮은 곳으로 가라

이러한 대한민국에서 살아가야 할 젊은이들에게 제가 전하고 싶은 메시지는 다음과 같습니다. "기초로 돌아가고, 근본으로 향하며, 가장 낮은 인간으로서 살아가십시오. 그렇게 할 때, 가장 큰 이상이 보일 것이며, 인류의 가장 심오한 문제들이 눈에 들어올 것입니다." 스마트폰은 이제 잠시 내려놓고, 컴퓨터 앞에 앉아 있는 시간도 줄여보시기 바랍니다. 구글의 최고경영자(CEO)조차 자신의 자녀가 스마트폰을 사용하지 못하게 한다고 말하지 않았습니까.

우리나라의 경우, 제도적인 측면은 강제된 해양화와 교육에 의해 외형적으로는 빠르게 근대화되었습니다. 그러나 국민, 지도층, 소위 엘리트라고 불리는 사람들, 우리말로 표현하면 '선비' 계층에 해당하는 이들까지도, '노심자'와 '노력자'를 구분하려는 잘못된 습관을 갖고 있습니다. 여기서 말하는 '노심자'는 '마음을 쓰는 사람', '노력자'는 '몸을 써서 일하는 사람'입니다. 다시 말해, 정신노동과 육체노동을 계층적으로 구분하고 있다는 뜻입니다. 이러한 사고방식은 조선 왕조나 양반 문화, 나아가 비근대 사회에서 공통으로 나타나는 계급적 인식에서 비롯된 것입니다.

예를 들어, 대한민국 초기에 어떤 사람이 월급으로 3만 원을 받았다면, 그 금액에 맞추어 살아가야 한다는 인식이 있어야 할 텐데, 실제로는 '내가 대한민국 상공부 사무관인데, 최소한 30만 원은 써야지'라고 생각하며 생활하는 경우가 많았습니다. 이는 결코 도덕적인 태도가 아닙니다. 다른 사람이 30만 원을 받으면, '나는 저 사람보다 더 뛰어나니 3억 원은 받아야 한다'는 식의 사고가 팽배해 있는 것이지요. 이러한 인식 구조 속에서 전두환·노태우 같은 대통령이 수천억 원을 부정 축재하는 일이 가능했던 것입니다. 심지어 그들은 끝까지 당당한 모습을 보였습니다. 두 사람은 실체가 드러났지만, 다른 대통령이라고 해서 다르다고 보기는 어렵습니다. 단지 정도의 차이일 뿐입니다.

그렇다면 정치란 무엇을 가르치는 것이며, 우리나라의 정치학은 무엇을 가르쳐온 것입니까? 국회의 수준이 이렇다는 것은 그 뿌리에 구조적 문제가 있다는 반증이기도 합니다. 국회 이야기를 하자면, 국가의 일을 다루는 '국사'라는 개념이 명확한 국회의원이 과연 얼마나 될까요? 제가 기억하는 두 사람의 사례를 말씀드리겠습니다.

한 분은 전라도 지역 보궐선거에서 당선되어 2년 8개월간 국회의원을 지냈고, 박근혜 정부 당시 당 대표직까지 맡았습니다. 그런데 임기를 마친 후 한 언론 인터뷰에서 "2년 8개월 동안 지역구와 서울을 왕복한 거리를 비행기 마일리지로 계산해 보니 지구를 네 바퀴 반 돈 셈이더라"라고 말했습니다. 이분이 과연 국회의원입니까? 국정을 다루는 '국회의원'이 아니라, 지역구에만 충실한 '국회출장소장'이라고 보는 것이 맞을 것입니다. 국회의원이라면 국가의 문제를 고민하고 정치에 헌신해야 합니다. 2년 8개월 동안 지구를 네 바퀴 반이나 돌아다녔다면, 과연 국회에는 몇 번 출석한 것입니까? 더욱 놀라운 점은, 이런 내용을 언론이 비판하지 않고, 본인은 오히려 자랑하듯 인터뷰를 했다는 사실입니다. 그만큼 이 나라가 썩어 있다는 것입니다. 정신적으로 이미 부패해버린 것이지요.

또 다른 사례로, 훗날 국회의장이 된 인물이 있습니다. 그는 초선 시절 4년 동안 지역구와 서울을 오간 횟수를 자랑스럽게 인터뷰에서 언급하였습니다. 계산해 보면, 주말마다 두 번 이상 다녀가야 가능한 수치입니다. 평일에도 계속 오가야 겨우 나올 수 있는 숫자입니다. 이런 사람을 과연 국회의원이라고 부를 수 있을까요? 이 역시 지역구 출신의 '국회 출장소장'일 뿐입니다. 그러나 아무런 문제

제기도 없었습니다. 아무도 이를 비판하지 않았습니다.

여기서 저는 영국 보수주의 정치철학의 본산이라 할 수 있는 에드먼드 버크(Edmund Burke)의 이야기를 떠올리게 됩니다. 그는 대서양 연안의 브리스톨(Bristol) 지역에서 국회의원에 당선된 인물입니다. 리버풀 아래에 있는 도시이지요. 당시 브리스톨 유권자들은, 리버풀이 신흥 도시로 부상하고 있었기에, "이제 당신이 당선되었으니 브리스톨을 부흥시켜달라"는 요청을 했습니다. 우리 식으로 비유하자면, 대륙 무역이 활발하던 시기에는 군산이나 목포가 뜨다가 해양 무역 중심 시대로 전환되며 부산, 창원, 진해가 부상한 것과 비슷한 맥락입니다. 그때 버크는 유권자들에게 이렇게 말했습니다. "여러분의 지지로 제가 브리스톨 출신 국회의원이 되었습니다. 진심으로 감사드립니다. 하지만 저는 이제 브리스톨 지역 대표이자 동시에 대영제국(British Empire)의 국회의원이기도 합니다. 지금 대영제국은 미국 개척이 활발히 진행되며 여러 가지 측면에서 리버풀이 더 유리한 입장에 있습니다. 저는 브리스톨 출신으로서 최선을 다하겠습니다. 동시에 제국 전체의 의원으로서도 최선을 다할 것입니다. 그 점을 양해해 주시기 바랍니다." 이것이 바로 진정한 국회의원의 자세입니다.

젊은이들에게 거는 기대: 새 정치, 새 교육의 시대

기존의 기성세대는 이미 많은 부분이 망가졌습니다. 이제는 현실의 때가 덜 묻은, 원칙과 기본과 근본을 생각할 수 있고 그 생각을 실천할 가능성을 지닌 젊은 세대에게 기대를 걸 수밖에 없습니다. 그렇다면 그 젊은 세대가 어떻게 하면 기초·기본·근본에 충실할 수 있도록 도울 수 있을까요? 우리가 어떻게 그 해법을 제시하느냐가 핵심입니다.

지금 대한민국은 역사적으로도 대전환의 시간 위에 서 있습니다. 그리고 우리는 인류 공동의 과제를 가장 치열하고 고통스럽게 경험한 역사적 배경을 지닌 국가입니다. 하지만 또 한편으로는 미국이라는 하늘과 인프라를 배경으로 가장 극적인 시간 안에 근대화에 성공한 특수한 나라이기도 합니다. 이 두 가지 조건이 합쳐져 지금 우리는 단 한 순간도 여유를 허락받지 못한 채, 세계적 문제의 중심지에 서게 되었습니다. 이러한 현실 앞에서 기성세대는 그 책임을 온전히 자각하고 반성해야 하며, 실제로는 더 이상 이 위기를 주도적으로 해결하기 어려울 수도 있습니다. 그래서 저는 젊은 세대에게 희망을 두고자 합니다. 이러한 대전환의 시기 속에서 우리가 접근해야 할 기본적인 방향, 즉 패러다임 혹은 프레임에 대해 저는 다음과 같이 생각하고 있습니다.

첫 번째 프레임은 '정상적인 방법'입니다. 그리고 그 정상적인 방법의 핵심은 무엇보다도 교육입니다. 예를 들어, 안재홍 선생은 일본 와세다대학교를 졸업한 후 곧바로 조선의 독립운동에 참여하기로 결심했습니다. 안 선생은 평택 출신으로 당시 유복한 가정 출신이었지요. 졸업 후 바로 고향으로 돌아오지 않고 블라디보스토크, 만주, 북경, 상해 등 당시 독립운동 거점들을 두루 둘러보며 어느 지역에서 독립운동을 해야 할지를 직접 판단하고자 하였습니다. 그 결과 상해에 도착해서 결론을 내리셨습니다. '죽으나 사나 2000만 동포를 교육시켜 깨우쳐야만 독립이 가능하다'는 판단이었습니다. 왜냐하면, 그분이 만주와 북경, 상해를 다니며 목격한 것은 독립운동을 한다면서도 서로 끝없이 분열하고 다툼을 벌이는 모습이었기 때문입니다. 적진 내에서조차 끊임없이 분열하는 모습을 보며 실망을 금치 못하셨던 것이지요.

또한, 회고록에는 이런 말씀도 남기셨습니다. "자기 몸 하나 제대로 건사하지 못하면서 무슨 독립운동이란 말인가." 당시 상해에는, 훗날 위대한 독립운동가로 평가받는 인물들조차도 대부분 생계조차 해결하지 못한 채 하루하루를 힘겹게 살고 있었습니다. 젊은이들은 전차 안내원 같은 일을 하며 하루 품삯을 받아, 호빵을 사다 어른들 식사로 드리는 형편이었습니다. 이런 현실을 본 안 선생은 깊은 회의에 빠지셨습니다. 이후 그는 귀국하여 한글학회를 설립하고 조선일보에서 논설 활동을 하며 무려 아홉 번이나 투옥되셨습니다. 총 수감 기간은 9년에 달하며, 감옥살이로는 어느 독립운동가보다도 고초가 심했습니다. 그러나 지금의 우리는 36년이라는 시간을 기다릴 여유조차 없습니다. 시간적 여유가 없다는 것이 우리의 한계입니다.

일본의 마쓰시타 고노스케 같은 인물도 이런 교육의 중요성을 강조했습니다. 그 역시 청년 엘리트를 단순히 모아 교육하는 것이 아니라, 선생이 학생들과 함께 먹고 자고, 풀을 뽑고 일상생활을 함께하며 가르쳐야 한다고 했습니다. 이런 이상을 담아 마쓰시타 정경숙을 설립했습니다. 이는 영국 옥스퍼드와 케임브리지의 초기 교육 시스템과 유사합니다. 하지만 지금 대한민국의 교수들이 과연 그러한 방식으로 교육하려 하겠습니까? 현실은 그렇지 않습니다. 오히려 돈만 바라고 진정한 스승이 되려는 자세가 결여되어 있습니다. 마쓰시타 정경숙 같은 교육은 결국 실현되지 못했습니다. 저에게 여러 번 자문을 요청했던 자본가들도 있었지만, 결국 모두 실패했습니다. 스승이 없기 때문입니다. 지금의 대한민국 교육 풍토는, 진정한 스승이 없는 구조가 되어버렸습니다.

그렇다면 두 번째는 무엇일까요? 바로 제도론입니다. 최근에는 다당제나 내각제 개헌 이야기가 자주 나오고 있지만, 현실적으로는 실체가 없는 담론이 많습니다. 만약 실체에 근거한 제도 개혁안이 제시된다면, 저 역시 적극 찬성할 것입니다. 그러나 지금 국내에서 오가는 논의 대부분은 당리당략에 따른 정치적 계산이거나, 단지 추상적인 학문적 개념에 불과한 경우가 많습니다.

세 번째는 지도자론입니다. 박정희 전 대통령이 등장했던 1961년에 저는 동아일보 기자로 일한 지 4년째였습니다. 당시 많은 사람이 의아해했습니다. "소장이 어떻게 국가원수를 하나?", "참모총장도 아니고 대장도 아닌 사람이?"라는 반응이었지요. 하지만 그 후의 역사적 결과를 보면, 박정희 대통령은 대한민국에 큰 변화를 가져온 인물이었습니다.

노무현 전 대통령도 인간적인 면에서는 괜찮은 사람이었다고 생각합니다. 그는 거짓말을 하는 인물은 아니었습니다. 물론 판단의 오류나 잘못된 인식은 있었겠지만, 기본적으로 정직한 사람이었습니다. 박정희 또한 기본적으로 정직한 리더였습니다. 그 시절에도 박순천 같은 강경한 야당 대표조차, 박정희와 점심을 함께 한 뒤 "그 사람, 인격적으로는 훌륭한 사람"이라고 평가한 적이 있습니다. 당시 동아일보 기자였던 저도 그 이야기를 들은 기억이 있습니다. 이처럼 지도자는 어떤 신념과 태도를 가지고 국가를 이끄는가가 중요합니다.

윤석열 대통령에 대해 제가 처음에 가졌던 기대 중 하나도 '아마추어리즘'이었습니다. 기존 정치인들과는 전혀 다른 패턴이었기 때문입니다. 지금까지 정치 지도자들을 보면, 박정희·전두환·노태우를 제외하고는 모두 '직업 정치인'이었습니다. 이승만, 김대중, 김영삼, 노무현, 이명박, 문재인, 박근혜 등 모두 정치권에서 오래 활동한 인물들입니다. 그러나 윤석열 대통령은 공무원 출신이며 정치 초년생, 군 출신도 아닙니다. 저 역시 박정희 초기에 실망했던 경험이 있기에, 윤석열 대통령에게도 처음엔 큰 기대는 하지 않았습니다. 그러나 결과적으로 박정희 대통령은 실체적 성과를 만들어낸 인물이었고, '사람이 의외로 세상을 바꿀 수도 있구나'라는 가능성을 보게 되었습니다. 윤석열 대통령 역시 그런 기대 속에 0.7%의 근소한 차이로 당선된 것입니다.

그렇다면 현재의 40~50대 중에는 과연 그런 지도자가 있을까요? 과거 전두환·노태우 시대에는 '40대 기수론'이라도 있었지만, 지금은 그런 담론조차 보이지 않습니다. 586세대는 이제 신뢰를 잃었고, 현실 정치에서 새로운 세대론도 등장하지 않고 있습니다. 결국, 정상적인 방법이란 세 가지—교육, 제도, 지도자론—이 되어야 합니다.

그다음으로 생각해볼 수 있는 큰 틀은 비정상적인 방법입니다. 말할 것도 없이 쿠데타, 혁명, 그리고 전쟁이 이에 해당합니다. 전쟁이라는 것은, 그것을 직접 경험한 사람들에게는 일종의 정신적 외상, 즉 트라우마가 될 정도로 무서운 것입니다. 전쟁은 단 한 번에 모든 것을 바꿔버립니다.

이승만 대통령에 대해 좌파 진영에서는 자주 '친일파'라고 비판하지만, 사실 그것은 김일성의 왜곡 전략에 놀아난 해석이라고 볼 수 있습니다. 실제로 이승만 대통령은 6·25 전쟁 이전까지만 해도, 정부 조직 차관급 이상에 일제 관료 출신을 거의 등용하지 않았습니다. 유일한 예외가 내무차관이었던 장경근이었을 뿐입니다. 국방부 차관은 광복군 출신을, 장관은 이범석 장군을 기용하는 등 독립운동 출신 인사를 중용하려는 노력을 기울였습니다.

그러나 전쟁이 발발하면서 상황은 급변합니다. 행정의 안정성과 효율성이 절실해진 전시 상황에서는 실무 경험이 있는 인물을 기용할 수밖에 없었습니다. 이 시기 등장한 대표적인 인물이 바로 백두진입니다. 그는 37세에 해방을 맞이했지만, 본인의 회고록에도 당시 맡고 있던 직책을 정확히 밝히지 못하고, 단지 "조선은행 대부계에서 재정 결재권을 가진 자리였다"라고만 서술하고 있습니다. 그러나 기록에 따르면 그는 1944년 조선은행 광주지점 차장이었습니다. 차장이면 과장도, 계장도 아닌 말단 관리자라는 의미이지요. 그랬던 그가 1950년 6·25 전쟁을 기점으로 불과 2년 만에 국무총리가 됩니다. 40세에 재무장관, 42세에 국무총리로 임명됩니다. 전쟁이 아니었다면 상상할 수 없는 인사였습니다.

당시 부산 피난 시절, 인력은 턱없이 부족했고 전쟁은 진행 중이었습니다. 외무부 전체 직원이 고작 18명이었으며, 그 소수의 인력으로도 이승만 대통령은 '평화선'을 설정하고, 독도를 지키며, 일본과의 배상 협상을 이끌었습니다. 당시 이승만 대통령은 말 그대로 대통령이자 국무총리, 외무부 장관, 조약국장이자 과장이었습니다. 영어 구사에 능통했던 이승만 대통령은 미국과의 외교 전면을 직접 주도했던 것입니다. 오늘날에는 청와대만 해도 600명, 외무부는

2,000명에 달하는 직원이 있지만, 당시에는 단 18명이 대한민국의 외교를 책임졌습니다.

이념 갈등의 뿌리, 한국전쟁

전쟁이라는 것이 그만큼 무섭습니다. 건국 초기만 해도 외무부 직원은 약 180명이었습니다. 그러나 국회에서는 "해외에 대사관이 세 곳밖에 없는 나라가 무슨 외무부 직원이 180명씩이나 되느냐"며 예산 감축을 주장했고, 결국 그 인원이 80명으로 줄어들게 됩니다. 이후 6·25 전쟁이 발발하면서 일부 외무부 직원은 납북되거나 피난조차 가지 못한 채 현장에 남게 되었습니다. 그 결과 외무부는 18명만으로 운영되는 처지가 되었습니다. 이러한 전쟁은 한국 사회의 깊은 정체성 혼란을 불러일으켰습니다.

특히 일제강점기에 독립운동을 했던 분 중 다수는 통일 지향적이거나 민족주의 성향이 강했습니다. 그런데 이분들 가운데 많은 분이 납북되거나 실종되었습니다. 일부는 자발적으로 월북한 것으로 해석되기도 하지만, 실제로는 납치되었거나, 전쟁의 혼란 속에서 강제 이송된 경우가 많았습니다. 문제는 이후 이분들의 가족에게도 '빨간 줄'이 그어졌다는 점입니다. 자녀나 친척들은 해외 유학은 물론, 공무원 채용이나 공기업 입사조차 금지되었습니다. 이들은 사회적으로 완전히 소외되고 말았습니다.

반면, 이들과 대립했던 이른바 '친일파'로 분류된 인물들의 자녀들은 미국 유학을 다녀오고 박사학위를 받아 교수나 장관으로 임명되는 경우가 많았습니다. 그로 인해 납북자 가족들 사이에서는 분노와 억울함이 쌓여 갔습니다.

더 큰 문제는, 남한에 남은 제헌국회의원들은 대부분 건국훈장을 받았지만, 납북된 인사들은 훈장을 받지 못했다는 점입니다. 이 차별은 유족들에게 또 다른 상처를 남겼습니다. 그래서 유족들은 말합니다. "아버지가 납치당한 것도 억울한데, 그 일로 인해 나는 유학도 못 가고 공무원도 못 되어 형편없는 직업에 만족해야 했습니다. 그런데 아버지가 받은 훈장 하나조차 없다는 것은 너무나 억울합니다."

국회 프락치 사건의 주동자로 알려진 노일환 의원은 6·25 전쟁이 발발하자 감옥에서 풀려난 인물이었습니다. 북한군이 서울을 점령하며, 간첩 혐의로 구금되었던 사람들이 석방된 것입니다. 당시 그를 데리러 감옥에 갔던 친구가 동아일보에 쓴 글에 따르면, 노일환 의원은 "나는 진짜 간첩이 아니다. 너무 억울하다. 북한과 연계할 의도는 추호도 없었다"라고 강하게 주장했다고 합니다. 그는 와세다대학을 졸업하고 동아일보 정치부장까지 지낸 인물로, 호남 출신이었습니다. 이후 그는 납북되어 북으로 끌려갔지만, 제가 확인한 안기부 조사 기록에 따르면, 그는 북한에서도 끝까지 협조를 거부한 것으로 나타나 있습니다. 즉, 남한에서 '간첩'으로 몰려 감옥에

갇혔던 그가, 정작 북한에서는 사상 선전에 협조하지 않아 외면받았던 것입니다. 이는 남쪽의 국회 프락치 사건이 조작되었을 가능성을 강하게 시사합니다.

오히려 반대의 경우도 존재합니다. 남한에서는 '우파'로 알려졌던 인물이 북한에 가서는 선전 방송에 적극 나서는 경우도 있었습니다. 이처럼 인간이라는 존재는 결코 단순하지 않습니다. 사람을 진정으로 이해한다는 것은 매우 어렵고, 진실을 파악하는 일은 더욱 어렵습니다. 우리는 끊임없이 실체와 진실에 다가가려고 노력해야 합니다. 그러한 노력 없이 이념이나 구호만 앞세운다면, 그것은 사상누각(沙上樓閣)에 불과합니다.

납북된 인사들의 경우, '옥석을 가리기 어렵다'는 이유로 국가에서는 건국훈장을 수여하지 않았습니다. 이에 대해 유족들은 깊은 한을 품고 있습니다. 물론 대한민국의 민주화 과정을 거치면서 이러한 억울함이 어느 정도는 해소되었다고 생각합니다. 그러나 속 깊은 이야기들은 여전히 쉽게 드러나지 않고 있습니다. 많은 이들이 겉으로는 '뉴 리버럴리스트 1세대' 운운하며 이념적인 포장을 하고 있지만, 실제로는 개인적인 피해 의식과 억울함을 심중에 간직하고 있습니다.

반대로 보수 진영의 인사들 또한, 이러한 사람들이 억울하다는 것을 알면서도 "저 친북 좌파들"이라는 식으로 싸잡아 비난하며 자신들의 입장을 정당화하려 합니다. 결국, 문제의 핵심은, 진실을 회피하고 있다는 점입니다. 예컨대 "왜 6·25 참상을 직접 겪은 영남 지역은 북한에 대해 강한 반감을 갖게 되었으며, 상대적으로 피해가 적었던 호남 지역이 좌파 성향으로 기운 이유는 무엇인가?" 이 질문조차 실체에 기반한 냉철한 분석 없이, 단순한 이념 대결 구도로만 접근하는 경향이 강합니다. 진실에 대한 집요한 탐구 없이, 그저 이론과 구호만으로 논쟁하는 구조는 매우 위험합니다.

친일은 재조명되어야

이제는 친일 문제에 대해서도 재조명, 혹은 재조사가 필요합니다. 예를 들어, 이승만 대통령을 어떻게 친일 인사라고 할 수 있겠습니까? 김성수 선생 또한 마찬가지입니다. 이런 주장들은 단지 이념 장사나 책 장사에 불과한 경우가 많습니다. 이런 상황에서, 다시 한번 노무현 전 대통령과 윤석열 대통령에게 주어졌던 기회를 되돌아볼 필요가 있습니다.

노무현 대통령은 결국 성공하지는 못했지만, 가능성은 있었던 인물이었습니다. 그는 2004년 어민대회 인사말에서 이렇게 말한 바 있습니다. "민주화 시기에는 확실히 의미 있는 투쟁이 있었다. 그것은 국가 발전에 큰 기여를 했다. 그러나 민주화 이후, 1990년대 이후의 투쟁은 이익을 위한 투쟁이다. 이제는 이익만을 위한 투쟁은 중단되어야 한다."

또한, 2007년 농업인과의 대화 자리에서는 다음과 같이 말했습니다. "진보라고 자처하는 사람들, 제발 거짓말 좀 그만하십시오. 진보가 가장 잘못한 것은 자꾸 거짓말을 하는 것입니다. 이제는 그런 시대는 끝났습니다."

사실 김대중 전 대통령이야말로 광주 문제를 가장 비광주적으로 해결할 수 있었고, 노조 문제를 가장 객관적으로 정리할 수 있었던 유일한 인물이었습니다. 그러나 안타깝게도 노벨 평화상을 받는 데 온 힘을 쏟았습니다.

그리고 그다음 주자로 윤석열 대통령이 집권했습니다. 저 역시 그가 성공하기를 기원했습니다. 그러나 그는 실패했습니다. 윤석열 정부가 마주한 시대적 과제는 단순히 정권 운영 차원의 문제가 아니었습니다. 국가 개혁, 시대 개혁, 그리고 대한민국의 성취와 실패를 모두 끌어안고 소화해내야 하는 중대한 철학과 정책, 비전을 요구하는 것이었습니다. 그런데 검찰 경력 외에는 없는 대통령은 이를 감당하지 못했습니다.

내가 회고록을 쓰는 이유

여기서부터는 하나의 주석처럼 덧붙이고 싶은 이야기입니다. 사실 비정상적인 방식 가운데 하나로 간주될 수 있는 또 다른 경우가 있습니다. 그것은 바로 팍스 아메리카나(Pax Americana) 시대처럼 외부의 강대국, 즉 미국과 같은 외부 존재가 내부 개혁을 유도하는 방식입니다. 그러나 이는 현재로서는 실현 가능성이 거의 없습니다. 미국도, 중국도 이제 더는 그런 역할을 할 수 없습니다.

또 하나, 경우에 따라서는 비정상적인 방법이 아니라 오히려 정상적인 방법으로 볼 수도 있는 방식이 있습니다. 그것은 바로 저와 같이, 이 나라에서 책임 있는 자리에 있었던 사람들이 진술하고 성찰적인 회고록을 쓰는 일입니다. 대통령, 총리, 국회의장, 대법원장 등 고위 공직을 지낸 인사들, 특히 외교·안보·국방·정보기관장 출신들은 국가 기밀을 제외한 사항에 대해 국민에게 왜 우리가 북핵 문제에 30년 이상 실패해왔는지를 솔직하게 밝혀야 합니다.

1992~1993년 겨울호 『포린 어페어스(Foreign Affairs)』에 실린 논문에서, 닉 에버스타트(Nicholas Eberstadt)는 당시 하버드대학 박사과정을 막 마친 연구원이었음에도 다음과 같이 단언합니다. "북한은 절대로 핵을 포기하지 않을 것이다. 왜냐하면 북핵 협상에 동의함으로써 미국과 한국 양측이 경쟁적으로 원조를 제공하게 되고, 그것은 북한 입장에서 포기할 이유가 없는 유리한 구조이기 때문이다."

그는 '살라미 전술'처럼 협상만으로 이익을 취하려는 북한의 전략을 정확히 간파했습니다. 그런데 이처럼 명쾌한 분석이 있었음에도 불구하고, 대한민국의 역대 대통령이나 미국의 지도자들조차 이보다 더 정확한 대응을 하지 못했습니다. 전직 국정원장들은 자서

전을 통해 자랑만 늘어놓을 것이 아니라, 진심 어린 반성의 기록을 써야 합니다.

실제로 미국의 CIA조차 자국 정보기관의 역사상 최대의 실패 중 하나로 북핵 문제를 꼽습니다. 또 다른 전직 미국 국무부 차관보는 "미국 외교 역사상 가장 큰 실패가 북핵 문제"라고까지 말한 바 있습니다. 이처럼 미국은 참회하고 있습니다. 그런데 대한민국의 대통령이나 국정원장, 국방부 장관, 외교부 장관들은 하나같이 '우리는 잘했다'는 입장만을 고수하고 있습니다. 과연 이것이 말이 되는 일입니까?

진실에 대한 즉각적인 대응이 없고, 사회 전체가 진영 논리로 갈라져 어느 한 편에 서기만 하면 진실조차 왜곡되는 현실 속에서, 이제는 진실을 말하는 일이 가장 어렵게 된 사회, 불신이 만연한 사회가 되어버렸습니다. 그 결과, 자성의 목소리는 단 한 사람에게서도 들을 수 없습니다.

지도자란 자기 나름대로는 잘한다고 생각했던 일이, 시간이 흐른 뒤에 돌아보면 목표 설정이 잘못되었거나 방법이 틀렸음을 인정할 수 있어야 합니다. 당시에는 성공했다고 판단했던 일이라도, 훗날 다시 돌아보니 하지 말았어야 할 일이었거나, 더 일찍 끝냈어야 했던 정책이었음을 인정할 수 있는 용기와 진솔함이 필요합니다. 이러한 고백과 성찰은 후세들에게 중요한 교훈이 될 수 있습니다. 그러나 안타깝게도, 많은 지도자가 자신의 경험을 지나치게 성공 신화로 포장하는 경향이 있습니다. 그 결과 오늘날까지 그 과잉된 신화의 부작용이 지속되고 있습니다.

저는 그래서 회고록을 씁니다. 그리고 저뿐만 아니라, 역대 대통령들 역시 누군가에게 시켜 자료를 정리하게 할 것이 아니라, 직접 자신의 손으로, 가슴으로 회고록을 써야 한다고 생각합니다. 총리, 대법원장, 국회의장 출신들도 마찬가지입니다. 남에게 시켜 만든 '자화자찬용 다큐멘터리'는 아무 소용이 없습니다.

특히, 대한민국의 민주화 이후, 1980년대부터 현재까지 대북 핵문제에 있어 실패하지 않은 대통령이나 장관은 단 한 명도 없습니다. 외무부 장관, 국방부 장관, 국정원장 등 대북 정책의 책임자들 모두가 완전히 실패했습니다. 그런데도 그 누구도 스스로 돌아보며 진지하게 반성하지 않습니다.

법과 제도의 발전을 위해 극복해야 할 우리 사회 이중성

연구자들에게 제안하고 싶은 하나의 명제가 있습니다. 그것은 바로, 일신교 문화에 기반한 사회와 그렇지 않은 문화 사이에는 사회 제도와 인간관계 전반에서 근본적인 차이가 존재한다는 점입니다. 법과 제도가 왜 한국 사회에서 제대로 작동하지 않는지를 고민해보던 중, 이 결론에 도달하게 되었습니다.

일신교 국가에서는 '하느님'이라는 존재가 절대적입니다. 그 앞에서는 누구도 예외 없이 평등하며, 하느님이 죽으라고 하시면 죽어야 한다는 의식이 내면화되어 있습니다. 대신, 그 하느님 아래에서는 모두가 동일한 법의 지배를 받아야 한다는 원칙이 형성됩니다. 반면, 비(非)일신교 문화권에서는 죽음조차 회피 가능하다고 생각하며, 심지어 거짓말을 통해 위기를 모면하는 것이 오히려 능력으로 여겨지기도 합니다.

일신교 문화권에서는 '일단 법으로 정해졌다면 지켜야 한다'는 기본적 합의와 죄의식이 강하게 존재합니다. 그러나 동아시아권 문화에서는 그렇지 않은 경우가 많습니다. 제가 과학기술처 장관으로 재직할 당시, 중국과 협정을 체결하고 회의실에서 나오자마자 중국 측 인사가 전혀 다른 이야기를 꺼낸 적이 있습니다. 당황스러웠지만, 그들에게는 전혀 이상하지 않은 일입니다.

결국, 법률과 법치가 가능하려면 문화적 토대가 필요합니다. 저는 그 문화적 기초가 일신교와 비일신교의 차이에서 비롯된다고 봅니다. 그러므로 지금 대한민국이 회복해야 할 것은 기초와 기본입니다. 그것은 종교적 언어로 말하면, 불교의 '자비', 기독교의 '사랑', 유교의 '인의 정신'과 같은 보편적 휴머니즘 가치입니다.

독일의 신학자 한스 큉(Hans Küng)이 주장한 바와 같이, 종교 간 차이를 따지기보다는 모든 종교가 공유하는 공통 윤리, 예컨대 거짓말하지 말 것, 도둑질하지 말 것, 약자를 도울 것, 성차별하지 말 것 등을 실천하자는 제안은 매우 중요합니다.

그런데 한국 사회에서는 상황이 다릅니다. 겉으로는 멀쩡한 사람들이 "나는 선비다"라고 하면서도 도둑질을 하고, 반대로 도둑질을 하면서도 "나는 선비다"라고 자처합니다. 이런 이중적 행태가 오히려 '영리하다', '머리 좋다'는 평가를 받기도 합니다. 그 결과, 현세의 행동과 이상 세계의 윤리를 분리하여 적용하는 이중 가치 체계가 정당화되고 있는 셈입니다.

이로 인해 '노심자(정신노동자)'와 '노력자(육체노동자)'를 구분하는 사고방식이 한국 사회에 뿌리 깊게 자리 잡게 되었습니다. 이런 점에서 우리가 곰곰이 되짚어보아야 할 질문이 하나 있습니다. 왜 한국에서는 대륙 세력과 해양 세력 사이에서 수차례 나라가 망했음에도, 그 위기의 순간에 자결하거나 책임을 지는 왕이 단 한 명도 없었는가? 실제로 다른 나라의 경우, 국가가 멸망하거나 심각한 위기 상황에 처했을 때 지도자가 목숨으로 책임지는 사례가 종종 있었습니다. 하지만 한국 역사에서는 그러한 모습이 거의 보이지 않습니다.

고구려의 멸망도, 고려의 멸망도, 조선의 몰락도 모두 지도층 내부의 분열, 즉 적전 분열에 의해 초래된 측면이 큽니다. 신라와 백제의 경우도 마찬가지였고, 조선조의 멸망 역시 외부 침략보다 내부 분열이 결정적인 원인이었습니다. 임진왜란과 병자호란 당시에도 긴박한 국가 위기 속에서 적전 분열이 반복되었습니다. 구한말의 상황은 더 말할 나위도 없습니다.

지금 현재의 대한민국도 다르지 않습니다. 외교적으로도, 경제적으로도, 환경적으로도, 교육적으로도 국가적 위기의 순간에 처해 있습니다. 이럴 때일수록 우리는 힘을 하나로 모아야 할 텐데, 오히려 나라가 갈수록 분열되고 있다는 사실이 더 큰 걱정을 낳고 있습니다.

건국 이후 최대의 위기:
21세기 지구촌 새 문명 개벽의 선구자 되기를

2022년부터 2030년대까지의 시기는, 대한민국 건국 이후 6·25 전쟁을 제외하면 가장 심각한 국가적 위기라고 할 수 있습니다. 물론 과거에도 4·19 혁명, 5·16 군사정변, 10·26 사건, 5·18 민주화운동, 6·29 선언, 국제 석유 파동, 외환위기 등 굵직한 사건들이 있었습니다. 또한, 1968년부터 1974년 사이에는 정치·군사·외교가 얽힌 복합 위기도 존재했습니다.

그러나 정치, 안보, 경제, 사회 등 국가 공동체 전반의 구조적 붕괴와 내전적 위기가 동시에 겹친 적은 지금이 처음입니다. 지금 우리는, 대한민국 근대화의 특수한 성공의 절정과 동시에 그 성공이 가져온 역설적이고 도착적인 근대화의 후유증이 극대화된 시점에 도달해 있습니다. 그래서 우리는 묻지 않을 수 없습니다. "비정상적이고 비이성적인 방식이 아닌, 정상적이고 개명적인 방식으로 이 국난을 어떻게 돌파할 수 있는가?" "그 길을 제시할 수 있는 사람, 지도자, 새벽을 보여줄 인물은 존재하는가?" 이러한 깊은 질문을 던지는 것으로부터 출발해야 합니다.

그리고 해답은 결국 이 나라가 가진 이중성과 배반성의 얼굴을 지닌 엘리트들, 그들의 반성과 성찰, 그리고 참회로부터 시작되어야 합니다. 그래야만 비로소 진정성 있는 질문이 생기고, 견실한 답변이 나올 수 있습니다. 그리고 그렇게 할 때, 우리는 마침내 다가올 2048년, 대한민국 건국 100주년에 다음과 같은 모습을 상상할 수 있습니다.

압록강 너머까지 펼쳐진 태극기의 물결, 인구와 환경, 그리고 팬데믹을 뛰어넘은 지속 가능한 대한민국, 그리고 21세기 지구촌 인류 공동의 문제를 해결하는 개벽의 선구자로서 대한민국이 앞장서는 모습을 말입니다. 저는 진심으로 그날이 오기를 바랍니다.

제3장

우리의 눈으로
대한민국을 본다

김경동

서울대학교 명예교수, KAIST 초빙교수, 전 한국사회학회 회장

Q

사회학자로서 우리나라가 이렇게 발전하리라고 상상을 하셨습니까? 대한민국 근대화와 산업화와 공업화와 수출, 이런 그랜드 디자인은 어디서 나왔을까요? 어떤 세대의 산물일까요? 아니면 인물의 산물일까요? 우리가 그냥 운이 좋았던 걸까요? 대한민국이 국가로서 어떤 선택을 하게 된, 사회적 요인과 힘이 무엇이라고 보시는지요? 한국을 이해하기 위해 어떤 시각에서 바라봐야 할지요? 한국인의 문화적 특성 혹은 한국 사회의 역사적 배경이 발전의 매트릭스에서 어떤 역할을 하고 있는지 설명해 주시고, 미래 세대 젊은이들에게도 메시지를 주시면 감사하겠습니다.

○ ● ○

미래 세대의 행복을 위하여

한국의 눈부신 발전은 상상을 초월하는 일입니다. 사실 지금 말씀드리려는 주제가 바로 그 부분인데요. 지금 이 대화에서 주어진 과제가 바로 '미래 세대', 즉 현재의 청년들을 포함하는 그 세대에 대한 것입니다. 제가 한 권의 책을 가져왔습니다. 제목은 『미래 세대 행복의 조건』입니다. 이 책은 카이스트에서 구성한 '미래세대행복위원회'라는 학자 모임에서 비롯된 결과물입니다. 제가 그 책임을 맡게 되어 1~2년 동안 활동했으나, 시대적 상황이 변하면서 가까스로 책 한 권을 출간하게 되었습니다.

처음에는 '미래세대위원회'라고 불렀는데, 제가 제안했습니다.

'행복'이라는 단어를 꼭 포함하자고요. 미래 세대 역시 행복하게 살아야 하고, 살아갈 자격이 있습니다. 그리고 우리 세대가 그들에게 행복한 삶을 만들어줄 책임이 있다는 것이지요. 미래 세대란 아직 태어나지 않은 세대까지도 포함합니다. 그들은 자신의 미래에 대해 막연한 상태에서 어른들이 하는 일들을 지켜보며 따라가고자 하지만, 정작 어른들은 그들에게 무관심합니다. 미래 세대 자체에 대한 관심이 부족합니다.

미래학 서적에서 매우 흥미롭고 인상 깊은 이야기를 읽은 적이 있습니다. 미국의 원주민, 흔히 '인디언'이라 불렸던 분들, 사실은 동양에서 건너간 이주민의 후손들이지요. 다양한 부족 가운데 '이로쿼이(Iroquois)'라는 부족이 있습니다. 이로쿼이에서는 이렇게 말했습니다. "우리는 미래 세대가 우리가 누리는 삶보다 훨씬 더 나은 삶을 누릴 수 있도록 준비하고, 그런 세상을 만들어나갈 책임이 있다." 이 말에서 주목할 부분은 '미래'의 범주입니다. 이들이 말하는 '미래'란 무려 7세대 이후를 의미합니다. 7세대면 약 200년입니다. 이로쿼이 부족은 매우 장기적인 시야를 지니고 있었던 것입니다. 한 세대를 30년으로 본다면, 그들은 무려 200년 앞을 내다보며, 미래 세대를 위해 무엇을 해야 할지 항상 준비하고 노력했습니다. 이것을 당연한 책무로 여겼습니다.

그렇다면 우리나라는 어떻습니까? 미래 세대에 대해 진지하게 고민해본 사회 고위층 지도자들, 그리고 일반 시민사회 속 학부모님들, 혹은 학교의 선배 격인 선생님 중에 "내가 지금부터 하는 일은 바로 당신들 미래를 위한 것이다"라고 자신 있게 말할 수 있는 분이 과연 몇 분이나 계실까요? 그리고 실제로 그렇게 실천하시는 분은 얼마나 될까요? 이 점을 우리는 진지하게 되돌아볼 필요가 있습니다.

미래를 강의하며 한국 사회를 연구하다

저희가 한국미래학회를 처음 시작했던 때가 1968년 여름이었습니다. 수유리의 아카데미하우스라는 장소에서, 저를 포함한 여섯 분이 모여 발기인 모임을 열었습니다. 이후 몇 분을 초청하여 일종의 간담회를 진행했습니다. 당시 발기인으로 참여하신 선생님 중 세 분은 지금은 고인이 되셨습니다. 그중 중요한 역할을 맡으셨던 최정호 교수님께서 아직 우리 곁에 계신 것이 참으로 다행입니다. 나머지 발기인 중 한 사람이 저이고, 또 다른 한 분은 저보다 한 해 아래인 서울대학교 환경대학원의 권태준 선생님이셨습니다. 안타깝게도 권 교수님께서는 올해 작고하셨습니다. 이렇게 해서 여섯 분이 모였던 것입니다.

그 이후로 미래를 전문적으로 연구한 분들은 드물었습니다. 하지만 제가 2002년에 학교를 떠날 무렵, 『미래를 생각하는 사회학』이라는 책을 출간하였습니다. 제가 미래에 관해 집필해온 여러 글을 모아 나남출판사에서 펴낸 것입니다. 책을 많이 내지는 않았지만, 미래에 관한 글들은 상대적으로 다수 남겨졌으며, 여러 곳에서 미래에 대한 강연도 많이 했습니다.

그런데 제가 생각해도 특별한 점이 하나 있었습니다. 아마 별도로 기록된 바는 없을지도 모르겠습니다. 그것이 무엇이냐 하면, 제가 은퇴한 해는 2002년이지만, 그보다 5~6년 전인 1990년대 후반에 서울대학교에서 여러 학과에 영어 강좌를 개설하려는 움직임이 시작되었습니다. 사회학과에서는 제가 미국에서 여러 해 동안 강의 경험이 있다는 점을 고려하여 "선생님께서 영어 강좌를 개설해주시면 감사하겠습니다"라고 요청하였습니다. 후배 교수님들의 부탁이었지요.

저는 흔쾌히 응했습니다. 영어로 강의를 개설하기로 하고, 과목 주제를 고민하게 되었는데, 사회학과의 주요 전공 과목은 이미 후배 교수님들이 맡고 계셨기에, 저는 '미래사회학'을 강의하기로 하였습니다. 이렇게 하여 '미래'라는 주제가 붙은 과목을 처음 개설하게 되었습니다.

비슷한 시기에 국민대학교의 배규한 교수님도 '미래사회학'이라는 과목을 강의하기 시작했습니다. 배 교수님은 저의 제자이며, 지금까지 『미래사회학』이라는 제목의 책을 두 차례 집필하셨습니다.

여기에 더해 제가 했던 일은 다음과 같습니다. 서울대학교에서 영어 강의를 시작한 이후, 2000년대 초부터 저는 KDI 국제정책대학원으로부터 초빙되어 영어 강의를 진행하게 되었습니다. 그 대학원은 외국인 학생 비율이 25퍼센트 이상이며, 공식적인 대화는 대부분 영어로 이루어졌습니다. 다행히도 제가 이미 영어 강의 경험이 있었기에 기쁜 마음으로 참여할 수 있었습니다.

KDI에서는 약 10여 년간 '미래와 발전을 위한 정책(The Future and Development Policy)'이라는 주제로 매년 강의를 진행하였습니다. 그러던 중 2011년경, KDI가 세종시로 이전하게 되면서 저는 먼 거리를 오가기 어려울 것 같다는 판단에 따라 함께 가지 않기로 하였습니다. 마침 같은 캠퍼스 내에 위치한 카이스트 경영대학에서 강의 요청을 받아, 그곳에서도 몇 년간 미래 강의를 이어갔습니다.

그 이후에는 경희대학교 광릉 캠퍼스에 있는 평화복지대학원에서도 강의하게 되었는데, 이곳은 전 강의를 영어로 진행하는 곳이었습니다. 그곳에서도 약 2년 가까이 미래에 대한 강의를 계속하였습니다. 이어서 서울대학교에서 함께 일하던 후배 교수님이 인천대학교 총장으로 부임하게 되면서, 인천의 국립대학 학부 과정에서도 미래 관련 강의를 영어로 진행하였습니다.

그곳에서는 '미래' 외에도 '한국 사회의 발전과 변화'라는 과목도 함께 강의하였습니다. 이 두 과목은 제가 KDI에서부터 인천대학교까지 거의 모든 교육기관에서 지속적으로 개설하고 가르쳤던 주제를 담고 있습니다.

크게 멀리 보는 눈으로 미래를 보자

제가 대학에서 강의를 시작한 해는 1961년이었습니다. 한 해만 더 강의를 계속했더라면 만 60년, 즉 강의 회갑을 채우고 그만둘 수 있었을 텐데, 결국 59년간 강의를 했습니다. 어쨌든 그만큼 오랜 세월 동안 교육과 연구에 매진해 왔습니다. 그리고 '미래'에 대한 관심은, 그것을 더 많은 사람이 가질수록 해당 국가가 앞으로 더 나은 방향으로 발전할 수 있는 튼튼한 기초가 될 것이라고 확신하고 있습니다. 저는 지금도 그 신념으로 연구와 사회 교육 활동을 계속하고 있습니다.

이제 미래에 관해 이야기할 때, 우리는 과연 어떤 관점에서 이를 바라보아야 할지를 고민해야 합니다. 저의 경우, 비교적 이른 시기부터 '문명사적 관점'에서 미래를 조망해야 한다는 확신을 갖게 되었습니다. 단지 미래를 어떻게 계획하고, 정책을 어떻게 수립하고 추진할 것인가에만 머무르는 미시적 접근으로는 희망이 없다고 보았습니다. 보다 장기적이고, 보다 거시적인 시각이 필요하다는 것이지요. 앞서 말씀드렸던 이로쿼이족의 사례처럼, 200년 앞을 내다보고 준비하는 태도가 중요합니다. 길게 보고, 넓게 보아야 합니다. 이 안목이 바로 미래를 바라보는 데 가장 중요한 요소입니다.

그렇다면 문제는 '어떤 관점에서 보느냐'입니다. 바로 여기서 저는 '문명론적' 또는 '문명사적' 관점의 중요성을 강조하고자 합니다.

율곡 이이 선생께서는 인간의 지혜에는 세 가지 종류가 있다고 하셨습니다. 그것은 상지(上智), 중지(中智), 하지(下智)입니다.

우선 하지부터 살펴보면, 세상에 큰 난리가 나고 위기가 발생한 이후에야 겨우 그 사태를 알아차리고는 "이걸 어떻게 하면 좋겠느냐"라며 우왕좌왕하다가, 결국 대처하지 못하고 실패하는 경우입니다. 좀 더 심하게 말하면 결국은 나라나 조직이 망하는 경우지요. 이것이 가장 낮은 수준의 지혜, 즉 하지입니다. 그래서 첫 번째로 중요한 것은 '대처할 수 있는 능력'을 갖추는 것입니다. 아무런 대비 없이 무너지면 아무 소용이 없습니다.

다음으로 중지는 어떤 지혜일까요? 이미 사태가 벌어졌을 때, 그것이 위기임을 깨닫고 이를 수습하고자 노력하는 것입니다. '이건 큰일이다'라는 판단 아래, 사태를 안정시키기 위한 노력을 기울이는 것이지요. 성공하면 다행이지만, 실패하더라도 적어도 뭔가 대처를 시도한다는 점에서 하지보다는 훨씬 나은 지혜입니다.

하지만 진정한 지혜는 상지입니다. 사태가 벌어지기 전에 이를 미리 알아차리고, 미연에 방지할 수 있도록 준비하는 지혜입니다. 사태가 일어나기를 기다리는 것이 아니라, 미리 대비하고 대응책을 마련해 두는 것이지요. 그래서 변란이나 위기가 닥쳐오기 전에 이미 체계적인 대응을 준비하고, 상황에 따라서는 그 위기를 조절하거나 통제할 힘을 갖추는 것입니다. 이것이 바로 우리가 미래를 생각할 때 필요한 지혜입니다. 그리고 이와 같은 지혜에 기반한 준비가 바로 미래 연구의 본질이라고 할 수 있습니다.

그렇다면 미래를 바라보는 눈은 어떠해야 할까요? 첫째, '길어야' 하고 둘째, '넓어야' 합니다. 이것이 바로 미래에 접근하는 핵심적인 방법론입니다.

1961년, 제가 미국 유학을 떠났을 당시를 되돌아보면, 단지 박사학위 때문에 사회학을 공부한 것은 아닙니다. 그해 봄, 우리나라에는 5·16 군사정변이 일어났고, 당시에는 이를 혁명이라고 부르기도 했지만, 저 개인적으로는 '쿠데타'라고 생각합니다. 진정한 의미의 혁명이란 기존의 체제를 근본적으로 바꾸어 새로운 사회를 만들어내는 것이어야 하는데, 그 정변은 군사적 정치 탈취였다고 보았기 때문입니다. 물론 이후 해당 세력이 일부 성과를 이루어낸 점은 인정해야겠지만, 당시의 사건은 어디까지나 군사 쿠데타였습니다.

그 혼란스러운 시기, 저는 선진국인 미국에서 사회학이라는 학문을 깊이 배우고자 갔습니다. 제가 배우고자 했던 사회학은 그저 학문적 호기심을 채우는 것이 아니라, 우리나라가 전쟁 이후의 혼란을 딛고 어떻게 하면 제대로 된 나라로 성장할 수 있을지를 고민하는 데 실질적인 도움을 줄 수 있는 학문이기를 바랐습니다.

하지만 박사과정에 있던 학생들의 모습을 보면서 실망감을 감출 수 없었습니다. 교수의 자택 거실에 모여 앉아 통계 자료를 놓고, 회귀 계수가 몇 퍼센트가 나왔다며 그것이 정확한지 따지는 모습은 저에게는 너무나 형식적인 숫자놀음처럼 느껴졌습니다. 저는 석사과정 학생이었지만 박사과정 세미나에 참여하여 그들의 학문적 열의를 관찰하던 중, 결국 참지 못하고 정색을 하고 말았습니다.

"저는 이러한 나라에서 왔고, 제 목적은 이 학문을 통해 어떻게 하면 우리나라를 살릴 수 있을지를 배우는 데 있습니다. 그런데 여러분은 이렇게 소중한 시간을 통계 지수 몇 퍼센트에 매달려 허비하고 계시니, 실망을 금할 수 없습니다."

이런 말을 해서 교수님으로부터 좋은 평가를 받지 못했지만, 그만큼 절실한 심정이었습니다. 결국, 저는 박사과정을 중도에 포기하고 귀국하게 되었습니다.

유교 연구로 시작해 한국 사회 근대화 본격 연구

제가 처음 연구를 시작한 분야는 유교입니다. 그런데 저는 모태 기독교인으로, 장로교 집안에서 태어났기 때문에 어린 시절에는 교회로부터 많은 영향을 받았습니다. 그런데 안동이라는 지역에는 특이한 점이 있었습니다. 은연중에 몸에 체화된 것처럼 유교에서 벗어날 수 없는 분위기가 있었습니다. 요즘 안동은 '한국 정신문화의 수도'라는 이름을 받아 시내 입구에 큰 대문과 현판을 세워두었을 정도입니다. 이러한 배경 속에서 저는 유교 연구를 시작하게 되었습니다.

문제는, 그 연구 결과가 각각 이상백 선생님의 회갑 논문집과 사회학회지 창간호 제1집에 실렸음에도 불구하고, 학계에서 별다른 관심을 얻지 못했다는 점입니다. '이 주제는 중요하니 우리가 서둘러 연구해야 한다'는 식의 반응이 있었다면 얼마나 격려가 되었겠습니까. 당시 저는 이제 막 연구를 시작한 초년병이었기에, 누군가로부터 "좋은 연구를 했다"라는 말을 듣고 싶었으나, 그런 말조차 들을 수 없었습니다. 실망한 저는 왜 그랬을지를 곰곰이 생각해보았습니다.

시대적 풍토, 즉 맥락이 중요했습니다. 사회 현상을 볼 때 맥락을 읽어야 합니다. 당시의 키워드는 '근대화'와 '개발', '발전'이었습니다. 이 흐름은 서양, 특히 미국에서 시작되었습니다. 미국은 제2차 세계대전이 끝난 후 냉전 시대에 소련과 경쟁하면서, 두 가지를 내세워야 했습니다. 하나는 '자본주의'를 통해 사람들을 먹여 살리는 것이고, 다른 하나는 '민주주의'를 통해 독재를 부정하는 것이었습니다. 이를 기반으로 제3세계, 이른바 후진국들에 대해 선전하며 자기편을 만들려 했던 것입니다. 이러한 세계 전략의 일환으로 '근대화'라는 프로그램이 등장했습니다.

상당수 제3세계 국가가 미국 쪽으로 편입되었고, 그때 세계는 제1세계(자유 세계), 제2세계(공산 세계, 소련과 중국 중심), 제3세계로 구분되었습니다. 당시 한반도는 중국 바로 아래 위치해 있었으며, 북한이 제2세계 일원으로 끼어들어 있었습니다. 이런 시대적 배경 속에서 제가 1964년에 논문을 발표했지만, 학계에서는 관심을 두지 않았습니다. 그래서 시대적 흐름에 맞추어 '근대화'와 '발전'이라는 주제를 중심으로 연구 방향을 전환하기로 마음먹었습니다.

당시 고려대학교에는 '아세아문제연구소'라는 연구 조직이 있었습니다. 이 연구소는 시대적 이슈를 적극적으로 다루었고, 대학 연구소로서는 규모도 컸습니다. 저는 이 연구소와 많은 활동을 함께 했습니다. 1965년, 워커힐호텔이 새로 생겼을 무렵, 강원용 목사님이 수유리에서 아카데미하우스를 시작하셨습니다. 저는 강 목사님과의 인연으로 워커힐에서 열린 모임에도 참석하게 되었고, 아세아문제연구소가 개최한 근대화 국제회의에도 참석했습니다.

당시 저는 미국 유학을 마치고 돌아온 직후였고, 유교 연구가 시대적 요청에 부합하지 않는다는 것을 직감하여, 근대화를 새로운 연구 키워드로 삼기로 결심했습니다. 근대화와 발전 연구에 본격적으로 뛰어들게 된 계기입니다.

아세아문제연구소는 김준엽 총장님이 설립하여 소장으로 계셨고, 이후 홍승직 교수가 이를 이어받았습니다. 사회학 분야에서 근대화 연구를 하는 젊은 연구자는 저 혼자였고, 게다가 미국 유학까지 다녀왔기에, 저는 국제회의의 간사 역할을 맡게 되었습니다. 영어로 외국 손님을 응대하고, 회의 운영과 분과별 토론 요지 정리 등

의 실무를 담당했습니다. 한국 학계에서 최초로 열린 대규모 국제
회의였고, 근대화라는 개념을 학계에 퍼뜨리는 데 중요한 시발점이
되었으며, 저도 그 일에 작은 몫을 했습니다.

이후 저는 근대화를 집중적으로 연구하며, 아카데미하우스에서
도 '한국 교회가 어떻게 근대화해야 하는가'를 주제로 발표를 하기
도 했습니다. 1964년에는 학회지에 논문을 발표하면서 연구를 본
격화했습니다. 그러던 중 홍승직 교수가 저를 하와이에 있는 동서
센터(East-West Center)에 추천해주셨습니다. 당시 동서센터에서는
노사관계에 대한 국제 비교 연구를 위한 젊은 한국 학자를 초청하
고자 했습니다.

근대화에서 핵심은 공업화였습니다. 우리도 산업혁명을 일으켜
야 했습니다. 당시 경제개발 5개년 계획의 주축은 공업화에 기반한
수출 경제였으며, 이를 통해 박정희 정부가 성공을 거두었습니다.
농업 사회에서 공업 사회로 전환하는 데는 다양한 대안이 있었지
만, 박정희 대통령은 일본의 공업화 모델을 참고하여 농업 기반 없
이 공업화를 단행했습니다.

1965년 무렵, 경제 개발 사업은 3년 차에 접어들었고, 곳곳에
공장이 세워지며 경제 성장의 기틀이 마련되기 시작했습니다. 일본
과의 협상으로 자금을 조달해 포항제철 같은 대형 산업장도 건설
했습니다.

저는 학문을 할 때, 시대적 맥락 속에서 가장 중요한 이슈를 중

심으로 연구해야 한다고 생각했습니다. 사회학에서는 막스 베버나 탈코트 파슨스 같은 학자들이 유명하지만, 저는 특정 학자만을 깊이 연구하는 방식을 지양했습니다. 대신 우리나라 발전에 유용한 이론과 연구 방법에 집중하는 것을 학문적 목표로 삼았습니다.

'개발'과 '발전'이라는 개념은 별도로 다시 언급하겠지만, 공업화 과정에서 가장 심각한 문제는 인간 문제, 특히 노사 문제였습니다. 노동자가 어떤 대우를 받느냐, 노사관계가 어떠하냐를 분석해야 했습니다. 우리나라는 공업화 경험이 거의 없었고, 일제강점기 초기 일본이 세운 공장들과 일부 지주 출신들이 세운 민족 산업이 있을 뿐이었습니다.

박정희 대통령은 공업화를 강행할 수밖에 없었고, 삼성의 이병철 씨나 현대의 정주영 씨 같은 기업인들도 시대 흐름에 맞추어 산업에 뛰어들었습니다. 저는 공업화가 시작되는 이 시점에 노사 문제에 주목해야 한다는 생각을 가지고 국제 비교 연구팀에 참여했습니다. 귀국 후에는 노동자와 관리자들의 가치 의식에 관한 태도 조사를 수행하였고, 이 자료를 바탕으로 미국 유학 시 박사학위 논문을 작성했습니다. 한국 관련 경험적 자료로 박사학위 논문을 쓴 최초의 사례이기도 합니다.

그 후에도 근대화·발전·개발 문제를 계속 연구하면서, 산업사회학 쪽으로 눈을 돌리게 되었습니다. 그러던 중 1967년에는 서울대학교 이해영 선생님께서 창립하신 인구연구소에서 활동하게 되었습니다. 당시 미국 대통령 직속 농업위원회의 지원으로, 수원 농과대학 기숙사 근처에서 농촌 사회 조사 방법 워크숍이 열렸습니다. 코넬대학교 농업경제학 교수와 노스캐롤라이나 주립대학교 사회학 교수가 강사로 초청되었습니다.

이 워크숍에는 농업진흥청 농업경제학 전공자들과 사회학 분야 대학원생들이 수강생으로 참여했고, 저는 인구연구소 비정규 연구원 신분으로 한국 대표로 참여해 통역과 워크숍 진행을 맡았습니다. 농촌의 공업화 병행을 준비하는 차원에서 과학적 농촌 연구의 필요성을 인식하는 의미 있는 모임이었지만, 저는 여전히 근대화와 발전 문제에 집중하며 산업사회학 연구에 몰두하고 있었습니다.

결국, 1969년에는 더 본격적인 연구와 교육을 위해 코넬대학교로 유학을 떠났습니다. 장학금을 받고 간 그해가 바로 1969년이었습니다.

사회 개발과 사회 발전은 다르다

1968년에 어떤 일이 있었느냐 하면, 박정희 대통령이 각계의 여러 의견을 듣고 공업화를 통해 경제 개발을 추진해야 한다는 결심을 굳혔습니다. 그런데 농촌을 그대로 둘 수는 없겠다는 생각도 일찍부터 갖고 있었습니다. 당시에는 아직 구체적으로 실행할 힘이 부족했지만, 1968년까지도 그 구상은 존재하고 있었습니다.

그에 더하여, 대통령은 '사회보장위원회'라는 조직을 만들게 했습니다. 1968년의 일입니다. 사회보장 제도를 앞으로 적극 연구하라는 지시가 내려졌고, 이에 따라 보건사회부 산하에 사회보장위원회가 설치되었습니다. 이 위원회에는 이만갑 선생님께서 참여하셨고, 저 역시 중견 위원으로 함께 활동하게 되었습니다. 그렇게 한동안 위원회 활동을 하다가, 1969년에는 결국 미국으로 떠나게 되었는데, 그 과정에서 제가 제시했던 한 가지 포인트를 말씀드리고자 합니다.

'사회보장'이라는 개념은 당시 유엔(UN)에서 '사회 개발(social development)'의 일환으로 다루고 있었습니다. 그때만 해도 '사회복지'라는 용어는 사용되지 않았습니다. 사회보장(social security)이란 무엇인가 하면, 산업화와 도시화가 진행되면서 먹고살기 힘든 사람들이 생기게 되는데, 농촌에서는 어떻게든 생계를 유지할 수 있었지만, 도시로 몰려온 사람들 가운데는 실업자가 되거나 생계가 막막해지는 이들이 많아졌습니다. 이런 이들을 위해 사회적 안전망이 필요했던 것입니다.

그래서 사회보험 제도가 필요하게 되었고, 당시 유엔은 이러한 사회보장을 사회 개발의 일환으로 간주하였습니다. 그런데 사회보장위원회에서는 사회 개발이라는 개념을 경제 개발의 하위 개념으로 설정했습니다. 경제 개발이 상위에 있고, 이를 돕기 위한 보조적인 차원에서 사회 개발을 다루자는 것이었습니다.

저는 이 점에서 강한 문제의식을 느꼈습니다. 그리고 그때부터 지금까지 한 가지 신념을 지켜오고 있습니다. 즉, 사회 개발을 경제 개발의 부수적 개념으로만 이해할 것이 아니라, 별개의 의미를 부여해야 한다는 것입니다.

저는 사회 개발과 사회 발전을 구분하여 사용하고자 했습니다. 사회 개발은 경제 개발과 병행하여, 물질적 삶에서 뒤처진 사람들에게 복지와 보장을 제공하는 것, 즉 사회보장 제도를 통해 지원하는 것을 의미합니다. 반면, 사회 발전은 경제 개발을 하나의 수단으로 삼아, 전체 사회가 인간다운 삶을 살 수 있도록 가치를 지향하며 나아가는 것을 뜻합니다. 이렇게 해서 저는 '개발'과 '발전'을 명확히 구별하여 사용하게 되었습니다.

그렇다면 '사회 발전'이란 무엇일까요? 사회 발전은 본질적으로 가치 함축적(value-laden) 개념입니다. 여기에서 '가치'를 제거하면, 그것은 단순한 물질적 개발이 되고 맙니다.

1973년, 저는 코넬대학교에서 박사학위를 취득한 후, 1971년부터 남부 지방에 위치한 노스캐롤라이나 주립대학교에서 몇 년 동안 강의하였고, 그 과정에서 〈Rural Sociology〉라는 저널에 논문 한 편을 발표하였습니다. 이 논문에서 저는 다음과 같은 주장을 폈습니다.

"당신들은 'development'라는 개념을 경제 개발의 하위 개념으로만 쓰고 있는데, 그것은 옳지 않다. 발전은 상위 개념이다. 왜냐

하면, 발전에는 가치가 함축되어 있기 때문이다."

여기서 '가치'가 중요한 이유를 이만갑 선생님께서도 강조하셨는데, 선생님께서는 "앞으로 사회학에서 가장 중요한 개념은 가치, 가치관이며, 그다음이 관료제(bureaucracy)"라고 하셨고, 이를 공부하라고 조언해주셨습니다.

저는 대학 시절, 서울대학교 문리과대학 자체 간행물이었던 『문리대 학보』에 4학년 때 영어로 논문을 발표한 적이 있습니다. 제목은 「A Tentative Discussion on the Concept of Value(가치 개념에 관한 잠정적 논의)」였습니다. 이 논문을 통해 이미 '가치'에 대한 관심을 드러냈던 것입니다.

이 말씀을 드리는 이유는, 제가 미국 유학을 마치고 돌아와 가장 먼저 시작한 연구 주제가 바로 '가치관 연구'였다는 사실을 말씀드리기 위함입니다. 그때 연구 주제는 유교였고, 이후 제 연구는 '유교와 가치관', '사회 발전과 가치'라는 두 축으로 함께 진행되어왔습니다. 이 점을 기억해주시면 감사하겠습니다.

제가 유교 연구를 하고자 했던 이유는, 한국 사회의 근본적인 문화적 토대를 탐구하고 싶었기 때문입니다. 그러나 그 연구가 학문적으로 크게 환영받지 못했기에, 당시의 맥락에서 가장 중요한 이슈가 무엇인가를 고민하게 되었습니다. 그 결과, 두 번째 연구 주제로 공업화와 노사관계, 산업사회, 그리고 발전과 근대화를 선택하게 되었습니다. 그 핵심에는 바로 '가치'가 있습니다.

본론으로 들어가기 전에 제 개인적인 이야기를 잠깐 덧붙이겠습니다. 요즘 젊은 세대가 얼마나 힘든 삶을 살아가는지 잘 알고 있습니다. 제 자녀들만 봐도 그렇습니다. 그 모습을 지켜보면 안타까울 정도입니다. 저 역시 젊은 시절 쉽지 않은 삶을 살았지만, 그 당시에는 오히려 프로젝트 하나 생기면 즐거워하며 밤을 새워가며 일했습니다. 그저 즐겁고 보람 있게 일할 수 있다는 것에 감사하며 살았던 기억이 납니다.

요즘 청년들은 미래에 대한 확실한 비전을 갖기 어려운 시대에 살고 있습니다. 취업도 어려워지고, 삶의 방향을 찾기 힘들어진 세상입니다. 그런데 우리가 지나온 시대 역시 쉽지만은 않았습니다. 저희 세대는 일제강점기라는 가난하고 억압된 시대를 살았습니다. 어린 시절에는 많은 두려움과 억눌림 속에서 살았던 기억이 있습니다.

그 시절, 저희는 초등학교에 등교하면 교정에 나란히 서서 동쪽의 신사를 향해 90도로 경례한 후 조회를 시작하곤 했습니다. 천황의 생일에는 동네 뒷산에 세워진 신사에 참배를 가야 했습니다. 서울 남산에도 신사가 있었지요. 그런 신사 참배를 두고, 교회에서는 이게 우상숭배가 아니냐는 질문이 많았습니다.

그때 우리 교회의 목사님은 지금 생각해도 매우 현명하셨습니다. 걱정스러운 얼굴로 찾아온 교인들이 "신사 참배가 우상숭배가 아니냐?"고 물으면, 이렇게 설명하셨습니다. "그건 단지 일본에서 아주 유명했던 왕의 생일을 기념하는 인사일 뿐이다. 하나님과는 아무 상관이 없는 일이다. 그런 사람과 하나님을 동일시할 수는 없지 않느냐. 그러니 걱정 말고 동네에서 다 같이 가자고 하면 부모님과 함께 다녀오너라." 이처럼 아이들의 마음을 어루만지며 설득하셨습니다.

비슷한 경험이 또 있었습니다. 저희는 초등학교 2학년 때 광복을 맞았기 때문에, 그때 처음으로 태극기를 보게 되었습니다. 이후 각종 행사에서는 태극기에 경례하거나 절을 하는 장면이 많았는데, 어린 마음에 '국기에 절하는 것이 우상숭배가 아닐까?' 하는 의문이 들기도 했습니다. 그때도 목사님은 이렇게 말씀하셨습니다. "태극기는 우리나라를 상징하는 징표이다. 나라를 사랑하겠다는 마음가짐을 표현하는 것이다. 그것이 어찌 우상숭배가 되겠느냐." 이처럼 차분하게 설명해 주셨습니다.

이 이야기를 꺼내는 이유는, 요즘 정치인들이나 시민운동가들의 모습을 보며 마음이 복잡하기 때문입니다. 과거 학생운동을 했던 이들이 자신들의 활동을 '민주화 운동'이라고 명명하지만, 저는 '민주주의 쟁취 운동'이라는 표현은 받아들여도 '민주화 운동'이라는 이름은 시기상조라고 생각합니다.

우리 사회는 민주주의 이념을 국가의 기본 가치로 삼고 있으며 정치 또한 제도적으로 민주적 절차를 따르고 있을 뿐, 진정한 의미에서의 민주화는 아직 멀었다고 판단합니다. 정치인들이 지금처럼 행동하는 게 과연 민주주의인지 묻고 싶습니다. 군중을 선동하고 팬덤 정치에 기대어 정치적 입지를 강화하는 모습은 절대 바람직하지 않습니다. 오히려 왜곡된 민주주의에 가깝습니다.

더욱이, 과거 운동 경력을 정치적 자산으로 삼아 시민운동이나 정치 활동을 이어가면서 국가 지원금을 자신들의 회식이나 해외여행에 사용하는 일부 사례들을 보면 실망스럽기 그지없습니다. 국회의원 중에는 수억 원의 보좌진 예산을 받고도 몇 달 동안 국회에 출석조차 하지 않는 이들도 있습니다. 보좌관이 아홉 명씩 있다는 이야기를 들으면, 이게 과연 국회의원으로서 책임 있는 자세인가 되묻지 않을 수 없습니다.

이런 현실을 지켜보는 청년들이 과연 어디에서 희망을 찾고, 어떤 비전을 세울 수 있을까요. 만약 청년들이 그런 국회의원을 보며 '나도 국회의원이 되어야겠다'라고 생각하게 된다면, 그것은 우리 사회가 이미 방향을 잃은 것이라 할 수 있습니다. 국가의 미래가 어두워질 수밖에 없습니다. 그래서 저는 이 이야기를 강연 자리마다, 또는 후학들과의 대화에서 늘 강조하고 다닙니다.

1968년 무렵, 제가 미국 유학을 준비하고 있던 시기에 고려대학교에 사회학과가 신설되었습니다. 당시 홍승직 교수님께서 초대 교수로 부임하셨고, 저에게 고려대학교에 와서 함께 일하자는 제안을 하셨습니다. 홍 교수님과는 학생 시절부터 인연이 있었습니다. 제가 대학 재학 중 가치관 연구에 관심을 가지고 있었을 때, 미국 워싱턴

대학교에서 박사과정을 밟고 계시던 홍 교수님께 가치관 연구로 유명한 한 교수의 자료를 부탁드린 적이 있었고, 이를 통해 공부를 이어갈 수 있었습니다. 저로서는 큰 도움을 받은 은사이자 선배였습니다. 그런 인연으로 홍 교수님께서 "함께 학교 일을 해보자"라고 제안하신 것이었습니다.

얼마 지나지 않아 또 다른 제안이 들어왔습니다. 저를 사회학과에 진학하도록 권유해주셨던 고등학교 은사님이 계셨는데, 그분은 문리대 정치학과 출신으로 성균관대학교 교수로 재직 중이셨습니다. 이분의 이웃이 서울대학교 상과대학 학장으로 계셨고, 두 분이 자주 만나 저에 관한 이야기를 나누셨던 모양입니다. 그 학장께서 하루는 제게 전화를 걸어, "김 선생, 상과대학으로 오십시오. 당신이 산업사회학을 한다고 들었습니다"라고 말씀하셨습니다. 당시 저는 1965년에 번역 출간한 책 『경제사회학』으로 어느 정도 주목을 받고 있었습니다. 이 책은 MIT의 경제학자 에버렛 E. 헤이건(Everett E. Hagen)의 저서 『사회변동 이론(On the Theory of Social Change)』을 번역한 것으로, 경제 성장의 원인을 사회학, 인류학, 정신분석학 등 다양한 학문 이론을 통해 탐구한 학제적 연구서였습니다. 서울대 학장께서 이 책을 보셨고, 경제사회학과 산업사회학을 함께 연구하는 저를 상과대학에 꼭 필요한 인재라고 판단하신 것이었습니다. 이로써 두 군데에서 제안이 온 셈입니다.

그런데 뜻밖에도 또 하나의 제안이 들어왔습니다. 제 형님은 사범대학 교육과를 졸업하시고 이화여자대학교 교수로 재직 중이셨 는데, 형님의 선배이자 당시 연세대학교 문과대학 학장이셨던 분 께서 제 이야기를 들으시고 관심을 가지셨습니다. 당시 기독교계에 서는 제가 젊은 학자로서 열심히 활동하고 있다는 평이 퍼져 있었 던 터라, 소문이 전달된 듯합니다. 그 학장께서 직접 전화를 주셔서 "연세대학교에 와서 사회학과를 만들어주십시오"라고 말씀하셨습 니다. 당시 연세대에는 사회학과가 아직 없었습니다. 제가 "조만간 미국 유학을 가게 되어 있습니다"라고 말씀드리자, 학장께서는 "우 리가 미국 유학 보내드리고, 부교수 직책과 학과장을 드리겠습니다. 오십시오"라고 제안하셨습니다. 당시로서는 매우 파격적인 제안이 었습니다. 이렇게 고려대, 서울대, 연세대 세 곳에서 제안이 들어왔 습니다.

당시 연세대 총장은 박대선 박사님이셨고, 제 고등학교 친구의 형님이기도 하셨기 때문에 저와도 잘 아는 사이였습니다. 연세대 문과대 학장님께서 "총장님과 면담 일정을 정해두었으니, 정해진 날 나와주십시오"라고 하셨고, 면담 약속이 잡힌 상태였습니다. 그 런데 하루는 제가 서울대 문리대 인구연구소에서 이해영 선생님을 도와 연구를 하고 있었는데, 선생님께서 갑자기 제게 "김 선생, 나 와 함께 가십시다"라고 말씀하셨습니다. 어디로 가느냐고 여쭤보니 "문리대 학장실로 갑니다"라고 하셨습니다. 그렇게 학장실에 도착 해 이런저런 대화를 나누시던 중, 이해영 선생님께서 학장님께 "오늘 김 선생을 데리고 왔습니다. 사회학과 전임으로 쓰십시오. 자리를 하나 주십시오"라고 말씀하신 것입니다.

사실 바로 다음 날 연세대학교 총장실에서 면담이 예정되어 있었기 때문에 제 입장에서는 매우 곤혹스러운 상황이었습니다. 하지만 모교의 은사님이신 이해영 선생님의 요청을 거절할 수는 없었습니다.

결국, 네 곳에서 거의 동시에 러브콜을 받는 행운 속에서도, 저는 서울대학교 사회학과로 진로를 정하게 되었습니다. 당시 조건은 조교수에서 전임강사로 직급이 낮아지는 것이었지만, 사회학과 신설 초기였던 만큼 인력난이 심각했고, 제가 학술 활동을 활발히 해오며 논문과 저서를 발표해왔다는 점에서, 과분한 제안을 받을 수 있었던 것이 아닌가 생각합니다.

개발의 시대를 살아온 지식인의 기여

이 이야기는 웃어넘길 일화일 뿐이고, 이제는 역사의 맥락을 중심으로 지난날을 되짚어보고자 합니다. 저는 지금 만 87세입니다만, 우리 세대가 살아온 삶에 주어진 역사적 맥락이 우리의 삶을 어떻게 좌우했는지 되돌아보아야 하겠습니다.

저는 일제강점기에 태어났습니다. 초등학교 2학년까지 일제강점기입니다. 일본어로 공부를 시작했습니다. 사람들 대부분이 가난하게, 억압 속에서, 무엇이 뭔지도 모른 채 살아가던 시절이었습니다. 국사는 한참 뒤에야 접하게 되었고, 도요토미 히데요시가 위대한 인물이라는 이야기를 실컷 들으며 자랐습니다. 당시 어떤 성격의 교육을 받았는지에 대해서도 참고로 말씀드리고 싶습니다.

북한과 일본이 왜 비슷해졌는지, 그리고 북한이 왜 일본을 본뜬 것인지에 대해 말씀드리려 합니다. 일본에서는 천황이라는 제도가 지금도 그 나라의 발전을 발목 잡고 있습니다. 일본은 천황제만 제외한다면 상당한 발전 잠재력을 가진 나라입니다. 그러나 천황이라는 존재 때문에 국민이 거기에 얽매여 어려움을 겪고 있는 것이지요. 물론 그 제도를 일본의 정체성 중심으로 받아들이며, 자긍심을 갖고 살아가고는 있습니다.

일제강점기에 우리가 어떤 교육을 받았는지를 보면, 주말에도 집에서 쉬지 못하고 동원되어 초등학생들이 산에 가서 솔방울을 땄습니다. 솔방울 안에는 기름을 짤 수 있는 알맹이가 있었는데, 이것을 비행기, 자동차, 탱크 등 전쟁에 필요한 유류로 쓰기 위해서였습니다. 연료조차 부족한 형편이었기 때문입니다.

저보다 다섯 살 위인 형님은 제가 초등 2학년일 무렵이면 중학교에 진학했을 시기인데, 그 시절 주말이면 공사장에 가서 비행장을 닦는 노동 봉사를 했습니다. 이처럼 우리는 일제강점기의 어려운 시절을 그렇게 보냈습니다. 초등학교 2학년 정도면 겨우 8~9세일 텐데, 친구들끼리 모이면 "가미카제 애들 정말 대단하다. 우리도 열다섯 살이 되면 가미카제에 자원하자. 경비행기에 폭탄을 싣고 미국 군함에 돌격하자"라는 이야기를 주고받았습니다.

이것이 무엇이겠습니까? 세뇌입니다. 교육이 그렇게 되어 있었던 것입니다. 가르쳐주지 않으면 어떻게 알겠습니까? 우리가 늘 보고 듣는 것이 전쟁 관련 내용이었으니까요. 청소년이 가미카제에 자원하자고 이야기하는 상황 자체가 세뇌의 결과입니다. 북한도 바로 그런 방식으로 통치하고 있는 것이지요. 어릴 때부터 주입된 교육이 그런 결과를 낳는 것입니다.

지금도 북한에서는 식사할 때 어린아이들이 손을 잡고 "위대한 수령님, 은혜에 감사합니다. 이 음식을 주셔서 감사합니다"라고 기도하고 식사한다고 하지요. 저희는 바로 그런 시대에 유년기를 보냈습니다.

그리고 중년에 접어들었습니다. 제 나이 대략 30대부터 50대까지가 이른바 '개발의 시대'였습니다. 그 시기는 마치 천지개벽이 시작되는 듯했습니다. 최근 며칠 전 일이 있어 동탄에 들렀는데, 예전 기억이 떠올랐습니다. 1970~1980년대에 제가 학교에서 직책을 맡고 있을 당시에는 기업체 사장들과 골프를 치거나 기흥 쪽으로 갈 일이 종종 있었습니다. 당시 화성시에서 기흥을 지나 동탄에 이르면 온통 들판뿐이었습니다.

그런데 지금은 어떻습니까. 높은 아파트 건물들이 들어서 있고, 도로는 넓고, 아이들이 가득합니다. 요즘 대부분의 동네에서는 아이들을 찾아보기 어려운데, 그곳에는 아이들이 어머니 손을 잡고 다니는 모습이 흔하게 보입니다. 저는 이런 변화야말로 '천지개벽'이라고 생각합니다.

우리는 이러한 변화를 청년기를 지나 중년으로 접어들면서 직접 목격하게 되었고, 세상이 완전히 바뀌기 시작했습니다. 그리고 어떻게 보면, '우리도 여기에 기여했구나' 하는 긍지를 느끼게 됩니다. 우리가 살던 곳이 어느 날 갑자기 그렇게 바뀐 것은 결코 저절로 이루어진 일이 아니었습니다. 분명 누군가의 노력과 기여가 있었을 것입니다. 저는 바로 그 점을 계속 탐구하고 있습니다. 이 변화는 왜 일어났는가, 근대화는 왜 시작되었는가?

여기서 중요한 질문은 두 가지입니다. 근대화가 일어났는가, 그리고 발전되고 있는가? 근대화는 하나의 역사적 현실이고, 발전은 어떤 가치를 향해 나아가는 변화이므로, 이 둘은 분명히 구분해서 보아야 합니다. 이 두 개념은 같을 수도 있지만 다를 수도 있기 때문입니다.

그렇다면 근대화는 무엇입니까? 우리는 왜 근대화를 하면서 경제 개발을 핵심 가치로 삼고, 거기에 모든 역량을 집중하며 살았는지를 물어야 합니다. 사회학자의 입장에서 보면, 『선비문화의 빛과 그림자』라는 책에서도 설명하듯, 모든 사안에는 음과 양, 즉 양면성이 존재합니다. 저는 두 해 전에 『사회적 가치』라는 책을 썼는데, 그 핵심 관점 역시 음양 변증법입니다. 더불어 문명사적 접근도 병행하고 있으며, 이에 대한 설명은 나중에 그림을 함께 하겠습니다.

우선, 국가는 근대화를 목표로 설정했습니다. 그 배경에는 다양한 이론이 외부에서 유입되었고, 우리 같은 학자들이 그 이론을 확산시켰으며, 공부한 사람들이 관료가 되어 정책을 수립하게 되었습니다. 이것이 하나의 사회가 작동하는 동력입니다.

그럼 제가 근대화에 직접 어떤 기여를 했느냐고 묻는다면, "글쎄요, 딱히 한 것은 없는데요"라고 말할 수 있겠습니다. 그러나 결국 교육을 통해 기여한 셈입니다. 교육을 통해 지식이 확산되고, 사회에 영향을 미치기 때문입니다. 저는 고시문제위원회에도 여러 번 참여했는데, 제가 쓴 책 가운데 특히 많이 읽힌 것이 1978년에 출간된 『현대사회학』이라는 사회학 개론서와, 『사회조사연구방법: 사회연구의 논리와 기법』입니다.

이러한 교육 활동이 어떤 결과를 가져왔는지를 제가 정확히 알 수는 없습니다. 다만, 관료들이 어떻게 그런 생각을 하게 되었는지 구체적인 경로는 알 수 없어도, 어느 모임에서 처음 만난 분들과 인사를 나누면 "선생님, 제가 그 개론서로 공부해서 시험을 봤습니다"라고 말하는 분들을 종종 만납니다. 『사회조사연구방법』은 처음에는 부부 공동 저자로, 나중에는 세 딸 중 한 명까지 함께 공저자로 참여하게 되었습니다. "그 조사 방법 책으로 공부해서 고시에 합격했습니다"라는 인사를 받을 때면, 저로서는 매우 감사하고 영광스럽게 느낍니다.

그분들께서 공부한 기억을 갖고 저자를 만나 감사 인사를 전하는 그 모습은, 제가 살아온 삶의 역할이 무엇이었는지를 돌아보게 합니다. 저 자신은 대단한 삶을 살지 않았지만, 무언가 의미 있는 일을 해왔다는 보람을 진하게 느끼며 살아갑니다. 지금도 이렇게 두꺼운 책을 쓰느라 땀을 흘리고 있지만, 그것이 단지 몇 권 팔아서 돈을 벌기 위한 것이 아닙니다. 누군가가 이 책을 통해 깨달음을 얻고, 자신의 일을 하는 데 참고하고, 중요한 지침으로 삼는다면, 그 자체로 의미가 있다고 생각합니다. 이처럼 우리는 중간 단계를 그렇게 살아왔습니다. 그리고 이 시기 동안 우리 사회는 분명히 무언가 중요한 일을 해왔던 것입니다. 그러면 이 시기, 즉 개발 시대에 우리 사회는 무엇을 했느냐 하는 점을 살펴볼 수 있습니다.

동양과 서양의 근대화를 해석

우선, '근대화'라는 개념 자체의 의미부터 짚어보겠습니다. 사람마다 여러 방식으로 개념을 세우지만, 저는 늘 제 나름대로 정의합니다. 특정 학파나 학자의 이론을 그대로 따르기보다는, 제 방식대로 정리해왔습니다. 그렇다면 근대화란 무엇일까요? 근대화는 서양, 특히 서유럽의 영국, 네덜란드, 덴마크, 벨기에 같은 소규모 국가들에서 시작된 것이 사실입니다.

그 시작의 배경에는 중세기의 수도원이 큰 역할을 하였습니다.

수도원에는 할 일이 없는 젊은이들이 생물학을 공부하거나 기구를 만들어 실험하기도 하였습니다. 이들이 바로 당시의 지식인이었습니다. 비단 수도사뿐만 아니라, 그런 분위기 속에서 갈릴레오나 코페르니쿠스 같은 인물도 등장한 것입니다. 이렇듯 지식이 점차 축적되었고, 유럽 사회는 변화하기 시작합니다. 그런데 이 변화에 자극을 준 것은 바로 동양이었습니다.

당시에는 동양 문명이 서양보다 훨씬 앞서 있었습니다. 문명사적으로 볼 때, 대부분의 발명이 중국에서 비롯되었고, 인도와 이란, 아라비아 지역도 나름의 뛰어난 문명을 보유하고 있었습니다. 이집트 역시 마찬가지였으나, 자주 쇠퇴하고 멸망하였습니다. 유럽인들은 십자군 전쟁을 통해 기독교의 이름으로 폭력을 행사하며 이슬람 지역을 침공하다가 동양 문명과 접하게 되었습니다.

그제야 그들은 자신들이 미처 상상하지 못한 별천지를 목격하게 되었고, 이를 전파한 인물이 바로 마르코 폴로와 같은 이들이었습니다. 당시 서양 사회는 봉건주의 체제하에 있었고, 귀족들끼리 영토를 더 확보하기 위해 항상 다투었습니다. 귀족들은 부유하게 살았지만, 평민은 억눌린 삶을 살며 기독교라는 종교 아래에서 위안을 얻고 있었습니다. 기독교는 점차 권위주의적인 종교로 변하여, 관료주의적 성격으로 세계를 지배하려 하였습니다. 그런 서양이 동양의 이질적인 문명을 접하게 되자, 정신이 번쩍 들 수밖에 없었습니다.

이후, 새로운 문명을 어떻게 받아들일 것인가가 각국의 미래를 좌우하게 되었습니다. 이 시점에서 의문이 생깁니다. '그렇다면 동양은 왜 근대화를 이루지 못했는가?' 이미 높은 수준의 문명을 이룩했는데도 말입니다. 그 이유는 서양이 봉건주의 사회였던 것과 관련이 있습니다. 봉건 사회는 분권적 구조로서, 권력과 자원이 여러 세력 간에 나뉘어 있습니다. 그러다 보니 각 세력은 더 많은 것을 차지하고자 경쟁하게 되고, 이는 곧 무사 계층의 지배를 초래하였습니다.

이러한 경쟁 환경 속에서 지식인들이 활약할 여지가 생겼습니다. 예를 들어 어떤 영주에게 참신한 아이디어를 제안하면, 어떤 영주는 이를 거부하지만, 또 다른 영주는 시도해보기도 합니다. 이렇게 자연스럽게 경쟁이 조장되며, 분권화된 사회는 활력 있게 변화를 수용할 수 있게 됩니다.

일본이 서양과 처음 마주했을 때 빠르게 변모할 수 있었던 것도 봉건 사회였기 때문입니다. 이는 경쟁 본능을 자극하는 구조였기에 빠르게 적응할 수 있었던 것입니다. 반면, 중국과 같은 대국은 영토도 넓고 자원도 풍부하여 굳이 경쟁할 필요가 없었습니다. 중앙집권 체제에서는 지방 호족이나 외세(예: 몽골)의 침입에 취약하였고, 내부적으로 근본적인 혁신이 일어나기 어려웠습니다. 이러한 이유로 서양이 근대화를 먼저 이룩하게 되었습니다.

자본주의 역시 이러한 변화 속에서 태동하게 됩니다. 흥미로운 사실은, 본래 자본주의적 성향이 가장 강한 곳은 중국이었습니다. 돈을 잘 버는 민족이 중국인이고, 그다음이 인도인이라 할 수 있습니다. 미국에 가보면 중국계가 성공한 경우가 많고, 여행 도중 머문 모텔의 주인이 인도계인 경우도 많습니다. 이러한 장사 기질이 강한 민족임에도, 중앙집권적 구조에서는 경쟁이 불가능하여 자본주의적 발전이 제약받았던 것입니다.

반면, 서양은 자본주의를 합리적으로 운용하며 경쟁을 제도화하였습니다. 특히 기술과 결합되면서 비약적으로 성장하였습니다. 그러나 자본주의에는 시장이 필요합니다. 영국이나 네덜란드 같은 작은 나라는 자국 시장만으로는 한계가 있으므로, 외부에 시장을 개척해야 했습니다. 항해술 등의 기술력을 바탕으로, 군인과 종교인을 태워 아프리카나 대서양 너머로 나아간 것입니다. 인도를 향해 출발했다가 아메리카 대륙을 발견하는 등의 과정에서 자원을 확보하고 시장을 확장했습니다. 이것이 바로 근대화의 시작입니다.

이러한 경제적 팽창은 정치와 결합되며 식민지화를 유도하였고, 제국주의가 등장하게 되었습니다. 자본주의는 제국주의와 함께 확산되었으며, 근대화란 그런 과정을 통해 세계로 퍼져나갔습니다.

그렇다면 근대화를 하지 못했던 국가들은 어떻게 되었을까요? 외부에서 무기, 아편, 새로운 상품 등 온갖 문물이 밀려들었고, 이에 대처하기 위해 수용하거나 저항해야 했습니다. 하지만 무기력한 현실 속에서 후발국들은 일방적으로 서양 문물을 받아들일 수밖에 없었습니다. 이 현상을 설명하기 위해 제가 정리한 이론이 있습니다.

서양이 시작한 문명 전파, 즉 '국제적 문화 이식(international acculturation)'을 한국어로는 '문화 접변'이라 합니다. 문화 접변이란 두 문화가 충돌하면서 양측이 서로 영향을 주고받아 변형되는 과정을 의미합니다. 그렇다면 이에 어떻게 대응할 것인지에 따라 미래가 달라집니다. 선택지는 두 가지입니다. 하나는 정치적 선택이고, 다른 하나는 문화적 선택입니다.

정치적 선택은 통치자들이 외래 문물을 수용할지 여부를 결정하는 것입니다. 이를 바탕으로 국가 차원의 실행이 이루어지며, 어떤 요소를 받아들이고 어떤 것을 거부할 것인가는 그 사회의 문화가 판단 기준이 됩니다. 즉, 전통적 요소를 일부 버리고 새로운 것을 수용하되, 여러 요소 중 선택적으로 수용하는 것입니다. 이것이 근대화의 핵심입니다.

초기 미국 학계에서는 '수렴론'이라는 개념을 제시하였습니다. 이는 후발국이 서구 문화를 수용함으로써 결국은 서구와 유사해질 것이라는 이론입니다. 실제로 어느 정도 비슷해지기는 하지만, 결코 완전히 같아지지는 않습니다. 수용하는 쪽이 주체적으로 선택과 적응을 했기 때문입니다. 이를 저는 '적응적 변동(adaptive transformation)'이라고 부릅니다. 이러한 적응과 선택이 모여 근대화를 이루게 되는 것입니다.

이제 이 이론 틀을 바탕으로 우리나라의 근대화를 간략히 정리해보겠습니다. 우리는 공업화를 전략으로 선택하였습니다. 농업 국가였던 우리나라는 농업을 기반으로 한 근대화도 가능했으나, 당시 정치적 선택은 공업화였습니다. 그러나 준비가 되어 있지 않았으므로, 인적·물적 자원을 동원해야 했습니다.

공업화를 위해서는 우선 공장을 운영할 인재와 기업인이 필요하였습니다. 또한, 자본이 부족했기에 국민의 저축을 독려하였고, 실제로 우리 국민은 저축을 열심히 하였습니다. 하지만 국내 저축만으로는 한계가 있어 외자를 유치할 수밖에 없었습니다. 그렇게 빚을 지게 되었고, 빚을 갚기 위해서는 생산하여 수출해야 했습니다. 내수 시장만으로는 부족하므로, 수출 중심의 전략이 필연적이었던 것입니다. 그래서 공업화와 수출 중심 전략이 우리 경제의 핵심이 되었습니다.

이때 정주영, 이병철과 같은 뛰어난 기업인들이 동원되었습니다. 5·16 군사정권 초기에는 이들을 부패한 기업인으로 몰아 감옥에 가두었으나, 경제 개발이 필요해지자 이들을 다시 불러 협력하게 하였습니다. 국가는 자금을 끌어오고, 기업은 사업을 추진하는 방식으로 국가와 민간이 협력하여 경제 개발이 추진되었습니다.

이 과정에서 우리는 '리더십'을 주목해야 합니다. 근대화는 외부의 아이디어를 선별적으로 수용하여 우리 방식으로 전개해 나가는 과정이며, 그 과정에는 정치적 선택과 문화적 선택이 필연적으로 개입됩니다. 이때 지도자의 존재 없이는 논의 자체가 불가능합니다. 정부 측에서는 박정희 대통령이라는 특출한 인물이 있었고, 기업 부문에서는 앞서 언급한 뛰어난 기업인들이 있었습니다. 물론 이들이 모든 것을 이룬 것은 아니지만, 이러한 리더십이 있었기에 주변의 유능한 인재들과 국민의 적극적인 참여가 가능했던 것입니다. 결국, 리더십은 가장 핵심적인 요소라 할 수 있습니다.

한국인의 우수성, 그리고 한, 체면, 명분

사실 우리나라 사람들은 매우 유능한 민족입니다. 이는 세계적으로도 인정받는 사실입니다. 요즘에야 그런 인정을 받는 것이 당연하다고 생각할 수도 있겠지만, 이미 19세기에도 그와 같은 평가가 있었습니다.

19세기는 우리나라가 어려움을 겪고 있던 시기였습니다. 무능한 왕은 엉뚱한 정책을 펼쳤고, 나라가 붕괴될 지경에 이르렀으며, 이른바 상층부에 있는 귀족들은 특권을 독점하며 부패해 나라를 형편없는 상태로 만들고 있었습니다. 당시 일본 학자들이 일본 사회와 일본인을 연구하며 쓴 책들이 있는데, 근대화와 유교의 관계를 다룬 저서에서 저도 그런 책들을 참고하였습니다. 그중에는 서양인이 동아시아를 방문하여 한·중·일 3국을 비교한 기록도 있습니다.

그 기록에 따르면, 처음 조선을 방문했을 때 조선인은 게으르고 지저분하며 무능하고 무기력하다는 이야기를 들었으나, 실제로 접해보니 조선 사람들은 매우 유능하고 부지런하며 깨끗하게 사는 사람들이었다고 합니다. 흰옷을 입고 지저분하게 살 수는 없었기 때문이겠지요. 자원이 부족하고 외세에 빼앗긴 것도 많았으며, 모든 국민이 가난했지만, 그 가운데서도 열심히 살아가는 모습을 보였다고 합니다. 그런 평가는 이미 오래전부터 존재해왔던 것입니다. 보는 사람에 따라 표현 방식은 다르지만, 결코 조선인이 무능하거나 형편없는 사람이라는 평가는 아니었습니다. 서양인들 역시 이를 체감하였던 것입니다.

문제는 서양인들이 지도자들과 접촉했을 때, 그 지도자들이 무능하고 고집이 세며 부패하였다는 점이었습니다. 세계 정세에 어두운 이 지도자들로 인해 나라가 쇠망했다고 평가한 것입니다. 그들은 조선을 다음과 같이 표현하였습니다. 머리, 즉 왕, 통치자는 기능을 못 하고 있었고, 몸통인 귀족과 관료 계층도 썩어 있었으며, 다리인 백성은 휘청거려 어디로 가야 할지 모르는 상태였다고 했습니다. 조선은 지금 쓰러지고 있는 나라라는 평가를 한 것입니다. 이러한 내용은 제가 집필한 책에서도 언급하였습니다.

또한, 한국인의 성정 가운데 중요한 점은, 남에게 지는 것을 참지 못한다는 것입니다. 이는 경쟁심이 강하다는 의미이기도 하지만, 시기심이 많다는 뜻이기도 합니다. 이를 나타내는 말로 "사촌이 논을 사면 배가 아프다"라는 속담이 있습니다. 이처럼 지기 싫어하는 성정은 매우 중요한 특성입니다. 따라서 이들에게 적절한 자극을 주면, 반드시 이기려고 노력하게 만들 수 있습니다.

두 번째로, 최근에 한 영국 기자 출신 저술가가 한국인을 세계에서 가장 기가 센 국민이라고 지적한 자료가 있습니다. 자세히 설명할 수는 없지만, 그가 제시한 몇 가지 사례를 소개해 보겠습니다.

그는 한국인이 자기보다 약한 사람들에게는 '사람들'이라고 부르지만, 자기보다 강하다고 느끼는 나라 사람들에게는 '뙤놈', '왜놈' 등 '놈' 자를 붙여서 표현한다고 하였습니다. '놈'이라는 표현은 '도둑놈', '쌍놈'처럼 상대를 하대하거나 부정적으로 지칭할 때 사용하는 말이므로, 이것만 보아도 한국인의 정서가 어떠한지를 짐작할 수 있습니다.

우리 역사를 보면, 약 4000년의 세월 동안 외침을 963회나 받았다는 통계가 있습니다. 그럼에도 불구하고 일제강점기 36년을 제외하면 한 번도 나라가 완전히 멸망한 적은 없습니다. 전쟁이 일어날 때마다 정규군뿐만 아니라 의병, 승병(스님이 참여한 군), 행주산성에서의 여성들, 진주의 논개와 같은 기생 등 온 백성이 들고일어나 저항하였습니다. 일제강점기 36년 동안에도 끊임없이 독립운동이 이어졌는데, 이처럼 끈질기게 항거한 예는 세계적으로도 보기 드문 사례입니다.

흥미로운 사례 중 하나는 풍수지리에 관한 것입니다. '브린'이라는 저술가는 한국인이 기가 센 이유를, 중국은 평지가 넓고 지형이 펼쳐져 있는 데 비해 우리나라는 국토가 좁고 험준한 산이 많기 때문이라고 설명합니다. 일본도 산이 많긴 하지만, 거기에는 지진과 화산 같은 천재지변이 많아 사람들이 기를 펴기 어렵다고 해석하기도 했습니다.

셋째로, 저는 한국의 근대화를 설명할 때 늘 '한(恨)'이라는 개념을 중요하게 언급합니다. '한 많은 나라, 한 많은 사람들', 즉 우리 국민은 '한'을 지닌 민족이라는 것입니다. 우리 민족이 오늘날에 이르게 된 배경을 설명하는 데 있어 '한'만큼 적절한 개념도 드뭅니다.

왜 그런가 하면, 우리나라는 앞서 언급한 바와 같이 역사적으로 약소국으로서 외세의 침략을 자주 받아왔고, 결국 왜놈이라고 부르던 일본에게 나라를 빼앗기고 36년 동안 식민 지배를 받았습니다. 이러한 역사적 상처는 이루 말할 수 없을 정도입니다. 그래서 이 '한'이라는 감정이 국민 전체에 깊이 자리하고 있다고 볼 수 있습니다.

게다가 조선 시대의 양반들은 사람을 마치 물건 다루듯 대하고, 자신들끼리 권력을 나누어 가지며 백성들을 착취하였습니다. 정약용 선생의 예를 들어보면, 그분도 얼마나 많은 '한'을 간직하고 있었는지를 엿볼 수 있습니다. 정약용은 뛰어난 인재로서 정조 임금의 총애를 받으며 관직에서 활약하였으나, 당쟁으로 인해 모함을 받아 무려 18년간 유배 생활을 해야 했습니다. 유배지에서도 그는 수많은 저서를 집필하였고, 한시만 해도 2,000수에 이를 정도가 남겨졌습니다.

그의 시 중 하나는 여성 앞에서 말하기엔 다소 민망한 내용을 담고 있지만, 요지만 간단히 소개하겠습니다. 정약용은 암행어사로 임명되어 각지를 돌아다닌 바 있으며, 강진 유배 중에도 시골 지역을 돌아다니며 민생을 관찰하였습니다. 그런 체험이 시로 나타났는데, 그중 한 편은 다음과 같습니다.

한 아낙네가 손에 피가 흐르는 물건을 들고 관청에 찾아가서 읍소합니다. "사또님, 세상에 이럴 수가 있습니까. 저희 집에 있는 것이라곤 모두 가져가고, 송아지와 닭까지 다 빼앗아 갔습니다. 이제 남은 것이 아무것도 없습니다. 그런데 아전 중 한 명이 와서 '식구가 몇 명이냐?'고 묻고는 세금을 더 부과하겠다고 합니다. 그러더니 저의 불러온 배를 가리키며 '저 안에도 한 명 더 있군' 하며 아직 태어나지도 않은 아이 세금까지 매겼습니다. 이 이야기를 들은 남편은 '차라리 이 아이가 없었더라면 이런 일을 겪지 않았을 텐데' 하며 분개했고 부엌에 들어가 스스로 생식기를 자르고 말았습니다." 그 자른 생식기를 들고 아내가 관청으로 가서, "세상에 이런 억울한 일이 어디 있느냐"며 탄식하였다고 합니다.

이러한 참담한 이야기는 정약용이 직접 남긴 시에서 확인할 수 있으며, 조선 사회가 얼마나 부패하였는지를 잘 보여줍니다. 이처럼 맺힌 '한'은 우리 민족 전체에 내재되어 있다고 볼 수 있습니다.

그렇다면 이 '한'을 어떻게 해소할 수 있을까요? 바로 '한풀이'를 해야 합니다. 요즘 같으면 한을 풀기 위해 폭력적인 수단을 사용하는 경우도 있겠지만, 제가 주장하는 이론은 한풀이에도 양면이 존재한다는 것입니다.

한을 제대로 해소하지 못하고 부정적인 방향으로 나아가면 타인을 해치거나 스스로 생을 마감하는 방식으로 나타날 수 있습니다. 그러나 긍정적으로 한을 해소한다면, 그 에너지를 생산적으로 전환할 수 있습니다. 예를 들어, 한이 맺힌 사람이 '이왕 이렇게 된 거, 열심히 공부해서 과거에 급제하자'는 마음을 먹는다면, 그것이야말로 올바른 한풀이입니다.

이러한 한풀이가 가능하려면, 이를 가능케 하는 '장'이 있어야 합니다. 즉, 사회가 그런 기회를 제공해야 한다는 것입니다. 조선 시대에는 시험을 봐서 급제하더라도 실제로 관직을 얻는 경우는 제한적이었기 때문에, 급제 후에도 유유자적한 삶을 살던 선비들이 많았습니다. 다만 그중에서도 고향으로 돌아가 아이들을 가르치며 살아가는 사람들도 있었습니다.

이러한 한풀이의 가능성을 사회적으로 열어주었던 사례가 바로 근현대사에서 박정희 전 대통령이 이끈 산업화 시기입니다. 박정희는 군 출신 정치인으로서 여러 조언을 듣고 쿠데타를 통해 권력을 잡은 뒤, 자기 나름의 방식으로 나라를 일으켜 보겠다며 노력을 하였습니다. 그 가운데 한 가지 방법이 바로 국민에게 '한풀이의 장'을 열어준 것이었습니다.

"잘살아 보자!" 이 구호가 제시되자, 사람들은 비로소 잘살 수 있다는 희망을 가지게 되었습니다. 실제로 일자리도 점점 생겨났습니다. 그리하여 1970년대 초에는 '새마을운동'이 시작됩니다.

이미 공업화는 1960년대 초반부터 진행되었고, 이에 따라 농업은 상대적으로 뒤처질 수밖에 없었습니다. 농촌이 점점 피폐해지자, 이번에는 농촌을 살리자는 목표로 새마을운동이 시작된 것입니다. 그리고 이 운동은 내부 조직을 자치적으로 운영하도록 유도하면서 일종의 '풀뿌리 민주주의' 훈련으로도 기능했습니다.

오늘날 아프리카나 아시아의 일부 개발도상국에서는 이 새마을운동을 시행해 보려는 시도들이 있습니다. 긍정적인 시각에서 보면, 새마을운동은 그러한 점에서 의미를 가집니다. 물론 이 운동이 정치적으로 이용되기도 했지만, 그런 점은 별도로 평가해야 할 문제입니다.

중요한 점은, 이와 같은 새마을운동이 '한풀이'의 장이 되었다는 사실입니다. 그리고 사람들이 단순히 한풀이만 한다고 해서 되는 것이 아니라, 한국인은 유능한 사람들이기 때문에 한 번 동기가 부여되면 정말 열심히 합니다. 즉, 모티베이션(동기부여)과 인센티브(유인책)만 주어지면 놀라운 성과를 발휘하는 특성이 있습니다.

이러한 특징은 제가 직접 연구한 자료들에서도 확인할 수 있습니다. 제 아내인 이 교수는 코넬대학교에서 석사 논문을 작성할 당시, 부모의 육아 방식에 관한 비교 연구를 수행하였습니다. 이는 탈코트 파슨스 교수의 제자에게서 배운 내용을 바탕으로 한 연구였으며, 세계 여러 나라 부모들이 자녀에게 어떤 방식으로 동기를 부여하는지를 조사한 것이었습니다. 그 결과, 한국 부모들이 자녀에게 동기를 가장 잘 부여하는 것으로 나타났습니다. 모티베이션 점수가 가장 높게 나온 것입니다.

저 역시 노사관계에 대한 연구에서 한국 근로자의 모티베이션을 분석한 바 있는데, 미국, 일본, 인도 등과의 비교 연구에서도 한국이 가장 높은 수치를 보였습니다. 결국 '한풀이'란, 곧 '동기부여'가 있어야 가능하다는 말이 됩니다. 그리고 한국인은 한 번 동기를 부여받고 인센티브가 주어지면 반드시 해내는 민족입니다.

물론 모든 나라 사람들이 다 그렇지는 않습니다. 다른 나라 사람들이라고 해서, 단순히 동기만 준다고 모두 열심히 하는 것은 아니니까요. 이것이 바로 한국인의 특성이자 강점이라 할 수 있습니다.

또한, 제가 주목해온 개념들 가운데 '체면'과 '명분'이라는 것도 있습니다. 예를 들어, '저 사람도 저렇게 하는데, 내가 못 할 이유가 뭐가 있나?' 또는 '우리 집안 체면이 있지, 이렇게 뒤처질 수는 없다'라는 식의 심리가 작용하는 것입니다. 이러한 문화적 개념을 끄집어내어 이론화하는 것이 바로 제가 주장한 근대화 이론의 핵심이기도 합니다.

외국 학자의 이론을 단순히 가져와 그것에 맞춰 설명하는 방식은 제가 지향하지 않았습니다. "이 학자가 이런 말을 했으니 한국도 현대화되었다"는 식이 아니라, "우리는 우리 나름의 방식으로 근대화했고, 그 배경에는 이러한 요인이 있었다"는 식으로 이론을 전개한 것입니다.

이러한 관점을 저는 '학문의 문화적 독자성', 즉 '문화적 독립'이라 부릅니다. 저는 외국에서 공부했고, 외국 학문의 영향을 받은 것도 사실입니다. 하지만 그것을 그대로 암기하여 학생들에게 전달하는 것을 과연 학문이라고 할 수 있을까요? 각 문화는 자기 문화 안에 존재하는 자원을 활용해 이론을 정립하고, 그것으로 자문화의 현상을 설명해내야 가장 설득력 있는 설명이 될 수 있다고 믿습니다.

예를 들어 '한풀이'라는 개념만 해도, 한국 사람들은 금세 고개를 끄덕입니다. 하지만 동남아시아의 다른 나라에서는 그런 말을 잘 하지 않지요. 그러나 우리나라 사람들은 이 한풀이가 잘 이루어지면 '신바람'이 나서 혼신의 힘을 다해 몰입합니다.

동기를 부여하면 반드시 움직이는 민족입니다. 그 결과로 나타나는 현상을 저는 '동원적 사회(mobilizational society)'라고 설명합니다. 정치 지도자나 정부가 "이제 우리 함께 합시다"라고 외치면, 국민이 실제로 행동에 나서는 현상입니다. 예를 들어 IMF 사태 당시, 집에 있던 아이 돌 반지까지 내다 팔아 은행에 가져다주며 달러를 모으는 모습은 외국에서는 찾아보기 힘든 일입니다.

또한, 우리 국민은 조직적으로 움직일 때, 사람 간의 정을 중요하게 여기고, '연고'를 중시합니다. 연고만 잘 활용하면 취직도 쉽게 되고, 연고가 있는 사람들끼리 모여 회사를 꾸리면 일이 잘되고 수익도 따르게 됩니다.

그러나 이러한 연고주의가 지나치면 파벌이 생기고, 이른바 '패거리 문화'로 이어질 수 있습니다. 사실 조선 시대 당쟁도 대부분 이런 연고 중심의 집단화에서 비롯된 것입니다. 요즘 학계에서는 이를 '사회적 자본'이라는 용어로 개념화하기도 합니다. 서양 학자들은 이처럼 추상적인 표현을 좋아하는데, 사실 우리는 굳이 그런 표현을 쓰지 않아도 됩니다. 그냥 '연고'라고 해도 충분히 이해할 수 있는 것입니다.

연고주의가 '온정주의'로 흐르면 또 다른 문제가 생깁니다. 자기편이 아니면 상대하지 않거나, 자신의 집안이 아니면 도와주지 않는 풍조가 바로 그 예입니다. 이런 온정주의가 지나치게 작동하면 사회 전반에 폐단이 생기기도 합니다.

하지만 제가 앞서 말씀드렸듯이, 모든 것에는 양면이 있습니다. 부정적인 면이 있더라도, 긍정적인 방향으로 작동할 수 있도록 모티베이션만 잘 부여하면, 우리 국민은 언제든지 해낼 수 있는 역량을 가지고 있습니다. 저는 이와 같은 설명을 지금까지 꾸준히 해오고 있습니다.

그렇다고 하여, 우리 사회가 이미 모든 문제를 극복한 것은 아닙니다. 여전히 극복하고 개선해야 할 부분이 많다는 사실도 반드시 짚고 넘어가야 합니다. 그래야 앞으로의 세대에게도 의미 있는 교훈이 될 수 있으니까요.

그와 관련하여 하나의 실례를 말씀드리겠습니다. 1996년, 국제사회학회가 주최한 동아시아 사회학의 진로에 관한 회의가 서울대학교 호암교수회관에서 열렸습니다. 이 회의에는 세계적으로 유명한 사회학자 임마누엘 월러스틴(Immanuel Wallerstein) 교수가 참석하였습니다. 이 분은 세계 체계 이론으로 잘 알려진 학자입니다.

이런 국제회의에서는 관례적으로 '기조 강연(keynote lecture)'을 두 사람이 맡게 됩니다. 한 사람은 초청된 외국의 VIP 학자이고, 다른 한 사람은 개최국의 대표 학자입니다. 주최 측에서는 저에게 국내 대표로 기조 강연을 맡아달라고 요청하였고, 저는 이를 수락하였습니다. 당시 제가 발표한 주제는 '학문의 문화적 독자성(Cultural Independence of Scholarship)'이었습니다. 월러스틴 교수의 시각에서는, '아, 이 사람이 세계 체계의 주변부에 속해 있던 나라에서 이제는 독립적인 학문을 하겠다고 선언하는구나' 하고 받아들였을지도 모릅니다.

그런데 이 회의에서 매우 아쉬운 일이 있었습니다. 언론사 기자들과 카메라맨들이 강연장을 가득 메우고 있었습니다. 월러스틴 교수의 기조 강연이 끝나고 박수가 터지자, 그들은 순식간에 카메라와 기자 장비를 챙겨 회의장을 떠나버렸습니다. 그다음 기조 강연은 저였는데 말입니다. 한국의 대표 학자가 이어서 발표를 하는데도 아무런 관심을 보이지 않았던 것입니다. 이는 분명한 결례였습니다.

이 이야기를 드리는 이유는, 이러한 사례가 우리 언론계에서 한두 번 있었던 일이 아니라는 점 때문입니다. 한국 사회에서조차, 우리 스스로 과소평가하고 비하하는 문화가 만연해 있다는 뜻입니다. 아무리 부족하다 해도, 자국 대표 학자의 발표 내용이 무엇인지 확인도 하지 않고 그 자리를 떠나버리는 일은 절대 바람직하지 않습니다. 제가 발표한 내용은 '학문의 독자성'이라는 획기적인 주제였습니다. 이 얼마나 의미 있는 이야기입니까? 언론이라면 마땅히 끝까지 경청하고 취재했어야 했습니다.

저는 이와 같은 경험을 계기로 다시 한번 제 학문적 출발을 되돌아보게 되었습니다. 사실 처음에는 유교에 대한 연구로 학문을 시작하였으나, 이후에는 공업 사회, 산업사회학, 노사관계, 그리고 근대화와 발전이라는 주제로 연구 영역을 넓혀갔습니다.

1970년대에 미국에서 교수 생활을 하던 시기, 우리나라는 중진국 대열에 진입하고 있었습니다. 1970년대 중반쯤에는 1차 산업 중심의 소비재 공업에서 중화학 공업, 석유화학, 자동차 산업 등으로 산업 구조가 전환되면서 한 단계 발전한 것이지요.

이런 상황에서 미국 학계도 한국에 대한 관심을 가지기 시작하였습니다. 같은 학과의 교수들이 "동양에는 유교(Confucianism)나 도교(Taoism) 같은 사상이 있다는데, 그것이 무슨 사상이냐, 또 어떤 영향을 미쳤느냐?"라는 질문을 하곤 했습니다. 그런 질문을 들으며 저는 스스로 돌아보게 되었습니다. '아, 내가 이런 공부를 제대로 하지 못했구나. 원래 이걸 해야 했는데…' 하는 반성이 들었습니다.

그래서 그때부터 미국에 있으면서 유교와 도교에 관한 고전을 다시 읽기 시작했습니다. 그러던 중 1981년, 하와이에서 함께 근무하던 미국 교수와 일본 교수 한 분과의 인연으로 일본에서 열리는 국제 학술대회에 초청받게 되었습니다. 그 일본 교수는 산업경제와 노사관계를 연구하는 분이었습니다. 학술대회는 일본의 '노동연구소'라는 권위 있는 기관에서 주최하는 '아시아 노사관계의 새로운 방향 모색'이라는 주제로 열렸습니다.

그 대회에서 제가 발표한 논문의 제목은 「역경(주역)의 원리에 따른 아시아 노사관계 발전의 방향」이었습니다. 다시 말해, 주역(周易)의 원리를 바탕으로 노사관계를 설명한 것입니다. 이로써 저는 이른바 '한국식 사회학'의 출발을 알렸다고 할 수 있습니다. 그것도 국내에서 혼자 주장한 것이 아니라, 해외에서 국제 학자들 앞에서 발표함으로써 그 첫걸음을 뗀 것이었습니다.

팔괘(八卦)라는 개념이 있습니다. 태극기에도 나오는 건곤감리(乾坤坎離) 같은 도형이지요. 저는 이것을 활용하여 노사관계를 설명하기도 했습니다.

이후 1985년에는 뉴욕에서 열린 '카네기 윤리 및 국제 문제 위원회(Carnegie Council on Ethics and International Affairs)' 주최 회의에 참석하게 되었습니다. 지식사회학의 권위자인 피터 버거(Peter Berger) 교수가 있었는데, 그분은 이 회의를 계기로 저를 알게 되었고, 직접 초청까지 해주셨습니다.

이 모임에서는 1960년대 이후 세계 무대에서 급부상한 동아시아 국가들, 즉 일본, 한국, 대만, 싱가포르가 어떤 차별적 특성(distinctive features)을 가지고 있기에 그러한 성장을 이루었는지를 주제로 다루었습니다. 그 시기는 흔히 '네 마리 호랑이(Four Tigers)' 혹은 '네 마리 용(Four Dragons)'이라는 표현이 유행하던 시기이기도 했습니다.

당시 서구 학자들의 관심은, 근대화를 먼저 이룬 서양 국가들과 비교하여, 이들 동아시아 국가들이 어떤 고유한 특성을 지니고 있었는가에 집중되어 있었습니다. 그 회의에서 저도 한국이 지닌 특성이 무엇인가에 대해 발표하였습니다. 그 자리에서 처음으로 '한', '연고', '체면' 등의 개념을 꺼내어 설명하였습니다. 그것이 바로 국제 학술회의에서의 첫 공식 발표였던 셈입니다.

이때부터 저는 점차 저만의 독자적인 학문 체계를 쌓아가기 시작하였는데, 그중 하나는 유교를 중심으로 한 사상이었으며, 다른 하나는 한국의 문화를 바탕으로 한 이론 구성이었습니다. 저는 이

두 가지 방향에서 '문화적 독립'이라는 주제를 지속적으로 추구해 왔습니다.

이와 같은 흐름 속에서 저는 여러 국제회의에 참여하고, 책도 꾸준히 집필해왔습니다. 그러던 중 2010년, 한국연구재단에서 '우수 학자 지원 사업'이라는 프로그램이 시행되고 있다는 소식을 들었습니다. 당시 배규한 교수가 재단의 사무총장으로 재직 중이었는데, 어느 날 점심 자리에서 제가 이렇게 말했습니다.

"은퇴하고 나니까 연구비를 신청할 데도 없고, 어디서 지원해 주는 기관도 없고, 연구재단 같은 데에서는 뭘 안 하나?"

그랬더니 그가 "제가 한번 알아보겠습니다"라고 하더군요. 이후에 전화를 걸어와서 "선생님, 그 우수 학자 지원 사업은 은퇴하신 분도 신청 가능합니다"라고 알려주었습니다.

그래서 저도 한번 해보겠다고 결심하고 신청서를 제출했습니다. 이 사업의 조건은 반드시 외국어로 집필하고, 해외에서 출판해야 한다는 것이었습니다. 역사학이나 한국 문화 같은 분야는 국내 출판도 허용되지만, 제가 제안한 주제는 영어로 작성하여 해외에 출판해야 했습니다. 그래서 제안서도 영어로 작성하여 제출했습니다.

그랬더니 나중에 배 교수께서 "선생님 제안서가 심사에서 가장 높은 평가를 받았습니다"라며 예상치 못한 칭찬을 전해주었습니다.

그렇게 시작된 작업이 5년 동안 이어졌고, 결국 약 680페이지에 달하는 결과물이 나왔습니다. 이 원고는 영어로 집필하였기 때문에 상당한 노력이 필요했습니다. 주제는 '한국의 근대화와 발전'이었습니다. 저는 이 원고를 여러 출판사에 투고하였고, 마침내 영국의 유명한 출판사인 팔그레이브 맥밀런(Palgrave Macmillan)에서 출판 제안을 받았습니다. 다만 출판사 측에서는 원고가 너무 방대하다며, "요즘은 두꺼운 책은 잘 팔리지 않으니, 내용을 나누든지, 일부를 줄이든지 하자"는 의견을 주었습니다.

그래서 저는 애초의 구성에 따라 책을 세 권으로 나누어 출판하겠다고 했고, 출판사 측도 흔쾌히 동의해 주었습니다. 그렇게 하여 2017년에 세 권의 책이 모두 출간되었습니다.

그로부터 2년 뒤인 2019년에는 『사회적 가치(Social Value)』라는 책을 출간하였습니다. 이 책은 '사회적 가치'라는 개념을 저 나름대로 재정의한 저작입니다. 아직 서구에서도 '사회적 가치'를 본격적으로 다룬 단행본은 거의 없었고, 저는 대학 시절부터 '가치'라는 주제를 일관되게 연구해왔습니다. 이 책은 그간의 연구를 집대성하여 새로운 관점에서 정리한 저작이라 할 수 있습니다. 그리고 이 책에서도 역시 문명사적인 시각에서 사회적 가치를 조명하고, 미래를 전망하고자 하였습니다.

저는 학문을 대하는 태도에 있어, 교육·연구·사회봉사 이 세 가지를 제 일생의 중심으로 삼기로 결심하였습니다. 이런 이유로 저는 정치에 참여하거나 국회의원에 출마하는 일에는 관심을 두지 않왔습니다.

사실 저희 문중에 박정희 대통령 시절 청와대 공보관과 장관을 지낸 선배가 있었고, 그분은 당시 안동김씨 종중회장을 맡고 계셨습니다. 어느 날 저를 부르시더니 이렇게 말씀하셨습니다.

"김 선생, 고향 안동에 가서 국회의원 출마하세요. 문중에서 모두 도와줄 겁니다."

그 당시 제가 40대 중후반쯤이었지요. 그러나 저는 이렇게 답했습니다. "회장님, 저는 그거 안 합니다. 국회 같은 데 들어가면 괜히 물들까 봐 겁이 납니다. 설령 제가 좋은 이야기를 한다 해도, 그걸 받아줄 분위기라면 모르겠지만, 아무도 들어주지 않으면 무슨 의미가 있겠습니까. 그렇게 아무 성과도 없이 잘난 척한다는 소리만 들을 바엔 차라리 안 나가는 게 낫습니다. 저에게 정말 할 수 있는 일이 있다면 하겠지만, 지금 같은 국회에는 갈 생각이 없습니다."

그뿐만 아니라, 저는 시간의 소중함을 누구보다 절실히 느끼며 살아왔습니다. 사람들 만나서 시간 보내고, 이런저런 정치 활동을 한다는 것이 너무 아깝게 느껴졌습니다. 서울대학교에서 사회과학연구소 소장직을 맡고 있을 때, 마침 사회적으로 '정보사회'라는 개념이 주목받기 시작하였습니다. 저는 이 개념이 우리 사회를 이해하고 또 변화시키는 데 중요한 키워드라고 판단하였습니다. 그래서 정보사회에 관한 책도 집필하고, 관련 회의를 조직하며 학문적 논의를 확장시켜 나갔습니다. 제 학문은 그때그때 시대적 흐름 속에서 가장 중요한 개념을 포착하여, 그것을 학문화하고 이론화한 뒤 사회에 널리 확산시키는 방식으로 발전해왔습니다. 그렇게 함으로써, 더 좋은 사회를 만들고자 하는 실천적 의지를 담아왔던 것입니다.

1980년대 초, 저는 양평에 위치한 KBS 컨벤션센터에서 '정보사회'의 방향과 전망을 주제로 대규모 학술회의를 개최한 바 있습니다. 당시 체신부(현 정보통신부)의 차관이었던 오명 씨가 회의를 후원해 주셨고, 직접 참석하여 많은 감동을 받으셨습니다.

몇 년이 흐른 뒤, 오명 차관의 후임인 정보통신부 장관이 저에게 전화를 걸어 왔습니다. "정보통신정책연구원 원장님으로 모시고 싶습니다." 좋은 자리이고, 자동차도 제공되며 여러 활동을 할 기회가 있었지만, 저는 정중히 사양하였습니다. 교수들 가운데는 연구원장 직을 거쳐 장관으로 나아가는 경우도 많습니다. 그러나 저는 이렇게 답하였습니다. "죄송하지만, 저는 그런 자리는 맡지 않겠습니다. 학교 안에서 연구소장 정도는 맡을 수 있지만, 외부 기관에서 관료의 간섭을 받으면서 일하는 것은 제 성격에 맞지 않습니다. 그런 자리는 다른 분을 모시는 것이 좋겠습니다."

이후에 들은 이야기로는, 당시 장관이 제게 거절을 당한 뒤 오명 씨를 찾아가 하소연했다고 합니다. 그러자 오명 씨가 다시 저에게 전화를 걸어 정중히 부탁하셨습니다. 하지만 저는 생각을 바꿀 수 없었습니다. "아이고, 장관님. 정말 송구합니다. 제가 많이 신세도 졌고, 은혜도 입었지만, 저는 이게 제 천직이라고 생각합니다."

그리고 이렇게 덧붙였습니다. "제가 그 자리를 맡게 되면, 일단 교수직을 휴직해야 합니다. 그러면 그 자리가 비게 되는데, 누군가 는 그 자리를 채워야 하잖아요? 저는 그걸 남에게 맡길 수가 없습 니다. 교수라면, 그 자리를 책임지고 지켜야 하는 것이 원칙이지요."

장관직 제안도 마찬가지였습니다. 저는 '공직에 나가게 되면, 반 드시 교수직을 사퇴하고 집중해서 그 일만 해야 한다'고 생각했습 니다. 그것이 국가를 위한 일이라면 기꺼이 할 수도 있습니다. 할 자 신도 있고, 실제로 그럴 능력도 있다고 생각합니다. 그러나 요즘처 럼 바른말을 하다가 오히려 외면당하고, 하루아침에 쫓겨날 수도 있는 상황에서는 감히 나설 수 없습니다.

나중에 학교로 돌아오고자 할 때도 신임 교수 절차를 밟아야 하며, 지금처럼 아무렇지도 않게 복귀하는 행태는 학자나 교육자로 서 옳지 않다고 생각합니다. 저는 제가 잘할 수 있는 일을 하는 것 이 옳다고 판단하였고, 그래서 공부와 교육에만 집중하였습니다.

은퇴 이후에는 자원봉사 활동에 전념하였습니다. 서초구 자원 봉사센터 회장을 시작으로, 서울특별시 자원봉사센터 이사장, 한 국자원봉사포럼 회장 등을 역임하였고, 현재는 자원봉사포럼의 명 예회장으로 활동 중입니다. 어제도 자원봉사 관련 모임에 참석하여 특강을 하고 왔습니다.

자원봉사와 관련된 특강 자료는 따로 모아두었는데, 지난

12~13년 동안 해온 특강이 100회를 넘습니다. 물론 이러한 활동을 알아주는 사람은 많지 않지만, 저는 매우 기쁘게 여기고 있습니다. 이런 봉사 활동 자체가 하나의 '재능 기부'라고 생각합니다. 교육 자체를 '봉사'로 여기며 살아가고 있는 것입니다.

문명사적 관점에서 미래를 바라봐야

지금까지는 제 개인의 그다지 내세울 것 없는 생애와 학문적 여정에만 집중한 나머지, 우리 사회와 미래에 관한 이야기에는 충분히 다가가지 못한 것 같습니다. 이제부터는 본격적으로 미래에 대해 말씀드리고자 합니다. 제가 대학 강의를 시작한 해가 1961년이었으니, 한 해만 더 했더라면 강의 60주년을 채우고 마칠 수 있었을 텐데, 결국 만 59년 동안 강의를 해왔습니다. 어쨌든, 강의 경력이 그 정도 됩니다. 미래에 대한 관심은 많은 사람이 가질수록 그 나라의 앞날이 더 밝을 수 있는 토대가 된다고 생각합니다. 저 역시 이러한 신념을 바탕으로 지금도 연구와 사회 교육을 계속하고 있습니다.

이제 미래 이야기를 본격적으로 시작해보겠습니다. 어떤 관점에서 미래를 바라보는 것이 바람직할지 고민하게 되는데, 저는 일찍부터 이 문제를 문명사적인 관점에서 접근해야 한다고 생각해왔습니다. 단지 가까운 미래에 어떤 정책을 수립하고 추진할 것인지 논의하는 데 그친다면, 희망이 없을지도 모릅니다. 멀리 내다보며, 장기적인 안목을 가져야 합니다. 이로쿼이족의 예에서 보듯이 200년 앞을 바라보는 시각이 필요합니다. 넓은 시야와 깊은 통찰이 무엇보다 중요합니다.

미래를 어떤 관점에서 보느냐는 바로 문명론적 시각과도 연결됩니다. 앞에서 율곡 이이 선생의 상지, 중지, 하지 이야기를 했습니다. 우리에게 필요한 지혜가 '상지'입니다. 사태가 발생하기 이전에 징조를 읽고 미리 준비하여 위기를 예방하고 나라와 삶을 바로 세우려는 지혜입니다. 미래를 생각할 때 필요한 것은 바로 이러한 지혜입니다. 이를 위해 미래 연구가 필요하고, 그러한 연구를 위한 시야는 길고 넓어야 하며, 문명사적 접근이 요구됩니다.

왜 문명론이어야 할까요? 현대 인류 문명은 지금 말세적인 대변환을 겪고 있으며, 이는 문명사적인 성격을 지닌 현상이기 때문에 그 해석과 대응 역시 문명론적 시각에서 이루어져야 합니다. 문명을 바라보는 틀로서 미국의 한 사회학자가 제시한 POET 체계를 소개하고자 합니다. POET는 인구(Population), 조직(Organization), 생태환경(Environment), 기술(Technology)의 약자입니다. 이 네 요소는 상호 의존적이며 총체적인 연관성을 가지고 문명을 구성합니다. 이 가운데 사회의 파편화가 지속적으로 심화되는 점에 주목해야 합니다. 이에 대한 그림을 보겠습니다.

POET 체계

이 도식에 따르면 문명의 시작은 기술의 발명에서 비롯됩니다. 첫 번째는 농업혁명이며, 이는 인구 증가와 분업을 유도해 도시라는 새로운 공간을 창출하고, 국가의 탄생으로 이어졌습니다. 두 번째는 산업혁명으로, 이농과 직업 분화, 대도시 형성, 문화적 다원화 등 다양한 파편화 현상이 나타났습니다. 세 번째는 정보통신 기술 혁명이며, 디지털 기기를 통한 인간관계의 소원화가 특징입니다. 고립, 연결망의 단절, 외로움, 소외 등이 심화되었습니다. 네 번째는 인공지능 혁명입니다. 이는 인간관계보다 인기 관계가 지배하는 사회를 유도하고 심지어 인공지능이 인류를 대체할 가능성까지 제기되는 상황입니다.

이러한 변화는 생태계 교란과 맞물려 지구 온난화, 각종 자연재해 등 예측할 수 없는 재난을 야기하고 있습니다. 이는 인간이 만든 문명의 결과입니다. 한 문명사 연구자는 인류의 멸종사를 '빅 히스토리(Big History)'로 소개하면서 과거 다섯 차례의 대멸종 사례를 들고 있습니다. 그리고 멸종은 끝이 아니라 새로운 생명의 시작일 수 있다고 결론 내립니다.

그렇기에 우리는 미래에 대해 단순한 상상이 아니라 구체적인 대비를 해야 합니다. 이를 위해 저는 2023년 가을, 대한민국학술원이 주최한 과학 이사회 총회에서 '과학, 기술 및 사회, 어디로 가는가? 동방의 빛으로 바라보기'라는 주제로 기조 강연을 하였습니다. 이 강연에서는 과학기술 문명이 초래한 문제들, 특히 파편화와 생태계 교란을 지적하고, 동양의 음양 사상, 즉 음양 변증법을 바탕으로 지나친 극단을 피하고 중용의 원리를 강조하였습니다.

음양 변증법의 핵심 원리는 다음과 같습니다. 첫째, 모든 것에는 한계가 있으므로 과도함을 경계해야 한다는 '과유불급'의 원리입니다. 둘째, 중용(moderation)의 필요성입니다. 셋째, 이를 실천하기 위한 유연성과 적응성(flexibility, adaptability)입니다. 이는 물처럼 부드럽고 유연하면서도 강한 것을 이기는 도가적 지혜와도 연결됩니다. 물은 가장 낮은 곳으로 흐르고, 부드럽지만 바위를 침식시킵니다. 이러한 유연성과 조화의 원리가 바로 오늘날 우리가 배워야 할 삶의 태도입니다.

우리 사회가 과거에는 유연한 방식으로 효율적인 발전을 이루었지만, 이후에는 경직성과 과도함이 문제를 야기했습니다. '빨리빨리' 문화로 대표되는 한국 사회는 속도 조절과 유연성을 필요로 합니다. 권위주의적 독재 또한 초기에는 일정 부분 수용되었지만, 지나친 억압은 결국 반발을 불러왔습니다. 저는 정부 관계자들에게도 학생들의 자율을 존중하라고 조언했습니다. 억압은 오히려 더 큰 저항을 낳는다는 점을 강조했습니다.

학생들에게도 저는 특정 이념에 몰입하지 말고, 사회학처럼 다양한 시각을 공부하라고 조언했습니다. 편향된 이념은 개인의 인생뿐 아니라 사회 전체에 부정적인 영향을 미칠 수 있습니다. 열린 마음으로 유연하게 세상을 바라보고, 자신의 길을 모색하는 것이 중요합니다. 저 역시 학창 시절에는 소설을 쓰며 문인의 길을 꿈꾸었지만, 은사의 조언으로 사회학의 길을 걷게 되었습니다. 장편 소설 하나는 남겨두었으니, 건강이 허락하는 한 언젠가는 완성해보고자 합니다.

미래를 위한 인간주의적 성찰과 선비문화

이제 이야기를 마무리할 차례입니다. 저는 인간주의라는 정신적 지향을 바탕으로, 현재 우리가 겪고 있는 말세적 문명사의 특성을 성찰하고, 그 문제를 해결하기 위한 해답을 모색해보고자 합니다. 간단히 말씀드리면, '인간주의'란 인간이 인간답게 살아갈 수 있는 자연과 사회의 조건을 갖추기 위해 노력하는 지침 정도로 이해하고 논의를 시작해보겠습니다.

앞서 인류 멸종에 관한 대역사를 살펴보며 시사점을 점검하였습니다. 네안데르탈인은 최후에 멸종하고, 호모 사피엔스가 생존하여 오늘에 이르렀습니다. 이 멸종의 주요 원인으로는 자연 생태계의 교란도 있었지만, 보다 근본적으로는 인간으로서 사회를 유지하는 데 실패한 인구 소멸과 사회성 부족이 지적되고 있습니다. 이를 앞의 그림에서 제시한 문명의 핵심 요소로 해명하면서 논의를 이어가고자 합니다. 문명의 출발점이 기술(Technology)에서 비롯되었으며, 그 기술이 처음으로 영향을 미친 요소는 자연생태계(Environment)였고, 여기서 농업이 발생하였으며 그 결과로 인구(Population)가 증가한 사실을 밝힌 바 있습니다. 이제 이 담론을 사회적 측면으로 전환해보겠습니다.

첫째, 인구가 존재해야 사회도 유지될 수 있고, 문화(Order)도 성립될 수 있습니다. 그런데 최근 인구 감소 현상이 심각한 사회문제로 대두되고 있습니다. 특히 우리나라는 '합계출산율(Total Fertility Rate)' 지표에서 세계적으로 가장 낮은 수준의 인구 재생산을 보이고 있습니다. 이 수치는 한 여성이 가임기간(15~49세) 동안 낳을 것으로 기대되는 평균 출생아 수를 뜻하며, 이는 곧 인구 성장과 직접적으로 연관되어 있습니다. 사회가 최소한의 인구를 유지하려면, 한 남녀가 평생에 걸쳐 평균적으로 2명(통계학적으로는 2.1명)의 자녀를 출산해야 한다는 원칙이 있습니다. 그런데 우리나라는 1980년에는 이 기준을 훨씬 웃도는 2.83명의 출생률을 보였으나, 최근에는 0.71명으로 감소하였습니다. 이러한 출생률로는 인구 증가가 불가능할 뿐 아니라, 현재 상태조차 유지할 수 없다는 의미입니다. 이대로 몇 세대가 지나면 결국 인구 소멸이 도래할 수 있다는 경고가 됩니다.

인구 유지를 위해서는 무엇보다 먼저 혼인이 이루어져야 합니다. 2022년도 국가 통계에 따르면, '혼인을 반드시 해야 한다'는 응답은 15.3%, '하는 것이 좋다'는 응답은 34.8%로 두 항목을 합하면 50.1%였습니다. 반면 '혼인을 해도 좋고 하지 않아도 좋다'는 응답은 43.2%, '하지 않는 것이 좋다'는 응답은 2.9%, '하지 말아야 한다'는 응답은 0.2%로 총 46.8%에 달했습니다. 또한, 미혼 남녀 중 약 43%는 출산 의향이 없다고 답하였으며, 이 중 여성은 53%로 절반을 넘었고, 남성은 33%로 상대적으로 긍정적인 답변을 보였습니다. 더욱 놀라운 현상은 출생률 저하에 대응하기 위해 유럽 일부 국가에서는 '비혼 출생'을 장려하고 있다는 점입니다. 이는 혼인하지 않은 사람들, 즉 동거 혹은 사실혼 관계에서 출산이 이루어지더라도 혼인한 부부와 동일한 조건의 복지 혜택을 제공하는 방향으로 법을 개정하고 있다는 것입니다. 이러한 변화가 과연 사회적·문화적으로 어떤 의미를 지니는지 깊이 고민해볼 필요가 있습니다.

또한, 이 지점에서 우리는 '가족'이라는, 사회의 가장 기초가 되는 집단의 의미를 되돌아보게 됩니다. 만약 이 가족 제도가 무너진다면, 과연 사회는 어떻게 변화하여 지탱될 수 있을지에 대해 진지하게 고찰해야 할 것입니다. 몇 가지 사례를 더 들어보겠습니다. 가장 기본적인 통계 지표는 가족 구성원 수입니다. 1955년의 가구 당 평균 구성원 수는 5.5인이었으나, 1995년에는 3.3인으로 줄었고, 2015년에는 2.7인, 2023년에는 2.2인으로 감소하였습니다. 이를 다른 방식으로 보면, 1인 가구의 비율 역시 지속적으로 증가하고 있습니다. 1980년에는 전체 가구 중 1인 가구가 4.8%에 불과했지만, 2022년에는 무려 34.5%까지 상승하였습니다. 이러한 수치들은 일종의 가족 해체 현상을 나타내는 지표라 볼 수 있지 않겠습니까?

여기에 가족의 의미와 가치에 대한 인식도 변화하고 있습니다. 예를 들어 연초에 발표된 국제 조사 결과에 따르면, 우리나라 사람 중 '혼자 있을 때 즐겁다'고 응답한 비율은 40%로, 미국, 유럽, 인도, 동남아시아 등 38개국 중 가장 높은 수치를 기록했습니다. 반면 '가족들과 함께 웃는 시간이 즐겁다'는 응답은 14%, '자녀나 손주를 집에서 키우는 것이 기쁘다'는 응답은 8%로, 이들 항목은 전 세계적으로 가장 낮은 수치를 보였습니다. 한 가지 더 주목할 점은, 자신의 장인·장모, 시부모는 물론 조부모, 심지어 친부모조차 가족으로 여기지 않는다는 인식이 확산되고 있다는 사실입니다. 이러한 현상은 가족의 해체를 넘어서 붕괴로까지 이어지는 것이 아닌가 하는 우려를 지울 수 없습니다.

이쯤에서 다시, 앞서 아파트 생활에서 '이웃'이라는 개념이 사라지는 현상을 언급했던 것을 떠올릴 수 있겠습니다. 이처럼 사회는 점점 더 파편화되고 있으며, 그 정도는 매우 심각한 수준에 이르고 있습니다. 그런데 이러한 파편화 현상은 물리적인 조건에서만 나타나는 것이 아니라, 인간성을 기르는 본령인 학교에서도 발생하고 있습니다. 요즘 아이들은 친구가 없이 대부분 외톨이로 지내고 있으며, 함께 숙제를 하기는커녕 같은 반 친구를 폭력이나 금품 갈취의 대상으로 삼는 일도 비일비재합니다. 심지어는 교사가 더 이상 존경의 대상이 아니라 조롱과 폭력의 대상이 되기도 합니다. 이러한 모든 현상은 근본적으로 어머니들의 허영심에서 비롯된다고도 볼 수 있습니다. 가정교육은 물론 공교육 전반이 붕괴된 현실에서 사교육만이 번창하고 있는 모습은 너무나 비인간적입니다. 미래를 준비하는 데 있어 교육이 얼마나 중요한지 생각하면, 이는 결코 가벼이 넘길 수 없는 문제입니다.

이처럼 사회로부터 분리되어 혼자 살아가는 이들은 극단적인 자기 중심주의에 빠지기 쉬우며, 세상을 바라보는 시야는 협소하거나 왜곡될 수밖에 없습니다. 그로 인해 다른 사람과의 소통이 어려워지고, 배려나 겸손과 같은 '타인의식'이 결여되며, 결국 자기 자신마저 정신적으로 황폐해지는 성향을 보입니다. 고립 상태는 곧 고독으로 이어지고, 이는 우울증으로 발전할 수 있으며, 더 나아가 자살이나 이른바 '묻지 마 범죄'와 같은 일탈 행동을 유발할 가능성도 커집니다. 더욱 심각한 점은 이러한 상황에서도 자신이 무엇을 잘못했는지조차 인식하지 못하게 되어, 자아 성찰이나 자기 평가 능력이 마비된다는 사실입니다. 결국 사회성이 결핍된 상태라 할 수 있습니다. 네안데르탈인이 사회성 결핍으로 멸종했다는 주장은 결코 가볍게 들을 이야기가 아닙니다. 우리는 이 점을 자각함으로써, 우리 스스로 멸종을 피하고 살아남을 수 있는 길을 모색해야 할 것입니다.

둘째로, 사회의 파편화 현상은 우리나라 사람들의 질서의식, 윤리 수준, 도덕성에서도 두드러지게 나타납니다. 가까운 예부터 생각해보겠습니다. 우리나라는 경제 개발을 진행하면서, 서울의 경우 1970년대 초부터 한강 이남, 소위 강남 지역 개발이 시작되었습니다. 외형적으로는 완전히 선진국 수준의 도시가 되었고, 거주민들 역시 차별성을 갖게 되었으나, 여기에서 '미래를 내다보는 시각'의 중요성이 여실히 드러났습니다.

멀쩡한 들판과 야산을 깎아 도시를 조성하면서도, 도시계획의 핵심이 되는 도로 체계는 미처 고려하지 못했습니다. 특히 주택가의 도로는 지나치게 좁아, 제가 살고 있는 이웃 지역만 해도 일방통행 도로가 매우 많습니다. 당시에는 자가용이 흔하지 않았던 시절이어서 도로를 넓히기보다는 좁혀서 토지 이용 효율을 높이려 했던 것으로 보입니다. 결국 그 결과는 교통 흐름을 유지하기 위해 일방통행 체계를 채택할 수밖에 없는 도시 구조로 이어졌습니다.

문제는 이러한 구조 속에서 우리나라 사람들의 윤리관과 질서의식이 드러나는 장면이 빈번히 목격된다는 점입니다. 일방통행 도로를 역주행하는 사례가 매일같이 벌어지는데, 이것이 단순히 사소한 규칙 위반으로 치부될 문제는 아닙니다. 인간의 도덕성은 공자나 부처처럼 위대한 성인의 수준에서만 찾을 것이 아니라, 일상 속의 작은 질서의식에서부터 시작되어야 합니다.

제가 외출할 때마다 보는 장면 중 하나는 역주행 차량입니다. 하루에도 몇 대씩 마주치는데, 어떤 때는 너무 황당해서 한마디 주의를 주기도 합니다. 하지만 돌아오는 반응은 대부분 죄송하다는 태도보다는, '당신이 뭔데 참견이냐'는 식의 시선입니다. 육두문자를 듣는 경우도 적지 않습니다. 그런데 실상은 골목을 한 바퀴만 돌면 정당한 경로로 통행할 수 있음에도 불구하고, 굳이 역주행을 선택하는 그 심리야말로 우리 사회 도덕성의 수준을 그대로 반영하는 것이라고 생각합니다.

우리나라 사람들이 유능하고 부지런하다는 칭찬은 자주 듣습니다. 그러나 도덕성의 문제에 있어서는 결코 선진국이라 할 수 없습니다. 이 부분은 반드시 개선되어야 합니다. 이것이야말로 제가 미래를 바라보는 데 있어 가장 중요하게 생각하는 관점 중 하나입니다. 외형적으로 화려하고 통계상으로 경제 대국이라 할지라도, 진정한 선진국이 되기 위해서는 도덕성과 시민의식의 수준이 뒷받침되어야 합니다. 그렇기에 가정교육을 포함한 사회 전반에서 진정한 '인간교육'의 필요성이 절실하게 느껴지는 것입니다.

사실 이러한 도덕성의 마비는 궁극적으로 정치인들의 행태에서 가장 극적으로 드러납니다. "윗물이 맑아야 아랫물이 맑다"라는 속담이 있듯이, 국가를 운영하는 공직자들, 특히 선출직 공직자의 도덕성과 윤리의식은 국민 전체에 큰 영향을 미칩니다. 여기서 하나하나 지적할 필요는 없겠습니다만, 우리나라 정치가 조속히 개혁되지 않는다면, 국가의 존립조차 위협받을 수 있습니다.

가장 치졸하고 악질적인 정치 부패의 사례는, 법과대학 교수 출신으로서 법무부 장관을 지낸 인물이 사법부로부터 유죄 판결을 받고도 국회의원이 되고, 더 나아가 대표직을 맡으며 심지어는 차기 대통령까지 노리고 있는 상황에서 찾을 수 있습니다. 이것은 단순한 염치 부족을 넘어, 세상을 마치 자기 손안에 넣고 제 마음대로 해도 된다는 조폭적 마인드를 보여주는 것이 아닙니까? 게다가 이러한 인물이 한둘이 아니라는 현실이 더욱 심각한 것입니다. 이처럼 사회의 도덕성을 훼손하는 사람들이 권력을 장악하고 있는 한, 국가는 결코 바로 설 수 없으며, 결국 쇠락의 길로 접어들 수밖에 없습니다.

이러한 문제의식을 바탕으로, 저는 최근 선비문화를 연구하며 그 속에서 우리의 미래를 위한 도덕적 지침을 찾아보려 하였습니다. 마침 대한민국학술원에서 총서 발간을 후원해주셔서, 약 1년 8개월에 걸쳐 집필을 마쳤고, 그 결과 책이 출간되었습니다.

앞으로의 계획은 이 선비문화를 한류의 흐름 속에 실어 세계에 알리는 것입니다. 이를 위해 지난 7월부터는 영어로 집필을 시작하였습니다. 이 과제는 약 2년에 걸쳐 진행될 예정이며, 다행히 한 재단에서 지원해주기로 하여, 현재 영어 집필에 집중하고 있습니다.

'선비'를 영어로 번역하면 보통 'literati' 혹은 조선 시대 기준으로 'scholar-official'이라고 합니다. 하지만 저는 '선비'라는 말을 한국어 그대로 사용하기로 하였습니다. '한류'라는 말처럼 '한(韓)', '체면', '명분' 등의 개념은 한글 그대로 표기하고, 발음도 그대로 영어로 표기합니다. 예컨대 '한'은 영어로 정확히 번역할 수 있는 말이 없으며, 다만 설명만 가능할 뿐입니다. 그러므로 '한'이라는 단어도 그대로 표기해야 한다고 생각합니다. '선비' 역시 마찬가지로, 'sŏnbi'라는 발음 그대로 표기하고자 합니다.

저희 부모님께서는 저에게 이래라저래라 하신 적은 없으셨지만, 단 하나 "남에게 폐 끼치지 마라"는 말씀은 귀에 못이 박히도록 하셨습니다. 저는 그 가르침을 철저히 지키고자 노력하고 있습니다.

이제 마지막으로 한 가지 말씀을 덧붙이고자 합니다. 제가 선비 문화를 연구하는 이유는, 현재 우리나라뿐 아니라 전 세계적으로 도덕성이 심각하게 황폐화되고 있기 때문입니다. 이는 〈타임〉의 전 편집장이었던 낸시 깁스(Nancy Gibbs)가 지적한 바와도 일맥상통합니다. 서양의 지식인들 스스로도 서양의 도덕성이 막다른 길에 이르렀고, 더 이상 나아갈 길이 없다는 자각 아래, 이제는 '다른 어딘가(somewhere else)'에서 해답을 찾아야 한다고 말하고 있습니다.

예전에 컬럼비아대학에서 유교를 가르치던 교수가 있었습니다.

이분은 1988년 서울올림픽 때 한국을 방문하여, 아카데미하우스에서 열린 올림픽 기념 국제 학술대회에 참석하셨습니다. 당시 전 세계에서 수백 명이 모인 대회였고, 저는 그때 힐튼호텔에서 열린 플래너리(본 회의)에서 사회를 맡은 적이 있습니다. 사회는 제가 잘 보는 편인데, 이는 어릴 적 교회에서 사회를 맡으며 배운 덕분입니다.

시어도어 드 배리(Wm. Theodore de Bary) 교수는 그 자리에서, 동방 사상에 주목할 것을 강력히 주장하셨습니다. 조선 시대 성리학자들은 19세기까지 외래 문물, 즉 서양 문명과 부딪히면서 '정말 저런 식으로 살아도 괜찮은가?'라는 고민을 했습니다. 우리가 지녔던 천인합일(天人合一) 사상, 즉 인간이 자연(하늘)과 하나의 관계망 속에서 조화를 이루며 공공의 이익을 위해 자기를 수행하고 도를 닦는 삶은 완전히 무시되었던 것입니다. 대신 서양의 기술적이고 물질 중심적인 세계관이 무차별적으로 유입되어 결국 그에 순응하고 말았습니다.

하지만 이제는 때가 되었다고 저는 생각합니다. 서양이 더는 도덕성의 리더십을 자신할 수 없는 상황에서, 우리가 주체적으로 나설 수 있다고 판단하는 것입니다. 우리는 충분한 정신적 유산을 지니고 있습니다. 비록 그 유산이 구식이고 오래된 것으로 보일 수 있으나, 그 속에서 핵심적 정수를 잘 추출한다면, 오늘날 세계가 겪고 있는 도덕적 혼란을 해소하는 데 충분히 기여할 수 있을 것입니다.

미국에서는 총기를 든 학생이 교실에서 사람을 죽이는 사건이 반복되고 있습니다. 중국은 시진핑 주석의 독재적 통치하에 '시진핑 사상' 등을 강요하고 있으며, 러시아는 푸틴 대통령이 이웃 국가를 침공하여 수십만 명의 생명을 앗아가고 수많은 자원을 파괴하고 있습니다. 이는 단지 국제정치의 문제가 아니라, 도덕성의 근본적 위기라 할 수 있습니다.

물론 제가 이 일을 한다고 해서 세상이 하루아침에 바뀔 것이라고는 생각하지 않습니다. 그러나 적어도 저는 그 길을 여는 데 작은 기여를 하고자 합니다. 그것이 바로 선비문화를 제대로 소개하여 세계인들이 '이런 도덕적인 삶의 방식도 가능하구나'라고 느끼게끔 하는 일입니다.

이것은 단지 우리 사회가 도덕적으로 우월하다는 주장이 아니라, 오히려 지금 우리 사회가 도덕적으로 많이 황폐해졌다는 인식 위에서, 스스로 반성하고, 또 세계와 함께 나아가자는 취지입니다. 지금 K-컬처(K-Culture)는 세계적으로 각광받고 있습니다. 그러나 K-사상(K-Philosophy)이라는 개념은 아직 뚜렷하게 정립되지 않은 상황입니다.

그래서 저는 '한류'라는 현상이 매우 의미 있는 계기라고 생각합니다. 한류는 한국이 아니면 결코 만들어낼 수 없는 고유한 문화입니다. 그 속에는 '정(情)'이 있고, 감성이 있으며, 흥이 깃들어 있습니다. 예로부터 우리 민족은 춤과 노래를 즐겼고, 중국 사람들조차

"동양의 저 사람들은 가무를 좋아한다"고 말할 정도였습니다. 그것은 단지 생활의 일부가 아니라, 우리의 DNA 속에 내재된 문화적 특질입니다.

이러한 특질은 사회 분위기가 좋을 때 더 활발히 표출됩니다. 그리고 우리는 그 재능을 바탕으로 세계를 감동시키고 있습니다. 아이돌 그룹이 되기 위해 젊은이들이 겪는 훈련과 고통은 상상을 초월합니다. 그럼에도 그들은 포기하지 않고 끝까지 버텨냅니다. 바로 그런 노력이 지금의 한류를 가능하게 한 것입니다.

이와 같은 흐름 속에서 우리는 이미 한식, 한복, 한옥, 한글 등의 문화적 자산을 세계에 널리 알리고 있으며, 'K'라는 접두어가 점차 세계 문화 속으로 깊숙이 들어가고 있습니다. 그러나 여기에 문화의 핵심이라 할 수 있는 '소프트 파워', 즉 정신적·철학적 중심이 아직 결여되어 있다고 생각합니다. 저는 그 중심이 바로 '선비문화'라고 보고 있으며, 이를 세계에 널리 알리고자 하는 것입니다.

우리가 세계에 내세을 것이 과연 무엇이겠습니까. 어떤 사람들은 "선비가 무슨 소용이냐"고 말하기도 하지만, 그렇지 않습니다. 그 안에는 값진 교훈이 있으며, 우리 문화 속에는 분명히 선비의 DNA가 흐르고 있습니다.

그 결과가 어떻게 될지는 저 역시 장담할 수 없습니다. 하지만 일본의 사례를 살펴보면, 19세기 말 한 지식인이 『부시도(武士道, Bushido)』라는 책을 저술하였고, 그것이 외국에서 번역되어 출간되면서 일본에 대한 인식이 달라졌습니다. 문화적으로도 일본은 무시할 수 없는 나라가 되었지요. 지금도 일본에서는 관련된 책들이 영어로 계속 출간되고 있으며, 웹툰이나 애니메이션 등 다양한 매체에서 활용되고 있습니다.

이제 우리는 '부시도'가 아니라 '선비'를 통해 나아가야 한다고 생각합니다. 무사가 아닌, 글을 통해 도리를 행하는 사람들 말입니다. 앞으로는 한국의 웹툰에도 '선비'가 등장하여, 점잖게 말할 것입니다. "이러지 마십시오. 그것은 의롭지 못하며, 인간적인 도리가 아닙니다." 이런 웹툰이 세상에 나와야 한다고 저는 생각합니다.

제4장

대한민국을 확 바꾸다

오명

국가원로회의 상임의장, 전 부총리 겸 제6대 과학기술부 장관

Q

초고속 인터넷의 아버지이자 한국 IT의 그랜드 디자이너로서 우리나라가 IT 강국이 되는 데 초석을 놓으셨고, 그 결과 우리나라가 IT 강국으로 우뚝 섰습니다. 그 과정에서 있었던 소위 디파이닝 모먼트(defining moment, 본질이 밝혀지는 결정적인 순간), 그러니까 중요한 결정이 이루어진 많은 순간들에 대해 말씀 듣고 싶습니다. 오늘의 대한민국이 있기까지 어떤 일들이 있었는지 요즘 젊은이들이 잘 모르는 것 같아요. 태어나서부터 인터넷이 있고 휴대폰이 있었으니까요. 하지만 그건 아니잖아요.

또 모든 대통령이 탐내는 장관으로 여러 부처의 장관과 부총리를 지내신 대한민국의 대표적 테크로크라트(technocrat)로서 성공적인 리더십에 대해서도 말씀해주시기 바랍니다.

○ ● ○

지금이 우리나라 반만년 역사의 황금기

흔히 이런 이야기를 합니다. 어디 가서 강연할 때, 이른바 '라떼' 이야기를 하면 인기가 급격히 떨어진다고요. 그래서 젊은이들에게 는 '라떼' 이야기를 하지 말라는 말이 있습니다. 어떤 분은 신문 칼 럼에서 이렇게 말한 바 있습니다. "나는 후배들에게 결코 라떼를 먹 이지 않겠다. 향기 나는 아메리카노만을 먹이겠다." 이에 대해 저는 "라떼를 마셔보지 않은 사람이 아메리카노의 향기를 어떻게 알 수 있겠는가?"라고 말한 적이 있습니다.

우리나라의 과거와 현재를 비교해 보면 "지금이 우리나라 반만 년 역사상 가장 찬란한 황금기다"라고 말씀드려도 될 것 같습니다.

우리나라가 5000년의 유구한 역사를 자랑하지만, 과거에 '세계 최고'라고 자부한 적이 있었는지 되돌아보면, 그런 시기는 사실상 없었다고 할 수 있습니다. 그러나 요즈음에는 "우리나라가 세계 제일이다"라는 이야기를 자주 듣습니다.

세계 최고의 IT 강국이라는 말이 나올 정도로, 매우 의미 있는 변화입니다. 예컨대, 세계에서 가장 빠른 인터넷 속도를 자랑하며, 최첨단 반도체 산업에서도 세계를 선도하고 있습니다. 인천국제공항은 세계에서 가장 뛰어난 서비스 수준으로 지난 14년간 평가받았으며, 우리가 이용하는 고속열차 KTX는 정시성 면에서 세계 최고 수준을 자랑합니다. 우리나라가 만든 고속열차 자체도 세계적인 기술력을 보여주는 결과물입니다.

또한, 1980년대에 구축한 행정전산망은 세계 최고 수준으로 인정받으며, 그 기술을 해외로 수출하기도 했습니다. 이처럼 우리나라가 반만년 역사에서 '세계 제일'이라고 당당히 말할 수 있는 시기는 지금이 처음입니다. 그래서 저는 "지금이 반만년 역사에서 진정한 황금기"라고 말씀드리는 것입니다.

여기서 잠시, 인기가 없는 '라떼' 이야기를 조금만 더 드리겠습니다. 제가 젊었을 때, 필리핀의 마닐라는 '동양의 파리'라고 불리며 한번쯤 가보고 싶은 도시였습니다. 또 우리가 파키스탄의 제철소를 견학하러 가고, 태국의 소총 공장을 둘러보러 갔던 시절이 있었다면 믿으시겠습니까? 그 당시에는 우리나라에 제철소조차 없었고,

소총도 자체적으로 생산하지 못했습니다.

역사를 되돌아보면, 우리는 오랜 세월 동안 중국의 영향 아래에서 살아왔으며, 중국을 상국으로 섬기며 충성을 다해왔습니다. 거의 모든 문물을 중국으로부터 받아들였고 배워왔습니다. 그러나 근래에는 우리가 중국보다 앞선 분야들이 많아졌습니다. 특히 IT 분야에서는 중국보다 월등히 앞서 있으며, 오히려 중국에 기술을 전수하고 있는 상황입니다.

또한, 일본은 한때 세계에서 가장 잘사는 나라, 기술이 가장 발전한 나라, 우리와는 비교조차 할 수 없는 선진국으로 여겨졌습니다. 그러나 어느덧 상황이 달라졌습니다. 우리나라의 국가 신용등급이 이미 일본보다 두 단계 높은 수준이라는 사실을 아시는지요? 또한, 디지털 전환(digital transformation) 분야에서도 우리나라가 일본보다 앞서가고 있으며, 발전 속도 또한 더 빠르다고 말씀드릴 수 있습니다.

얼마 전 신문 칼럼에서는 "일본의 발전이 더딘 이유는 디지털 전환에 뒤처졌기 때문"이라는 지적이 나왔습니다. 일본 관료들이 합리성과 안정성을 중시하며 국가를 운영하려다 보니, 급격한 변화를 추구하는 데는 속도가 느릴 수밖에 없다는 내용이었습니다. 그 칼럼에서는 저에 대한 언급도 있었습니다. "1980년대, 한국에서는 오명 장관이 반도체, 컴퓨터, 전자교환기 등 핵심 기술을 과감하게 추진하여 짧은 시간 안에 우리나라를 IT 강국으로 만들었다는"며 사례로 소개한 것입니다.

IT

IT가 왜 중요한가

왜 IT가 중요한가요? IT는 그 자체로 끝나는 기술이 아닙니다. IT 기술이 발전하면, 다른 모든 기술도 함께 발전하게 됩니다. 우리가 지금 IT 분야에서 세계적으로 가장 앞서 나가고 있기에, 다른 분야들도 그에 발맞추어 함께 발전하고 있는 것입니다.

지금 자동차 기술을 단순한 기계 기술이라고 말하는 사람은 없을 것입니다. 자동차의 성능은 IT가 좌우합니다. 항공기의 성능 또한 IT에 의해 결정됩니다. 우주 개발 역시 마찬가지로 IT 기술이 가장 중요합니다. 기회가 있다면 다시 말씀드리겠습니다만, 우리가 나로호와 누리호를 성공적으로 발사할 수 있었던 것도 IT 기술이 앞서 있었기 때문에 가능했던 일입니다.

인천국제공항이 세계 최고의 서비스 공항으로 14년 연속 평가받고 있는 이유 또한 인천국제공항의 모든 첨단 시스템이 IT 기술에 기반하고 있기 때문입니다. 앞선 IT 덕분에 인천국제공항이 세계에서 가장 우수한 공항으로 인정받고 있는 것입니다. 또한, 우리는 프랑스보다도 더 뛰어난 고속열차를 만들어냈습니다. 시속 420km로 달리는 열차가 가능했던 것도, 첨단 제어 시스템이 IT

기술로 구현되었기 때문입니다.

저는 우주 기술 협력을 위해 러시아를 방문한 적이 있습니다. 이때 러시아 우주청장이 인공위성을 공동으로 제작하는 합작회사를 함께 만들자고 제안했습니다. 저는 "우주 기술은 러시아가 최고인데, 왜 우리와 합작을 하려 하느냐"고 물었습니다. 그러자 그분은 "한국의 IT 기술이 결합되면 경쟁자가 없는 최고의 인공위성을 만들 수 있다"라고 답했습니다. 이처럼 IT 기술이 발전하면서 다른 기술들까지 모두 동반 상승하고 있는 것입니다.

산업적인 측면에서 보더라도 IT 산업의 발전 속도는 일반 산업보다 훨씬 빠릅니다. 또한, IT 산업의 수출 흑자가 우리나라 전체 수출 흑자를 웃돈 적도 있을 만큼, IT 산업은 우리 경제를 이끄는 핵심 동력입니다.

더 중요한 것은 IT가 갖는 파급 효과가 매우 크다는 점입니다. 정부를 운영하는 데 있어서 행정전산망이 없다면, 지금처럼 효율적으로 국가를 운영할 수 있었을까요? 우리나라의 행정전산망은 세계적으로 높은 평가를 받고 있으며, UN에서도 세계 최고 수준으로 인정하고 있습니다.

IT가 없는 회사는 과연 경쟁력을 가질 수 있을까요? 1980년대만 하더라도 직원이 좋은 의견을 제안해도 사장이나 회장에게 전달되기까지 수개월이 걸렸고, 그마저도 중간관리자의 판단에 따라 차단되는 경우가 많았습니다. 반면, 당시 미국에서는 해외 특파원이나 일반 직원이 우수한 아이디어를 보고서로 제출하면, 전산망을 통해 하루 만에 최고경영자에게 도달하였고, 사장이나 회장이 직접 토론에 참여하여 채택 여부를 결정했습니다. 그런 미국 기업과 예전의 한국 기업이 과연 경쟁이 되었겠습니까?

또한, 예전에는 시골 지역이 도시보다 상대적으로 낙후되어 있었고 정보 접근에도 한계가 있었지만, 요즘은 그렇지 않습니다. 이제는 시골에 계신 분들도 스마트폰 하나로 필요한 정보를 쉽게 접할 수 있게 되었고, 국민 전체의 지식 수준이 IT 덕분에 급격히 향상되었습니다. 서울 사람과 시골 사람 간의 정보 격차는 사실상 사라졌으며, 전국 어디서든 수준 높은 지식인이 될 수 있는 시대가 된 것입니다. 전국이 고루 발전하는 데에도 IT가 결정적인 역할을 하고 있습니다.

우리나라가 부패하다는 이야기도 있지만, 저는 우리나라가 상대적으로 매우 청렴한 나라라고 생각합니다. 요즘 사회적으로 이슈가 되는 여러 부패 문제들은 과거 같았으면 드러나지 않았을 것입니다. 사회가 투명해졌기에 공개되었고 그 투명성은 IT 덕분에 확보된 것입니다. 특히 세무전산망은 우리나라가 세계 최고 수준으로 구축해 놓았고, 세금 납부가 이처럼 철저하게 이루어지는 나라도 드뭅니다.

아울러 IT는 환경 보호 측면에서도 큰 도움을 주고 있습니다. 사람들이 직접 이동하거나 대면하는 대신 IT를 활용함으로써 교통

량이 줄고, 에너지 사용과 공해 배출 또한 감소하게 되어 환경 보호에 큰 기여를 하고 있는 것입니다.

국민 의식 전체가 향상되었다는 측면에서도 IT는 국가 발전에 결정적인 역할을 하고 있습니다. 이 모든 점을 종합해 보면 IT는 우리나라를 선진국으로 이끄는 가장 중요한 동력이라고 말씀드릴 수 있을 것입니다.

전 세계가 부러워하는 대한민국 IT

우리나라의 IT를 배우고자 하는 나라가 매우 많습니다. 제가 남미의 여덟 나라를 방문했는데, 그 당시 제 직책은 부총리, 장관, 대학 총장, 또는 개인 자격 등 다양했습니다. 그런데 그 여덟 나라 모두에서 대통령의 초청을 받았습니다. 한국의 IT 발전에 중심적인 역할을 한 인물로 알려져 있었기 때문에, 저를 초청하여 직접 이야기를 듣고자 한 것이었습니다.

가장 먼저 방문한 나라는 콜롬비아였습니다. 콜롬비아는 6·25 전쟁 당시 5,000명의 병력을 파병해준 고마운 나라입니다. 콜롬비아의 우리베(Alvaro Uribe) 대통령 초청으로 방문하였고, 한국의 IT 발전에 관한 이야기를 나누었습니다. 당시 저는 "남미에서 가장 앞서가는 나라를 만들고 싶으시다면, 한국처럼 IT에 집중적으로 투자하십시오. IT가 앞서가면 다른 모든 분야가 따라옵니다"라고 말씀드렸습니다. 이후 대통령께서 국무회의 때마다 IT에 집중 투자해

남미 최고 국가로 도약하겠다는 말씀을 자주 하셨다고 들었습니다. 그 덕분에 한동안 콜롬비아 장관들이 한국을 방문하면 저를 찾아왔고, 콜롬비아의 국가 IT 마스터플랜 수립을 지원하게 되었습니다. 자연스럽게 우리나라 IT 기업들도 콜롬비아 시장에 다수 진출할 수 있었습니다.

그다음은 파라과이 이야기입니다. 파라과이의 루고 대통령이 당선자 시절 한국을 방문한 적이 있었습니다. 대통령 취임식 이전이었지요. 파라과이는 약 60년 동안 일당 독재 체제가 지속되었습니다. 과거에는 큰 나라였지만 전쟁과 혼란을 겪으며 지금은 비교적 작고 가난한 나라가 되었습니다. 국민은 '더는 못 살겠다, 정권을 바꾸자'라는 열망을 가졌지만, 정권 교체는 쉬운 일이 아니었습니다. 그러던 중 루고라는 신부님이 소속 정당도 없이 대통령 선거에 출마해 당선되었습니다. 이 나라는 국민의 97%가 가톨릭 신자입니다. 루고 대통령은 당선 후 "어느 나라를 벤치마킹하면 좋겠느냐?"고 주변에 질문했는데, 많은 이가 "한국을 다녀오시라"고 권유했다고 합니다. 그리하여 대사관을 통해 대통령 당선자의 방한 일정에 대해 연락이 왔고, 저는 안내와 함께 한국의 발전 경로에 관해 설명해 달라는 요청을 받았습니다. 저는 당연히 IT 중심으로 설명했습니다. 그 후 루고 대통령은 저를 취임식에 초청했고, 파라과이 IT 발전을 위한 마스터플랜 수립도 의뢰했습니다.

루고 대통령의 취임식에 참석했을 때의 일화가 있습니다. 그분은 한국 체류 중 큰절하는 법을 배웠는데, 취임식 당시 각국 축하 사절이 대통령 앞으로 지나가며 악수할 때, 저희 부부가 들어서자 직접 걸어 나와 큰절을 하고 저를 끌어안으며 반갑게 인사했습니다. 이 장면이 TV로 중계되자 교민들이 무척 기뻐했습니다.

남미 지역에서 우리 교민이 가장 많은 나라는 약 4만 명이 거주하는 브라질이고, 그다음이 약 5,000명의 교민이 사는 파라과이입니다. 파라과이에는 우리 교민들이 다양한 주요 사업을 운영하고 있습니다. 파라과이의 국가 IT 마스터플랜 수립을 위해 우리 측에서 연인원 60여 명이 현지를 방문하여 현황을 조사하고 구체적인 계획을 수립하였습니다. 정부 조직 개편 방안, 초등교육부터 시작하는 국민 교육 방안, 연구소 설립 및 관련 법안 제정 방안 등 세부적인 내용을 마련하여 대통령께 전달했습니다. 대통령은 매우 기뻐하며, 감사의 뜻으로 훈장을 수여하고 국립 파라과이대학교의 명예 박사 학위도 수여했습니다.

또한, 대통령이 우리를 위해 만찬을 마련해 주었는데, 한국과는 분위기가 사뭇 달랐습니다. 매우 자유로운 분위기였고, 만찬 중에 유명한 기타리스트가 축하 연주를 해주었습니다. 연주가 끝난 후 기타리스트는 저와 대통령 사이에 자리를 마련하고 앉더니 대통령의 어깨를 끌어안고, 제 어깨도 끌어안으며 기념사진을 찍었습니다. 이어서 대통령도 저를 끌어안고 사진을 찍었고, 저희 일행들도 대통령과 개별 기념사진을 남겼습니다. 함께 간 박사들, 실무를 맡은 직원들까지 모두 기념사진을 찍을 수 있었습니다.

이렇게 여덟 나라를 방문하며 각국 대통령을 모시고 대한민국의 IT가 우리나라 발전의 원동력이라는 설명을 하는 과정에서 우리나라의 국제적 위상이 얼마나 높아졌는지를 실감할 수 있었습니다. 외국의 장관이나 대학 총장이 한국을 방문했다고 해서 우리나라 대통령이 직접 만나 주겠습니까? 제 경우는 전 세계가 대한민국의 IT 발전을 부러워하며, 이를 배우고자 노력하고 있는 현실을 보여주는 사례입니다.

생애 최고의 스승을 만나다

제 인생 최고의 스승을 한 분만 꼽으라면, 단연 김재익 박사님이라고 말씀드릴 수 있겠습니다. 저는 우리나라 경제 발전에 가장 중요하고 결정적인 역할을 하신 분이 바로 제5공화국 당시 청와대 경제수석이셨던 김재익 박사님이라고 생각합니다.

그분은 경제 이론에 해박하셨을 뿐만 아니라 기술적인 내용까지도 깊이 이해하고 계셨습니다. 그래서 저는 그분을 '제갈량 같은 분'이라고 표현하곤 합니다. 많이 알고 계신 것뿐만 아니라, 대단한 설득력을 발휘하셨기 때문입니다. 어떠한 상황에서도 언성을 높이지 않고 조용한 목소리로 설명하셨는데, 듣는 모든 이가 자연스럽게 수긍하게 되는 모습이 인상 깊었습니다.

복잡한 경제 현상도 매우 간단하고 쉽게 설명해주셨습니다. 백지 한 장을 놓고 동그라미를 그려가며 경제 흐름 전체를 알기 쉽게 정리해 주셨습니다. "인플레이션을 안정시키려면 이것은 이렇게 하고, 저것은 저렇게 하고…" "무역 흑자를 높이려면 이러한 산업을 이렇게 키워야 합니다…." 이처럼 누구나 이해할 수 있도록 친절히 설명해주셨습니다.

1970년대까지 우리나라는 두 자릿수의 높은 인플레이션을 겪고 있었습니다. 그런데 김재익 박사님께서 제5공화국 청와대 경제수석으로 재임하실 당시, 인플레이션을 한 자릿수로 낮추고 무역수지를 흑자로 전환하겠다고 선언하셨습니다. 실제로 1980년대에 들어서면서 물가 상승률은 한 자릿수로 안정되었고, 무역수지도 큰 폭의 흑자를 기록하기 시작하였습니다. 이는 김 박사님의 구상대로 정책이 추진된 결과였습니다.

김재익 박사님은 『경제는 당신이 대통령이야』라는 책이 나올 정도로 대통령의 절대적인 신임을 받으셨습니다. 당시 전두환 대통령은 유능한 인재를 발탁하여 일을 전적으로 맡기는 스타일이었는데, 김 박사님은 그러한 신뢰를 온전히 받는 분이셨습니다. 그럼에도 불구하고 박사님 본인은 매우 겸손하셨으며, 모든 공을 대통령께 돌리는 자세를 보이셨습니다.

제가 박사님을 모시고 비서관으로 일하며 많은 것을 배웠습니다. 비록 저는 공학을 전공한 사람이지만, 그분 덕분에 우리나라 경제 전반에 대해 어느 정도의 큰 그림을 그릴 수 있을 만큼 배우게 되었습니다. 그러나 그보다 더 값진 배움은 바로 공직자로서의 자세였습니다.

박사님의 생활은 매우 검소하셨고, 늘 "공직자는 주식 투자나 부동산 투기를 해서는 안 된다"라고 가르치셨습니다. 공직자는 주식 가격이나 부동산 가격에 영향을 줄 수 있는 위치에 있기 때문에, 그러한 투기에 관여하는 것은 결코 있어서는 안 된다고 단호히 말씀하셨습니다. 또 공직자는 국산품을 솔선수범하여 애용해야 한다고 강조하셨습니다.

다소 부족하게 느껴지더라도 국산 자동차를 구매하면 그 지불한 돈의 일부가 엔진 공장, 배터리 공장, 시트 제작 공장 등으로 흘러가면서 국내 산업을 활성화시키는 데 기여하지만 벤츠 같은 외제차를 구매하면, 돈이 전부 외국으로 빠져나가 국내 산업은 기반을 잃게 된다는 것이지요. 따라서 자녀들의 일자리가 없다고 불평하기 전에, 국산품을 애용하여 국내 산업을 키우는 것이야말로 진정한 애국이라 가르치셨습니다.

그리하여 우리 모두는 자연스럽게 '김재익 신봉자'가 되었습니다. 이후 여러 부처의 장관직을 맡았을 때도, 저는 그분의 가르침을 한시도 잊지 않고 실천해왔습니다.

전자공업 육성 장기 정책

김재익 박사님과 늘 상의드렸던 내용은 "우리가 노동 집약적 산업에서 하이테크 산업으로 전환하기 위해 무엇을 어떻게 해야 하는 가?"였습니다. 제가 전자공학을 전공한 사람이고, 전자공학이 기술 집약 산업의 핵심이기 때문에, 저에게 안을 작성해 대통령께 보고 드리면 좋겠다고 말씀하셨습니다. 이에 저는 다음과 같이 말씀드렸습니다.

"제가 안을 만들기는 하겠습니다만, 이것은 정부의 안이 되어야지 청와대에서 만든 안이 되어서는 바람직하지 않습니다. 정부 여러 부처가 협의하여 만든 안으로 추진하는 것이 좋겠습니다."

이렇게 건의드린 결과, 상공부 전자공업국장을 단장으로 하고 각 부처의 과장급 엘리트들과 삼성·LG에서 실력 있는 인재들을 포함한 20여 명으로 구성된 팀이 '전자공업 육성 장기 정책'을 수립하게 되었습니다. 그 안의 주요 내용은, "우리나라가 노동 집약적인 산업에서 조속히 벗어나 하이테크 산업으로 이행해야 하며, 전자공업은 산업전자, 가전전자, 부품산업으로 나눌 수 있다. 당시에는 TV, 냉장고 중심의 가전전자 위주였으므로 기술이 집약된 산업전자를 집중적으로 육성해야 한다. 산업전자 중에서도 반도체, 컴퓨터, 전자교환기를 3대 육성 목표로 삼자"는 것이었습니다. 이 중에서도 가장 기술적으로 어렵고 가장 고가에 판매되던 제품이 전자교환기였기 때문에, 조기에 전자교환기 개발에 진입하자는 목표를 세웠습니다.

하지만 전자 산업을 어떻게 지원할 것인가에 대한 문제는 당시 상황을 보면 쉽지 않았습니다. 지원은커녕, 세금 부담이 과중하였기 때문입니다. 예를 들어 컬러TV에는 67.2%의 세금이 부과되어 있었으며, 특소세만 해도 40%에 달했는데 이는 피아노보다도 높은 세율이었습니다. 그래서 "처음 개발한 제품에 대해서는 4년간 면세를 해주자. 그렇게 산업을 육성하면, 4년이 지난 후부터는 세수가 훨씬 더 많이 들어올 수 있다. 적극적으로 지원한다면 1986년에는 전자 산업이 기계 산업을 앞설 수 있을 것이다"라는 논의를 하게 되었습니다.

이 논의가 이루어진 시점은 1981년 초였습니다. 그 당시는 전자 산업이 미미했고, 기계 산업이 주류였기 때문에 많은 경제 관료가 비웃었습니다. "말도 안 되는 소리 하지 마라. 우리 기술 수준으로는 그런 개발은 불가능하다"라는 반응이었습니다. 실제로 당시 우리나라의 기술 수준은 매우 낮았고, 정부 차원의 10억 원 이상 연구 프로젝트도 전무했습니다. 연구는 체면상 진행하는 것이었을 뿐, 실제 제품은 외국 기술을 도입해 생산하고 있었습니다.

'반도체에 자금을 투자해봤자 우리가 성공할 무렵이면 외국은 이미 한 단계 더 나아가 있을 것이다. 밑 빠진 독에 물 붓는 격이다'라는 인식이 팽배해 있었습니다. 이 때문에 반도체나 컴퓨터 개발과 관련하여 예산을 요청하면 경제 관료들은 자금을 배정하지 않으려 했습니다. 그럼에도 불구하고 김재익 박사께서는 경제 관료이면서도 하이테크 분야의 기술 개발이 필요하다는 확고한 소신을 가지고 계셨습니다.

새로 개발된 전자제품에 대해 4년간 면세하자는 안에 대해서는 재무부가 완강히 반대했으나, 청와대 팀의 강력한 추진으로 결국 처음 2년은 전면 면세, 다음 2년은 50% 면세로 합의가 이루어졌습니다. 이 과정에서 김재익 박사의 지원이 큰 힘이 되었습니다.

이와 같은 여러 절차를 거쳐 '전자공업 육성 장기 정책'이 완성되었고, 대통령의 재가를 받게 되었습니다. 이 정책은 우리나라의 기술 집약적인 산업을 일으키는 데에 결정적인 역할을 하였습니다.

반도체는 산업의 쌀

대통령께서 국무회의에서 "반도체는 산업의 쌀이다"라고 말씀하시며, 모든 국무위원이 이를 적극적으로 지원하라고 지시하셨습니다. 대통령께서 특별 지시까지 내리실 정도로, 청와대 내에서는 반도체 산업에 대한 관심과 지원 분위기가 조성되었습니다. 비서관들 또한 반도체 산업을 적극적으로 지원하고자 했고, 대통령의 특별 지시가 있었기에 더욱 힘을 얻을 수 있었습니다.

이러한 배경 속에서 '반도체 산업 육성 정책'이 마련되었습니다. 이후 4M DRAM과 64M DRAM 반도체를 공동으로 개발함으로써, 우리나라는 세계 최고 수준의 반도체 강국으로 자리매김하게 되었고, 이는 매우 큰 성과였습니다. 이 계기를 통해 반도체 산업을 넘어 컴퓨터 및 전자교환기 산업으로까지 발전을 이룰 수 있었습니다.

1980년대 초에 수립된 '전자공업 육성 장기 정책'과 '반도체 산업 육성 정책'은 하이테크 산업 발전의 중요한 기반이 되었다고 생각합니다.

한국 정보화를 리드한 체신부

최광수 체신부 장관께서는 비서실장을 역임하시고, 이후 외교부 장관까지 지내신 풍부한 행정 경험을 갖춘 분이셨습니다. 그분께서 체신부에 부임하신 후, 기술적인 내용이 지나치게 많다는 점을 느끼시고, 기술을 잘 아는 차관이 필요하다는 판단을 하셨습니다. 그래서 김재익 경제수석께서 전자공학 박사인 저를 추천하셨습니다.

김재익 박사께서는 "기술 집약 산업을 육성하려면 상공부보다는 체신부가 적합하다. 상공부는 여러 가지 규제 정책을 담당하는 부처인 반면, 체신부는 자금과 기술을 보유하고 있으며, 실질적으로 물자를 구매하는 기관이기 때문에 기술 집약 산업을 일으킬 수 있는 모든 조건을 갖추고 있다. 체신부로 가는 것이 기술 집약 산업 육성에 도움이 될 것이다"라고 말씀하셨습니다. 이는 참으로 탁월한 혜안이었습니다. 그리하여 두 분이 협의하신 후 대통령께 건의

드려, 저는 1981년 5월, 만 41세의 나이로 체신부 차관에 부임하게 되었습니다. 다소 젊다는 의견도 있었습니다만, 그렇게 된 것입니다.

체신부 차관 취임식을 하루 앞둔 날, 총무과장이 저희 아파트로 취임식 관련 보고를 하러 방문하였습니다. 그분은 당시 53세였는데, 제 아내가 문을 열자 총무과장은 문을 연 사람이 누구인지 한동안 판단하지 못했습니다. 딸로 보이지는 않지만 그렇다고 해서 차관의 부인이라고는 생각하기 어려웠던 것이죠. 제가 마흔한 살이었으니 아내는 30대였고, 제법 젊은 모습이었기 때문입니다.

업무 보고를 마친 뒤 총무과장이 돌아가자, 체신부 직원들 사이에서는 큰 관심이 집중되었습니다. 마흔한 살의 차관이 부임한다는 사실만으로도 이목을 끌었는데, 과연 어떤 사람인지, 부인은 어떤 분인지 궁금해했던 것입니다. 총무과장은 "사모님이 굉장히 젊으시던데, 우리 며느리와 나이가 비슷한 것 같다"라고 말하였고, 그 말은 삽시간에 퍼져나가 전 관서에 '총무과장의 며느리 같은 차관 부인'이라는 이야기가 널리 퍼졌습니다.

체신부는 타 부처에 비해 인력이 많은 조직이었습니다. 전국에 약 3,000개의 우체국과 전화국을 두고 있어 직원 수가 8만여 명에 달했습니다. 정부 조직 중 가장 규모가 큰 부처였으며, 수만 명에 이르는 체신노동조합도 존재했습니다. 따라서 매년 노조 위원장과 협약을 맺어야 했던 유일한 장관직이 바로 체신부 장관이었습니다.

그 많은 직원 중에서 본부 국장이 되기란 매우 어렵습니다. 대

개 50대 중반이 되어야 본부 국장이 될 수 있으며, 본부 과장 또한 대부분 50대입니다. 그런데 그런 조직에 마흔한 살의 차관이 부임한 것이지요. 취임식 때 단상에서 내려다보니, 연세 지긋하신 분들이 줄지어 앉아 계셨습니다. 모두 저보다 나이 많은 선배들이셨기에 자연히 깍듯하게 대할 수밖에 없었습니다.

제가 공무원들에게 강의할 때마다 훌륭한 리더가 되기 위해서는 첫째도 겸손, 둘째도 겸손이라 강조하곤 합니다. 그런데 당시 상황은 저를 저절로 겸손하게 만들어 주었습니다. 자연스럽게 리더로서 가장 중요한 덕목인 겸손을 몸에 익히게 된 것입니다.

차관 주재 간부 회의는 일주일에 두 차례 진행되었습니다. 한 번은 업무 회의를, 다른 한 번은 세미나 형식으로 운영했습니다. 주제는 주로 미래 사회가 어떤 모습일지, 그리고 그에 대비하여 우리 부처가 어떤 준비를 해야 할지를 중심이었습니다. 당연히 다가오는 정보화 사회가 주요 주제였습니다. 초반에는 '갑자기 웬 정보화 사회냐'는 분위기도 있었지만, 1년이 지나자 모두 전문가가 되었습니다. 모두가 정보화 사회의 전도사가 되어 있었고, 자연스럽게 체신부는 정보화 사회를 주도하는 부처가 되었습니다. 세계 어느 나라를 보아도 체신부가 정보화를 주도한 경우는 거의 없을 것입니다.

리더는 큰 그림을 그리며 모든 직원을 참여시킨다

리더는 비전을 갖되, 많은 사람의 공감대를 형성해야 합니다. 아무리 뛰어난 사람이라도 혼자만의 생각으로는 한계가 있습니다. 모든 부하 직원의 지혜를 모아야 했습니다. 체신부 차관으로서 저는 2000년대 우리 사회는 어떤 모습이 될 것인지, 그리고 그에 대비하여 우리가 무엇을 준비해야 할 것인지를 고민해야 했습니다. 정보화가 진전되면서 정보의 가치가 점점 중요해졌고, 따라서 정보를 다루는 체신부가 일등 부처가 될 것이라 이야기했습니다. 이것은 모든 직원이 반가워했던 내용이었습니다.

직원들과 비전을 공유하고 함께 만들어나가는 과정이 매우 중요했습니다. 여기에 석학들의 전문적인 지식이 더해졌습니다. 차관 주재 간부 회의에서는 처음에 저도 강의를 하였고, 이후에는 외부 전문가의 강의를 들었습니다. 그다음에는 내부 국장들과 과장들이 발표하도록 하였습니다.

당시 대부분의 50대 중반 국장·과장들은 미국에서 교육받은 경험이 없었습니다. 저는 해방 1세대입니다. 해방되던 해 초등학교 1학년으로 입학한 세대였으니, 저보다 나이가 많은 분들은 대부분 일본 교육을 받았습니다. 그런 분들이 일본 책을 구입해 열심히 공부하고, 발표하고 토론하면서 1년 후에는 모두 전문가가 되었습니다. 이 점이 결정적이었습니다. 모두가 전문가가 되어 2000년대를 대비한 발전 계획을 직접 수립하였고, 그 결과 제가 체신부를 떠난 이후에도 체신부의 국가 정보화 정책은 2000년까지 변함없이 그대로 이어졌습니다.

조직의 문화와 전통을 존중하고 업무를 과감히 위임하라

장관 중에는 부임하면서 "당신들은 지금까지 도대체 무엇을 했는가? 지금까지 해온 것은 모두 잘못되었다"라고 말하는 이들이 있습니다. 전임 장관의 잘못을 지적하는 것까지는 괜찮지만, 문제는 그것을 집행한 사람들이 바로 눈앞에 앉아 있는 국장들이라는 점입니다. 그들의 마음이 편할 리가 없지요.

그런 상황에서 "이제부터 이 일은 모두 그만두고 내 아이디어대로 하라"라고 지시하는 경우가 있습니다. 그러나 그 지시를 듣고 있는 국장들은 30년 가까운 경험을 가진 분들입니다. 그 아이디어는 이미 5년 전에 추진되었고, 언론의 비판과 국회의 반대로 인해 실패했던 일이기도 합니다. 그럼에도 장관의 지시이기에 아무 말 없이 따를 수밖에 없는 상황입니다. 장관은 1년 반 정도 지나면 교체될 것이니, 그저 버티고자 하는 분위기가 생깁니다. 이런 방식으로는 성공하기 어렵습니다.

오히려 국장들이 좋은 안을 제안할 수 있도록 해야 합니다. 그들은 풍부한 아이디어를 갖고 있고, 과장과 계장들의 의견까지 폭넓게 수렴하고 있으며, 주변에는 다양한 외부 전문가들이 함께하고 있습니다. 교수, 전문가, 기업인 등 각계 인사들의 컨센서스를 바탕으로 한 안을 마련할 수 있습니다. 그러한 안에 대해서는 "대단히 훌륭한 안"이라고 칭찬해주고, 필요하다면 장관의 의견을 조금 보태는 방식으로 접근하면 됩니다. 그러면 집행도 국장들이 책임감을 가지고 열정적으로 하게 됩니다.

때로는 제 생각과 조금 방향이 다른 경우도 있었습니다. 예를 들어 A, B, C 안 중에서 국장은 A 안을 건의하는데, 제가 C 안이 더 낫다고 제안하면, 국장은 C 안을 제대로 이해하지 못한 채 A 안을 고집하는 경우가 있습니다. 이럴 때는 국장이 신념을 가지고 있는 안을 지지해주는 것이 오히려 성공에 가깝습니다. 잘 모르는 것을 억지로 시키면 성공하기 어렵습니다. 그래서 장관의 의견보다 국장의 의견을 따라가도록 맡겼습니다.

그런데 실행 과정에서 국장은 장관의 아이디어가 가진 장점을 체감하게 됩니다. 그 시점부터는 진심으로 장관을 존경하게 됩니다. 또한, 모든 성과에 대해서는 국장이 좋은 아이디어를 제안하고 훌륭히 실행한 결과라며 칭찬해야 합니다. 그런데 어떤 장관은 아무것도 하지 않다가, 국장이 추진한 일을 어쩔 수 없이 승인해놓고 그것이 성공하면 자신이 한 일처럼 공을 가로챕니다. 의외로 그런 분들이 많습니다. 그런 태도는 존경을 받을 수 없습니다.

방향이 결정되면, 국장이 중심이 되어 일을 주도할 수 있도록 만들어주어야 합니다. 세부 사항까지 간섭해서는 안 됩니다. 국장도 한 사람의 리더입니다. 장관은 겉으로는 가벼워 보일 수 있지만, 실제로는 매우 높은 위치에 있는 사람입니다. 기본적인 방향만 제시하고, 그 외의 모든 부분은 국장에게 맡기면 일이 원활히 진행됩니다. 그리고 다른 부처와의 갈등에서 국장이 밀릴 경우에는 장관이

나서서 힘을 실어주어야 하며, 청와대나 총리실, 언론, 국회 등에서 예상치 못한 문제가 발생하면 장관이 앞장서서 막아주어야 합니다. 그렇게 되면 모든 일이 순조롭게 추진되고, 좋은 성과로 이어질 수 있습니다.

이러한 방식 덕분에 저는 어느 부처를 가더라도 큰 성과를 낼 수 있었고, 직원들의 신뢰를 얻을 수 있었습니다. 그 결과, 모든 대통령이 저를 찾아주었습니다.

리더는 바위 같아야 한다

장관은 국장들의 건의를 수렴하여 빈틈없는 안을 마련하고, 관계 기관과 긴밀하게 협조하여 방안을 완성합니다. 그러나 일단 장관이 한 번 서명하면, 그 이후에는 절대로 변경해서는 안 됩니다. 장관은 바위처럼 단단해야 합니다. 장관의 서명은 곧 최종 결정을 의미하며, 그 이후로는 변경이 없어야 합니다.

조금 자랑스럽게 말씀드리자면, 지금까지 대한민국 장관들에 대한 평가에서 제가 항상 최상위권에 오르는 이유 중 하나는 국장들이 저를 신뢰하고 좋아해주었기 때문입니다. 저는 지금까지 한 번 서명한 사안을 다시 변경한 적이 없습니다. 그렇기 때문에 직원들이 일하기가 편했던 것입니다. 장관이 '오케이' 하면 무조건 추진하는 것이고, 혹시 문제가 발생하더라도 장관이 모든 책임을 지고 뒷수습을 해주기 때문입니다. 그래서 제가 맡은 부처마다 항상 좋은 성과를 낼 수 있었던 것입니다.

그 덕분에 모든 대통령이 찾는 장관이 되었고, 공학박사 출신으로는 드물게 부총리까지 역임할 수 있었습니다. 비결은 간단합니다. 아랫사람들의 건의를 들은 후 장관이 결정을 내려주되, 일이 잘되면 그 공은 부하 직원들에게 돌려 칭찬을 아끼지 않고, 문제가 발생하면 장관이 책임지고 해결해주는 것입니다. 그리고 장관이 한 번 서명한 사안은 번복하지 않는다는 원칙을 지키는 것이죠. 이렇게 되면 국장들이 매우 일하기 수월해집니다.

제가 몸담았던 여러 부처는 대기업들과의 이해관계가 많은 곳들이었습니다. 그런데 "장관님의 결재가 완료되었습니다"라고 하면, 어느 대기업도 더 이상 움직이지 않았습니다. 움직여도 소용이 없다는 것을 알기 때문이었습니다. 이런 평판이 자리 잡기까지는 쉽지 않았지만, 일단 정평이 나고 나니 그다음부터는 일이 훨씬 수월해졌습니다. 무엇이든 "오명 장관이 서명하셨다"라는 말 한마디로 모든 것이 마무리되었기 때문입니다.

산업화는 늦었지만 정보화는 앞서가자

인류의 발전 과정을 되돌아보면 농업혁명이 있었고 산업혁명이 있었으며 정보혁명이 있었습니다. 이제는 이른바 4차 산업혁명이라 불리는 AI 혁명이 진행되고 있습니다. 산업혁명의 물결이 밀려왔을 때, 일본은 이를 재빠르게 수용하여 산업 선진국이 되었습니다. 그 결과 세계에서 가장 잘사는 나라 중 하나가 되었지요. 반면 우리나라는 쇄국 정책을 고수하고 당파싸움에 몰두한 나머지 세계에서 가장 가난한 나라로 전락했고, 결국 일본에 나라를 빼앗기는 수모까지 겪었습니다.

만약 산업 사회가 계속 이어졌다면 우리나라가 지금처럼 발전할 수 있었을까요? 매우 어려웠을 것이라 생각합니다. 산업 사회는 기초 기술부터 차곡차곡 쌓아 올려야만 성장이 가능한 구조입니다. 예를 들어 기계 기술만 하더라도, 단지 기계를 하나 만드는 것만으로는 부족하고, 그 기계를 구성하는 소재 하나하나를 만들어내는 기술에도 엄청난 노하우가 필요합니다. 이러한 기술은 수백 년에 걸쳐 축적된 결과입니다. 따라서 산업 사회가 지속되었더라면 우리는 일본과 도저히 경쟁할 수 없었을 것입니다.

그런데 제3의 물결이 불기 시작했습니다. 1970년대 후반부터 제3의 물결, 즉 정보화의 흐름이 본격화되었고, 당시 일본은 세계에서 가장 부유한 나라였습니다. 미국보다도 부유했지요. 일본은 미국의 상징이라 할 수 있는 록펠러센터까지 매입했을 정도였습니다. 이렇게 부유한 일본은 정보혁명에 큰 관심을 두지 않았습니다.

하지만 우리나라는 상황이 매우 절박했기에 이 기회를 반드시 잡아야 했습니다. 여러 선각자께서 앞장서서 "지금이 절호의 기회다. 이번 기회를 놓치면 다시는 기회가 오지 않는다. 우리나라는 산업화에는 뒤처졌지만, 정보화에서는 앞서가자"라고 주장하셨습니

224

다. 이 구호는 결국 우리나라가 선진국으로 도약하는 데 있어 매우 중요한 이정표가 되었습니다. 제가 체신부 차관으로 부임하였을 때, 제 주변에는 정보화의 선각자들이 많이 모여 있었습니다.

IT 강국은 이렇게 시작되었다

잘 아시다시피, 정보화 사회란 컴퓨터의 정보 처리 능력에 통신의 정보 전달 능력이 결합되면서 정보의 가치가 중요해지는 사회를 의미합니다. 그런데 막상 체신부에 와 보니, 우리나라는 개인용 컴퓨터조차 제대로 만들지 못하고 있었으며, 서민들은 전화기를 갖는 것조차 엄두를 내지 못하는 상황이었습니다. 당시에는 '백색 전화'와 '청색 전화'라는 두 종류의 전화가 있었는데, 백색 전화는 사고 팔 수 있는 전화로, 그 가격이 서민 주택보다 비쌌습니다. 반면, 청색 전화는 전화국에 신청하여 받을 수 있었으나, 신청을 해도 1년, 심지어 2년이 걸리는 경우도 많아, 서민들은 자신이 언제쯤 전화를 갖게 될지 전혀 알 수 없는 형편이었습니다.

컴퓨터 국산화

어느 날 컴퓨터 전문가인 청와대 홍성원 비서관께서 찾아오셔서, 컴퓨터를 정부 주도로 개발하자고 제안하셨습니다. 당시 우리나라는 개인용 컴퓨터(PC)조차 만들지 못하던 시기였습니다. 이에 10개 회사를 모아 컴퓨터를 공동으로 개발하게 되었습니다. 개발한 제품은 8비트 컴퓨터였는데, 지금 기준으로 보면 컴퓨터라고 하기도 어려운 수준이었습니다. 정부에서는 8비트 컴퓨터를 만들면 10만 대를 구매하겠다고 약속하였고, 이에 따라 공동 개발을 진행하였습니다.

하지만 막상 개발을 마친 후, 예산 당국에서는 예산이 부족하다며 구입하지 않았습니다. 고민 끝에 체신부에서 우선 5,000대를 구매하여 전국의 우체국에 설치하였습니다. 이 과정에서 매우 흥미로운 일이 벌어졌습니다. 시골 지역에는 은행이 없고, 주로 농협이나 우체국에서 예금 업무를 처리하고 있었습니다. 그 당시에는 창구 직원들이 주판으로 이자를 계산해주었는데, 이로 인해 신뢰도가 낮은 경우가 많았습니다.

그런데 어느 날 우체국에 컴퓨터가 들어와, 버튼을 누르면 '드르륵' 소리와 함께 이자 금액이 자동으로 출력되자 사람들은 매우 신기해하였습니다. 이로 인해 우체국에 대한 신뢰도가 높아졌고, 예금이 몰려들기 시작하였습니다. 덕분에 체신부는 5,000대에 투자한 비용을 충분히 회수하고도 남는 성과를 거두었습니다. 컴퓨터를 다루는 우체국 여직원은 군 장병들 사이에서 가장 인기가 높은 여성으로 주목받기도 하였습니다.

이전에는 연초에 예산서를 전국의 3,000여 우체국에 배포하는데 한 달 가까이 소요되었으나, 컴퓨터 덕분에 불과 며칠 만에 작업을 마칠 수 있었습니다. 체신부는 컴퓨터를 가장 먼저 도입하면서 행정 혁신을 이룩하였습니다. 당시에는 너무 앞서 나간 나머지, 컴퓨터로 출력한 예산 자료를 예산처에서 인정하지 않기도 하였습니다. '가장 구식 부처'라는 평가를 받던 체신부가 시대를 앞서가기 시작한 것입니다.

또한, 전국의 체신청을 연결하여 온라인 회의를 진행한 것 역시 체신부가 최초였습니다. 우체국의 외관, 체신부 로고, 모든 공문서 양식에 대한 CI 작업도 민간 기업보다 먼저 시작하였습니다. 2000년대 정보화 사회를 선도하기 위한 기본 계획 또한 정부 부처 가운데 체신부가 가장 먼저 발표하였으며, 늘 하위 부처로 인식되던 체신부가 새로운 시대를 주도하게 되었습니다.

당시 호적등본을 발급받기 위해서는 하루를 휴가 내고, 아스팔트 포장도 되지 않은 길을 버스를 타고 먼 시골까지 가야 했습니다. 그러나 체신부는 우체국을 통해 등본을 대신 발급해주는 서비스를 시행하여 국민의 큰 호응을 받았습니다. 더 나아가 행정전산망을 구축하여, 전국 어디서나 주민등록등본을 발급받을 수 있도록 만들었습니다.

행정전산망에 필요한 컴퓨터는 미국의 벤처기업 30여 개를 조사한 끝에 '톨러런트(Tolerant)'라는 회사를 선정하여 국산화하였습니다. PC 단계를 건너뛰고 '슈퍼 미니컴퓨터'를 개발하였으며, 운영 소프트웨어도 우리 기술로 발전시켰습니다. 우여곡절이 많았지만 결국 세계 최고 수준의 행정전산망을 구축하는 데 성공하였고, 해외로 수출까지 이루어졌습니다. 1980년대의 후진국이었던 대한민국이 세계 최고 수준의 행정전산망을 만든 것은 그야말로 기적이라 할 수 있습니다.

통신 운영 체제의 재정립

체신부 차관으로 부임하면서 가장 먼저 착수한 일은 통신 사업 체제를 근본적으로 개편하는 것이었습니다. 체신부 내에 통신정책국을 신설하여 정책 수립과 사업자 감독의 기능을 맡기고, 사업 부문은 분리하여 전기통신공사와 데이콤을 설립하였습니다. 이는 매우 중요한 의미를 지닌 조치였습니다. 사업 부문을 분리하고 체신부가 정책 주무 부처로서 과감하고 장기적인 정보화 정책을 추진할 수 있는 시발점이 되었기 때문입니다.

차관실 내에 연구팀을 구성하고, 사무관급의 젊은 엘리트 연구원 5명을 선발하여 정책 연구를 수행하도록 하였습니다. 이 팀은 훗날 통신연구소의 모태가 되었으며, 이후 법적 기반을 갖춘 정보정책연구원으로 재탄생하였고, 영문 명칭은 'KISDI'로 정하였습니다. 이 기관은 우리나라 정보화와 관련된 중장기 정책을 이끌며 IT 강국으로 도약하는 데 있어 브레인 역할을 수행하였습니다.

또한, 첨단 연구 및 기술 개발을 전담하기 위해 대형 연구소인 전자통신연구소(ETRI)를 통합 발족시켰으며, 한국이동통신주식회사, 한국항만전화주식회사, 한국통신기술주식회사, 한국통신진흥

주식회사, 한국전산원 등을 차례로 설립하였습니다.

한국전기통신공사 설립

이전에는 체신부가 직접 전화 사업을 담당하였습니다. 공무원 신분인 전화국 직원들이 전화 설치와 수리를 담당했으나, 전자교환기로 전환되면서 고급 기술자가 필요하게 되었고, 이들에게 많은 급여를 지급할 방법이 없었습니다. 또한, 사업 규모에 따라 유연하게 인력을 증원해야 했으나, 공무원 정원 제한에 묶여 매우 어려운 상황이었습니다.

예산을 세워 전화기를 구입하여 설치해야 했는데, 너무 많이 구입해 보관하면 감사에서 지적을 받았고, 반대로 부족하면 제때 전화 설치를 하지 못하는 일이 발생하였습니다. 이처럼 전화 사업을 정부로부터 분리해야 한다는 여론은 오래전부터 있었으나, 오랜 기간 논의만 이어졌을 뿐 실현되지는 못했습니다.

그러던 중 청와대 김재익 경제수석이 공사화를 주도했습니다. 남덕우 국무총리가 적극 찬성하였으며 전두환 대통령이 결재를 내려 공사화가 최종 결정되었습니다.

일본의 사례를 조사해 보니, 전화 사업을 국내와 국제 부문으로 나누어 운영하고 있었는데, 다양한 문제가 존재하였습니다. 예를 들어, 국제 통화를 하려면 국내선과 국제선을 연결해야 하는데, 어떤 표준으로 접속할지, 요금은 어떻게 분담할지 등 복잡한 사안들이 많았습니다. 이러한 문제를 고려하여, 우리나라는 이를 하나로 통합하여 운영하기로 결정하였습니다. 그 결과, 전화 사업을 총괄하는 전기통신공사(KTA) 하나만을 설립하였습니다.

또한, 일본 전문가들의 의견에 따르면 데이터를 전담하는 회사를 빨리 만드는 것이 필요하다고 하였으나, 그 과정이 매우 어렵다고 하였습니다. 일본은 내각책임제 국가로, 의회 중심의 의사결정 구조를 가지고 있기 때문에 중요한 결정을 신속히 내리기 어렵다는 인상을 받았습니다. 이에 우리나라는 일본보다 먼저 데이터 통신 회사를 설립하였습니다.

전기통신공사 설립 작업은, 체신부 소속 8만 명의 직원 중 절반을 전기통신공사로 이관하는, 정부 수립 이후 최대 규모의 인사 조치였습니다. 매우 어려운 과제였습니다. 월급이 더 많은 공사로 전출되기를 희망하는 이들도 있었지만, 어려웠던 점은 "공무원이 되어야 한다"는 부모님의 유훈 때문에 공무원이 아닌 신분으로는 갈 수 없다는 분들이 계셨다는 점이었습니다.

최광수 장관께서는 훌륭한 행정가이십니다. 대부분의 업무는 실무자에게 맡기시지만, 중요한 일은 직접 정확히 파악하시고 직접 지침을 내리셨습니다. 8만 명에 달하는 직원을 분리하는 큰 작업을 진행하면서도 어떠한 잡음도 없이 마무리한 것은 전적으로 최 장관의 행정 능력 덕분이었습니다.

어느 날 장관의 지침이 내려졌습니다. "몇 월 며칠 자로 인사 동결, 어느 부서에 몇 월 며칠까지 근무했던 사람은 어디로 이관" 등 명확한 지침이었습니다. 합리적인 기준이었고 예외가 없었기 때문에 모두가 납득하고 따를 수 있었습니다.

최 장관은 정부에서 오래 근무하신 덕에 인맥도 넓고, 부탁하는 사람도 많았습니다. 장관 책상 위에 수많은 쪽지가 놓여 있는 것을 보았지만, 단 한 건도 메모 지시를 하신 적이 없으셨습니다. 8만 명에 달하는 인사를 짧은 시간 안에 아무런 잡음 없이 마무리한 일은, 대한민국 행정사에 길이 남을 업적이라 할 수 있습니다.

데이콤 설립

1년 후에는 데이터 통신을 전담하는 '데이콤'을 설립하였습니다. 전기통신공사도 어느 정도 정부의 통제를 받고 있었고, 특히 처우 면에서는 융통성이 부족하였기 때문에, 데이콤은 아예 주식회사 형태로 설립하기로 결정하였습니다. 일본은 일찍부터 데이터 전담 회사를 설립해야 한다는 논의를 해왔으나, 당시까지도 실제 발족에는 이르지 못하고 있었습니다. 음성 통신 회사와 데이터 통신 회사를 동시에 발족시킨 사례는 우리나라가 최초였던 것으로 압니다.

주식회사로 설립하기 위해서는 민간 투자를 유치해야 했지만, 당시에는 데이터 통신에 대한 이해가 부족하여 투자가 원활히 이루어지지 않았습니다. 담당 과장이 나가서 투자 설명회를 진행하였으나 자금이 모이지 않았습니다. 결국, 차관이던 제가 직접 나서서 사업 설명회를 개최하였습니다. "데이터 통신 회사는 황금알을 낳는 거위와 같습니다. 여기에 투자하시는 분들은 앞으로 큰 수익을 얻게 될 것입니다"라고 말씀드리며, "초기 5년 동안 발생하는 적자는 정부가 보전해 드리겠습니다"라고 공개적으로 약속하였습니다. 이와 같은 방식으로 민간 투자를 유치하여 주식회사 데이콤을 설립하게 되었습니다. 차관이 앞장서서 자금을 모으다 보니, 시중에서는 "오명 차관이 자기 회사를 만들려 한다"는 소문까지 돌기도 하였습니다. 적자 보전은 전기통신 전용 회선 사업을 5년 동안 데이터 통신 회사가 맡아 그 이익으로 충당하는 방식으로 해결하였습니다.

이후의 관심사는 데이터베이스 서비스를 제공할 것인가에 대한 문제였습니다. 데이터베이스 사업은 초기에 수익이 발생하지 않기 때문에 고민이 많았습니다. 그러나 수익이 나지 않더라도 이러한 사업은 국가가 나서서 해야 한다는 판단하에 '천리안'이라는 서비스를 적자를 감수하면서도 시작하였습니다. 이는 우리나라가 매우 빠르게 정보화 사업을 시작한 사례에 해당합니다.

데이콤은 국민에게 정보화 사회에 대한 인식을 확산시키는 데에도 다양한 역할을 하였습니다. 정보문화센터를 설립하여 전 국민을 대상으로 컴퓨터를 무상으로 교육하고, 미래 정보화 사회에 대한 교육과 홍보 활동을 전개하였습니다. 상공회의소 정수창 회장을 필두로 문인, 법조인, 예술계 인사들까지 참여하여 활발한 정보 문화 운동을 펼쳤습니다.

또한, 데이콤은 행정전산망을 추진하는 업무도 맡아, 우리나라 정보화를 선도하는 중추적인 역할을 하였습니다.

데이콤을 설립할 당시에는 어느 재벌 회사도 7% 이상의 주식을 보유하지 못하도록 정관에 명시해 두었습니다. 저는 데이터 통신 회사나 이동통신 회사를 세계적인 기업으로 성장시키고자 하는 바람이 있었기 때문에, 특정 재벌이 이를 소유하지 못하도록 조치하였던 것입니다. 그러나 이후 정책이 어떻게 변경되었는지, 결국 이들 기업은 모두 재벌 그룹에 귀속되고 말았습니다. 재벌 그룹이 소유하게 됨으로써 발전 속도가 빨랐던 것은 사실이나, 독립적인 통신 전담 회사로 키웠더라면 세계적인 통신 회사가 되었을 것이라는 아쉬움이 남습니다.

국운이 달린 전전자교환기(TDX) 개발

저는 전화의 대량 공급에 대해 목표를 두고 있었습니다. 늘 이렇게 말했습니다. "어떻게 하면 전화를 대량으로 공급하여 만성적인 적체 현상을 해소할 수 있을까? 구매를 희망하는 사람들은 줄을 서고 있는데, 많이 만들기만 하면 팔릴 제품인데, 이 문제를 해결하지 못한다는 것은 말이 되지 않는다. 대규모 자금을 투입하여 대량으로 공급하면 되는 것이다. 필요한 자금은 외자를 도입하거나 채권을 발행하여 마련할 수 있으며, 대량 판매를 통해 생긴 수익으로 이를 갚으면 될 것이다." 그리고 이러한 판단 아래 대량 생산 계획을 세우게 되었습니다.

전화 시스템에서 가장 핵심적인 구성 요소는 교환기입니다. 과거에는 교환원이 중간에서 수동으로 전화를 연결해주었지만, 기술이 발전하면서 소위 기계식 교환기가 이를 대체하게 되었습니다. 이후 반도체와 컴퓨터 기술의 발전으로 반전자식 교환기가 개발되었고, 한 단계 더 나아가 전전자식 교환기가 등장하였습니다.

당시 우리나라는 교환기를 자체적으로 제작하지 못하였기 때문에, 독일의 EMD라 불리는 기계식 교환기를 오랫동안 수입하여 사용해왔습니다. 반전자식 교환기가 도입되면서는 미국과 벨기에서 제품을 들여왔고, 다시 전전자교환기가 세계적으로 등장하기 시작하자 '이 전자교환기를 우리도 자체 개발할 수는 없을까?' 하는 희망을 갖게 되었습니다. 당시 우리나라는 기술 후진국이었으며, 컬러TV를 조립하는 수준에 머물렀고, 핵심 반도체는 일본에서 수입해 사용할 수밖에 없었습니다. 그러나 전전자교환기는 기술적 난이도 측면에서 컬러TV와는 비교할 수 없을 정도로 고난도의 제품으로, 당시 전 세계에서 오직 6개 선진국만이 이를 개발할 수 있었습니다. 인도와 브라질도 개발에 도전했으나 실패한 바 있었습니다.

'전전자교환기를 우리가 직접 개발할 수 있다면 얼마나 좋을까? 대량의 전화를 저렴하게 공급할 수 있을 뿐 아니라, 우리나라 기술도 단숨에 선진국 수준으로 올라설 수 있을 것이다. 전자교환기 개발에 도전해보자.' 이러한 발상은 곧바로 여러 반대에 부딪혔습니다. 전화국 기술자들뿐 아니라 전자 회사 기술자들까지도 개발비가 천문학적으로 소요될 것이라는 이유로 반대하였습니다. 당시 우리나라에는 10억 원 규모의 연구개발 사업조차 전무한 상황이었기에 수천억 원이 들어갈 전자교환기 개발은 엄두조차 낼 수 없었습니다. 그럼에도 불구하고 깊은 고민 끝에 개발을 결심하였고, 이른바 단군 이래 최대 규모의 연구개발 사업인 '전전자교환기 연구개발 사업'이 시작된 것입니다.

전전자교환기 개발에 성공하면 통신망 확장에 들어가는 비용이 대폭 줄어들 뿐 아니라, 관련 반도체와 컴퓨터 기술이 함께 발전하여 IT 강국으로 나아가는 기반이 마련될 것이라 기대했습니다. 이에 따라 전자통신연구소의 최순달 소장을 불러 전전자교환기 개발 연구를 지시하였습니다. 그러나 소장의 첫 반응은 "연구비로 100억 원 이상이 들어갈 텐데 그 자금을 어떻게 마련하겠습니까? 지금 우리나라에는 10억 원 규모의 연구 프로젝트도 없습니다"라는 것이었습니다.

그래서 정식으로 기획서를 제출하라고 하였더니, 연구소에서는 총 240억 원의 연구개발비를 신청해왔습니다. 후일담에 따르면, 이 240억 원이라는 금액은 근거가 명확하지 않았다고 합니다. 어차피 승인되지 않을 것이라 생각하고 최대한 불려서 신청한 금액이 240억 원이었고, 그것이 그대로 통과되리라 예상하지 못했던 것이었습니다. 이로 인해 큰 파장이 일었습니다. "젊은 차관이 겁도 없이 무모한 모험을 하고 있다"라는 비난도 있었습니다. 그러나 저는 500억 원을 요구했더라도 지원했을 것입니다. 240억 원은 선진국들이 전전자교환기를 개발할 때 소요된 비용의 10분의 1에도 못 미치는 액수였기 때문입니다. 또한, 우리가 전전자교환기 개발을 시작하면 외국산 교환기의 수입 가격이 크게 내릴 것이라 판단하기도 했습니다.

예를 들어, 당시 매년 5,000억 원 규모의 교환기를 수입하고 있었는데, 국내에서 교환기 개발이 시작되면 바잉 파워가 생겨 가격을 10% 정도 낮출 수 있을 것으로 보았으며, 그렇게 되면 연간 500억 원을 절감할 수 있다는 계산이었습니다.

훗날 많은 분께서 "그때 성공했기에 다행이지, 실패했더라면 지금의 당신은 없었을 겁니다. 당신은 운이 좋았습니다"라고 말씀하셨습니다. 그러나 저는 처음부터 전전자교환기 개발 사업이 반드시 성공할 것이라고 확신했습니다. 왜 제가 그렇게 확신하였으며, 장관과 대통령을 어떻게 설득했는지는 기회가 있을 때 따로 말씀드리겠습니다. 오늘은 시간 관계상 그 부분은 생략하겠습니다.

'단군 이래 최대의 연구개발 사업인 TDX 사업을 어떻게 성공시킬 것인가? 가장 효율적인 모델을 만들어보자. 일반적으로는 연구소에서 제품을 개발한 후 기업으로 넘어가고, 기업은 다시 수많은 단계와 절차를 거쳐 생산과 판매를 하며, 소비자는 가격과 성능을 조사한 뒤 구매하고 활용하기까지 많은 시간이 소요된다. 단계마다 상당한 시간과 노력, 비용이 드는데, 이 모든 단계를 없앨 수는 없을까?' 전전자교환기 개발에 앞선 우리의 바람과 의문이었습니다.

그래서 장관의 결단으로 특단의 조치를 내렸습니다. 연구·개발·생산·구매·활용을 모두 한 팀이 동시에 진행할 수 있도록 'TDX추진단'을 구성하고, 새로운 일괄 모델을 마련했습니다. TDX 개발단, TDX품질보증단, TDX사업단을 만들어 전자통신연구소 내에 금성(LG), 동양정밀, 대우, 삼성 등 제조업체 기술자들을 파견받고 사용자인 전기통신공사도 함께 참여하도록 하였습니다. 이 모델이 실행 가능하다면 가장 효율적인 구조라고 할 수 있었습니다.

우리는 장관의 리더십 아래 이 모델을 성공적으로 정착시켰고, 이후 다양한 첨단 IT 제품들이 이 모델을 기반으로 성공을 거두며 한국의 IT 기술은 비약적인 발전을 이루게 되었습니다. TDX 개발 모델은 여러 개발도상국에서 주목받는 모델이 되기도 하였습니다.

중요한 프로젝트를 성공으로 이끌기 위해서는 조직 구성이 핵심입니다. 능력 있고 사명감 있는 책임자를 어떻게 찾을 것인가, 예산을 어떻게 확보할 것인가, 그리고 무엇보다도 참여하는 연구원들에게 어떻게 사명감을 심어줄 것인가가 중요하였습니다.

이처럼 전자통신연구소와 네 개의 대기업, 사용자인 전기통신공사가 모두 참여하고, 체신부가 정책적으로 이를 뒷받침하는 특별한 모델을 마련하여 우리는 결국 이 TDX 사업을 성공으로 이끌 수 있었습니다.

TDX개발단

전자통신연구소 내에 TDX 개발단을 설치하되, 예산까지 포함하여 완전히 독립된 조직으로 구성하였고, 이곳에 금성반도체, 동양정밀, 삼성반도체통신, 대우통신의 기술자들을 파견받아 합동으로 연구개발을 수행하도록 하였습니다. 개발단장은 처음부터 양승택 박사로 내정하였는데, 이는 전전자교환기 개발 사업을 구상할 당시 전자통신연구소의 최순달 소장이 양 박사를 적극 추천하였기 때문입니다.

양 박사는 당시 삼성반도체통신에 소속되어 있었고, 삼성 측에서도 꼭 필요한 인재라며 이적에 난색을 표하였습니다. 그러나 다행히 삼성반도체통신의 이춘화 사장은 제가 평소 존경해온 가까운 선배이셨기에 간곡히 부탁드릴 수 있었습니다.

"이번 전전자교환기 개발 사업은 정부가 가장 중시하는, 단군 이래 최대의 연구개발 사업입니다. 양 박사께서 국가를 위해 봉사할 기회를 주십시오. 어차피 삼성도 공동 개발에 참여하고 있으니, 삼성 측에서 오신 분이 단장을 맡는 것도 삼성에 유리하지 않겠습니까?"

이와 같은 설득 끝에 이춘화 사장의 도움으로 양 박사를 영입할 수 있었습니다. 양 박사는 뛰어난 과학기술인일 뿐 아니라, 연구원들을 이끄는 조직적 리더로서의 능력도 탁월하였습니다. 그는 어려운 고비마다 연구원들을 독려하며 '할 수 있다'는 긍정적인 자세와 사명감을 불어넣었습니다.

TDX품질보증단과 TDX사업단

품질 보증 절차의 도입은 당시로서는 획기적인 일이었습니다. 당시 국산 제품은 고장이 잦아 소비자들로부터 외면받고 있었는데, 이는 품질 보증 개념 자체가 존재하지 않았기 때문입니다. 그러나 군용 장비의 경우 이미 엄격한 품질 보증 절차가 자리 잡고 있었고, 똑같아 보이는 전자제품이라 하더라도 민간용과 군용 사이에는 열 배 이상의 가격 차이가 났습니다. 이는 군용 장비 생산업체가 폭리를 취한 것이 아니라, 품질 보증에 들어가는 비용이 반영된 결과였습니다.

가령, 같은 반도체라 하더라도 가전제품에 들어가는 것과 군용 장비에 들어가는 것 사이에는 그 품질의 차이가 있었습니다. 군용 장비의 부품은 충격, 온도 변화, 시간 경과 등에 따른 까다로운 성능 시험을 모두 통과해야 하므로 신뢰도가 매우 높았습니다.

저는 TDX 개발에 있어서도 이와 같은 품질 보증 절차를 적용하여, 선진국 제품과 동등한 신뢰도를 확보해야 한다고 판단하였습니다. 나아가, TDX가 세계 무대에서 가장 신뢰도 높은 제품으로 인정받도록 하기 위해, 제품의 구매·설치·운영·폐기 전 과정을 관리할 TDX사업단을 만들기로 하였습니다. 이와 함께 TDX품질보증단과 사업단은 실수요자인 한국통신공사 내부에 설치하였습니다. 즉, TDX를 사용하는 이들이 품질 보증과 구매·운영·폐기를 담당하도록 한 것입니다.

다만 품질보증단을 맡을 책임자를 찾는 일은 매우 어려웠습니다. 당시 국내에서 품질 보증 절차를 충분히 경험한 전문가가 거의 없었기 때문입니다. 이때 군용 무전기 개발을 통해 관련 경험이 있는 거의 유일한 인물이었던 서정욱 박사를 떠올리게 되었습니다.

서 박사는 소형 군용 무전기를 생산하는 과정에서 품질 보증 절차를 익혔을 뿐 아니라, 국방과학연구소 소장을 역임하면서 군용 장비 개발에 대해 폭넓고 깊이 있는 지식을 갖춘 존경받는 선배였습니다. 그렇게 저희는 그에게 품질보증단장직을 제안하였고, 서 박사는 사명감 있는 공학박사로서 기꺼이 수락해주셨습니다. 저는 더 나아가 그에게 사업단장직까지 맡아줄 것을 부탁드렸습니다.

서 박사가 부임하면서 개발단 분위기는 완전히 달라졌습니다. 그는 연구원들뿐 아니라 생산업체까지 엄격히 관리하며, 군용 장비에 준하는 품질 보증 체계를 정착시켰습니다. 제품 성능을 확보하기 위해 부품 하나하나, 조립 단계별로 철저한 테스트를 시행하였고, 삼성이나 금성을 막론하고 공장에 직접 들어가 생산 라인을 점검하고 엄격하게 감독하였습니다. 이로 인해 업계로부터는 불평도 있었으나, 결국 삼성, 금성 등 국내 기업들은 그에게서 많은 것을 배우게 되었습니다.

현재 우리나라 전자제품이 세계적으로 인정받고 있지만, 당시만 해도 세계 시장에서의 평가는 미미했습니다. 그러나 이때부터 우리 전자 회사들이 본격적으로 품질 보증 체계를 갖추기 시작하였고, 이는 서 박사의 공로가 컸다고 생각합니다. 이후 삼성과 금성은 반도체, 슈퍼 미니컴퓨터, CDMA 휴대전화 등을 공동으로 개발하며 세계적인 기업으로 성장하게 되었습니다.

전자통신연구소 연구원들 역시 남다른 각오로 임하였습니다. 240억 원이라는 전례 없는 연구개발비를 지원받은 이들은, 개발 실패 시 어떠한 처벌도 감수하겠다는 각오로 서약서를 작성하고 임원들이 서명한 후, 이를 연구원들에게 회람하였습니다. 이 서약서는 후에 'TDX 혈서'로 불리게 되었습니다.

당시 정부 예산으로는 10억 원을 넘는 연구개발 자금을 마련하기조차 어려웠던 시기였습니다. 그렇다면 어떻게 240억 원이라는 막대한 자금을 확보할 수 있었을까요? 이른바 '신의 한 수'라 불리는 아이디어가 동원된 것입니다. 아무도 주목하지 않던 틈을 타 전기통신사업법을 개정하여, 통신 사업자가 매출의 3% 이상을 연구개발에 사용할 수 있도록 한 것입니다. 이에 따라 전기통신공사와 데이콤의 매출 중 3%가 TDX를 포함한 대규모 연구개발에 활용될 수 있었습니다. 이 법 개정 덕분에 1,000억 원 단위의 연구개발이 가능해졌고, 이는 명실상부한 '신의 한 수'였습니다.

이와 같은 성공 모델은 이후 4메가 D램 개발, 슈퍼 미니컴퓨터 개발, CDMA 휴대전화 개발, WIBRO, DMB 개발 등으로 이어지며, 우리나라가 IT 선진국으로 도약하는 데 결정적인 역할을 하였습니다. 나아가 이 모델은 우리나라 고유의 국가 연구개발 체계로 자리 잡았으며, 개발도상국의 성공적인 연구개발 사례로 해외에도 널리 알려졌습니다.

TDX 개발은 세계적인 뉴스가 되었습니다. 당시 선진 6개국 외에는 개발할 수 없었던 전전자 교환기를, 기술 후진국이었던 한국이 자체 개발하였고, 성능 역시 우려와 달리 완벽하게 구현되었습니다. 이로 인해 교환기 가격은 5분의 1 이하로 급감하면서 막대한 예산 절감이 가능해졌습니다.

그 결과 전화 보급이 획기적으로 촉진되었습니다. 1987년 1,000만 회선을 돌파하면서, 전화를 신청하면 단 하루 만에 개통되는, 전 세계에서 가장 빠른 서비스를 제공하는 나라가 되었습니다. 불과 몇 년 전만 해도 1년 이상 기다려야 했던 현실을 생각하면, 전 세계가 놀랄 만한 변화였습니다.

과학기술 분야에서도 TDX 개발은 커다란 전환점을 가져왔습니다. 이전에는 체면상 연구개발을 '하는 척'만 하던 분위기였으나, 실제로 수십 배의 이익을 실현하면서 연구개발에 대한 인식이 근본적으로 바뀌게 되었습니다.

TDX 개발에 참여한 연구원들은 세계 IT 업계에서 신화적인 존재가 되었습니다. 해외 심포지엄에 참석하면 늘 TDX 성공담이 주제가 되었고, 이 이야기가 나오면 청중들이 일제히 기립박수를 보냈다고 합니다. TDX를 구매하려는 나라들이 줄을 섰고, 이로 인해 우리나라 전자제품의 국제적 위상이 급격히 상승하였습니다. 가전제품 역시 TDX 덕분에 선진국 제품들과 경쟁할 수 있게 되었습니다. TDX의 성공은 곧 우리나라가 세계 최고의 통신 강국으로 나아가는 길을 연 사건이었습니다.

더불어 1987년을 기점으로 정치적 민주화가 본격적으로 전개되었는데, 이 과정에서 통신이 중요한 역할을 했다고 생각합니다. 당시 전화 가입자가 1,000만 명을 넘어 1가구 1전화 시대가 도래하면서, 전통적으로 강했던 '여촌야도' 현상이 무너지기 시작했습니다. 전국적으로 통신망이 확산되며 도시와 농어촌 간의 정치적 인식 격차가 줄어든 것입니다. 통신 혁명이 한국 민주화의 일등 공신이 된 셈입니다.

당시 전자통신연구소의 최순달 소장, 부소장이던 경상현 박사, TDX 개발단장 양승택 박사, 정책을 총괄했던 통신정책국 윤동윤 국장 모두 훗날 체신부 장관을 역임하였고, TDX 품질보증단장이었던 서정욱 박사 역시 과학기술부 장관으로 발탁되었습니다.

반도체 공동 개발

TDX 개발이 성공적으로 마무리되자, 곧이어 반도체 개발이 기다리고 있었습니다. 1986년 8월, 정부는 4M DRAM 반도체를 공동으로 개발하기로 방침을 정하였습니다. 당시 기업들은 1M

DRAM까지는 자체적으로 개발하였으나, 반도체 산업이 불황에 접어들면서 더 이상의 개발은 기업 단독으로는 감당하기 어려운 상황이었습니다. 공장에는 재고가 쌓이고 자금난도 겪고 있는 가운데, 미국과 일본은 이미 4M DRAM 개발에 착수한 상태였기 때문에, 장기적인 관점에서 반도체 산업을 포기할 수는 없었습니다.

이에 정부는 TDX 개발 방식과 동일하게, 반도체 역시 공동으로 개발하기로 결정하고, 전자통신연구소 내에 '4M DRAM 반도체 개발사업단'을 설립하였습니다. 그리고 삼성, 금성, 현대의 기술자들을 파견받아 공동 개발을 시작하였습니다.

정부는 이 사업에 대해 400억 원의 연구비를 지원하고, 600억 원의 장비 구입비를 특별 융자 형식으로 지원하기로 하였습니다. 개발단장으로는 전자기술연구소 소장을 역임한 김정덕 박사를 영입했습니다. 김 박사는 훌륭한 리더십으로 구성원 간의 갈등을 원만히 조정하며 사업을 성공적으로 이끌었습니다.

그 결과, 4M DRAM은 1988년 2월 세계에서 세 번째로 제품 개발에 성공하였습니다. 퇴임을 앞둔 전두환 대통령은 이 성과에 크게 기뻐하며, 개발에 참여한 연구원들을 청와대로 초청해 만찬을 베풀고 직접 술을 따라주는 등 큰 격려를 아끼지 않았습니다. 전 대통령은 퇴임 이후에도 "64M DRAM은 반드시 세계 최초로 개발하라"라며 연구원들을 독려하였습니다.

또한, 저에게 그 뜻을 노태우 당선인에게 전달하라고 지시하여,

권원기 과학기술처 차관과 경상현 전자통신연구소 소장을 대동하고 노 당선인을 예방하여 전 대통령의 뜻을 전달하였습니다.

제6공화국에서도 반도체 개발 사업은 중단 없이 이어졌으며, 마침내 1992년에는 세계 최초로 64M DRAM을 개발하는 데 성공하였습니다. 이로써 대한민국 반도체 산업은 세계를 선도하는 위치에 서게 되었습니다.

서울대학교에 반도체 공동 연구소를 만들다

서울대학교의 민홍식 교수와 이종덕 교수, 그리고 몇몇 대학의 반도체 관련 교수님들이 대학 내에 반도체 연구소를 설립할 수 있도록 도와달라며 찾아오셨습니다. 민홍식 교수는 저와 전자공학과에서 함께 공부했던 친구입니다. 그는 후에 모교의 교수가 된 매우 뛰어난 수재였습니다.

당시 저 역시 반도체 인력 양성 문제로 고민하던 중이었기에, 과학기술처 차관과 함께 문교부 차관실을 방문하여 반도체 연구소 설립의 필요성을 설명하고 협조를 요청했습니다. 다행히도 반도체의 중요성을 잘 인식하고 있던 문교부 차관께서 적극적으로 협조해 주셔서 예산을 마련할 수 있었습니다.

그러나 초대 소장을 맡은 이종석 교수가 의욕이 지나쳐 당초 계획보다 규모가 큰 연구소를 짓는 바람에 예산이 부족하게 되었습니다. 마침 예산처는 반도체에 대해 회의적인 입장이었기에, 추가 예산 지원에는 부정적이었습니다. 이에 다른 방안을 모색한 끝에 청와대의 도움을 받기로 하였습니다.

반도체 공동 연구소 예산을 대통령 주재 과학기술진흥회의 안건으로 상정하여, 반도체에 깊은 관심을 두고 있던 전두환 대통령의 격려와 지원을 통해 예산 문제를 해결할 수 있었습니다.

정보 복지 사회 건설 정책

정보화를 추진하면서 늘 고민했던 점은, 과연 2000년대 정보 사회가 정착되었을 때 모든 국민이 정보의 혜택을 고르게 누릴 수 있는 복지 사회가 될 수 있을 것인가 하는 것이었습니다. 어떻게 하면 모든 국민에게 정보의 혜택을 고르게 제공할 수 있을까를 고민하였습니다. 정보 사회로의 빠른 진입도 중요하지만, 정보 사회가 되었을 때 많은 사람이 정보의 혜택을 고르게 누릴 수 있도록 하는 복지 사회를 구현하는 것이 더욱 중요한 과제였습니다. 정보가 특정 계층에만 편중될 경우, 빈부 격차나 도농 간 격차가 더욱 심화될 수 있으므로, 이를 해결하기 위한 특별한 대책이 절실히 필요했습니다. 그때 수립한 원칙은 다음과 같습니다.

첫째, 지역과 관계없이 동일한 정보 획득 요금을 적용하자. 당시 서울 시내 전화 한 통은 10원이었지만, 서울과 제주도 간의 통화는 500원이었습니다. 정보는 대부분 도시에 집중되어 있는데, 이처럼 정보 획득 비용이 크게 차이 나면 도농 간 격차는 더욱 커질 수밖에 없습니다. 이에 따라 전국을 하나의 요금권으로 통합하자는 의견을 제시하였습니다. 반대하는 분들에게는 다음과 같은 논리로 설득하였습니다. "우편 요금을 보십시오. 서울 시내 배달과 제주도까지의 배달 원가는 다르지만, 우편 요금은 전국이 이미 동일하지 않습니까?" 그럼에도 불구하고 반대 의견이 나오자 "전기 요금을 보십시오. 발전소에서 가까운 지역과 먼 지역은 송전 원가에 차이가 크지만, 전기 요금도 전국이 이미 통일되어 있지 않습니까? 그런데 왜 전화 요금만 전국 단일 요금제가 될 수 없다고 하십니까?"라고 설명하였습니다. 오랜 설득 끝에 전국을 하나의 요금권으로 만들자는 데에 의견이 모였고, 나아가 전 세계를 하나의 요금권으로 하자는 제안까지 제기되었습니다. 사실 인공위성을 통해 통신이 이루어지는 시대에는, 통신 상대국이 가까운 곳이든 먼 곳이든 통신 원가에 큰 차이가 없습니다.

둘째, 전국에 동일한 장비를 공급하자. 미국과 일본 등 대부분의 선진국에서는 대도시에는 고가의 고성능 장비를, 통신 사용량이 적은 농촌 지역에는 저렴한 장비를 설치하는 것이 일반적입니다. 그러나 우리나라는 도시와 농촌을 막론하고 전국 어디에서나 동일한 성능의 장비를 설치하였습니다. 많은 논란이 있었지만, 지역에 관계없이 모든 국민이 정보의 혜택을 고르게 받을 수 있도록 전국에 같은 장비를 보급하는 정책을 관철하였습니다.

셋째, 전 국민에게 정보화 마인드를 확산시키자. 국민의 정보 획득 및 활용 능력을 높이기 위해 전국에 정보문화센터를 설립하고, 30여 년간 미래 정보 사회에 대한 홍보와 컴퓨터 교육을 지속적으로 실시하였습니다. 특히 컴퓨터에 관심이 적은 주부들을 대상으로 '주부 100만 교육 계획'을 수립하여 각종 컴퓨터 학원을 지원하였으며, 그 결과 200만 명이 넘는 주부를 교육시키는 성과를 거두었습니다. 또한, 각 대학에 협조를 요청하여 시니어를 위한 컴퓨터 교육도 진행하였습니다. 가장 큰 성과 중 하나는 국방부 장관과 협의하여, 모든 장병이 제대 시 정보검색사 2급 이상 자격증을 취득하도록 한 정책입니다. 우리나라는 세계에서 유일하게 문맹률이 1% 미만인 국가인데, 이는 세종대왕께서 한글을 창제해주신 덕분이기도 하지만, 한편으로는 군대에서 모든 장병에게 '부모님 전상서'를 쓰게 하며 한글을 모르는 병사는 한글반에 편성하여 교육한 결과이기도 합니다. 문맹을 없앤 군대가 이번에는 '컴맹'을 없애는 데 앞장서게 되었고, 군의 컴퓨터 교육 확대 방침은 대통령의 관심 사항으로 추진되었으며, 언론에도 크게 보도되었습니다.

오늘날 대한민국은 단지 정보 서비스의 속도가 빠른 국가가 아니라, 모든 국민이 정보의 혜택을 고르게 누릴 수 있도록 정보 복지 사회를 지향하고 있습니다. 정보 복지 사회를 위한 정책을 초기부터 준비해왔다는 점에서, 우리나라의 사례는 세계 전문가들로부터 높이 평가받고 있습니다.

세계 최초로 전국에 광케이블을 깔다

과거 구리 선을 통신선으로 썼는데, 이후 새롭게 유리로 만든 통신선이 개발되었습니다. 이른바 광케이블(Optical Fiber)이 새롭게 개발된 겁니다. 광케이블 사용 문제를 두고 많은 고민을 하다가 전문가들의 의견을 받아들였습니다. 세계에서 첫 번째로 전국에 광케이블을 깔았습니다. 아파트 입구까지 설치했어요. 덕분에 전 세계에서 통신 속도가 가장 빠른 나라가 되었습니다.

기적의 행정전산망

청와대를 중심으로 '국가 기간전산망 계획'이 추진되면서, 1차로 '행정전산망' 구축이 시작되었습니다. 체신부는 데이콤(DACOM)을 사업자로 지정하고, 이 행정전산망 사업을 맡겼습니다. 이 사업은 정부 발급 서류를 지역과 관계없이 전국 어디서나 출력할 수 있도록 하기 위한 것이었습니다. 말 그대로 꿈과 같은 이야기였지요.

당시 우리나라에는 이를 위한 적절한 컴퓨터가 없었기 때문에, 미국 톨러런트의 슈퍼 미니컴퓨터를 국산화하여 사용하였고, 이후에는 전자통신연구소에서 개발한 TICOM을 전면적으로 사용하였습니다. 대부분의 국가가 IBM 장비에 의존하던 상황에서, 우리는 자체 기술로 1980년대에 행정전산망을 구축하였으며, 현재도 이 시스템은 세계 최고 수준으로 인정받아 여러 나라에 수출되고 있습니다.

이처럼 우수한 서비스였음에도 불구하고, 추진 과정은 매우 시끄러웠습니다. 일부 학자들까지 나서서 "조지 오웰의 『1984』에 등장하는 빅 브라더가 될 것"이라며 반대했고, 정보 독점을 통해 독재 정권을 강화하려는 것이라는 주장을 펼치기도 하였습니다. 그러나 정부가 행정전산망을 추진한 본래의 목적은 정부가 보유한 정보를 국민에게 더욱 편리하게 공개하고자 한 것이었습니다. 오히려 정보 독점이라는 주장은 조지 오웰의 소설을 제대로 읽어보지 못한 채 내놓은 엉뚱한 해석이라 할 수 있습니다. 현재는 정부 정책의 세부 사항까지 국민 누구나 열람할 수 있는 시대가 되었기에, 당시 일부 학자들의 주장이 얼마나 근거 없는 것이었는지를 알 수 있습니다.

여담으로, 호적등본을 보여주는 것을 꺼리는 분들도 계셨습니다. 가족 이력이 공개되는 것을 꺼리기 때문입니다. 이러한 문제의식에서 주민등록등본이 도입된 것입니다. 호적등본 가운데 일부만 제한적으로 공개하는 형식으로, 결국 행정전산망에서는 호적등초본 대신 주민등록등초본을 사용하기로 합의가 이루어졌습니다.

현재 행정전산망은 해외 여러 국가에 수출되고 있습니다. 행정 서류를 집에서 온라인으로 발급받을 수 있는 나라는 아마 우리나라밖에 없을 것입니다. 1980년대 기술 후진국이었던 한국이 세계 최고 수준의 행정전산망을 구축하고 이를 수출하게 된 것은 실로 기적적인 일입니다. 이는 당시 공직자들이 얼마나 과감하고 진취적이었는지를 잘 보여주는 사례라고 할 수 있습니다. 행정전산망 사업을 청와대 비서관으로서 과감하게 추진한 홍성원 박사님과 이를 실제로 구축한 데이콤의 이용태 박사님, 그리고 이 사업에 참여하신 모든 분께 깊은 경의를 표합니다.

88 서울 올림픽 정보통신 서비스는 금메달

88 올림픽은 우리나라 건국 이래 처음으로 시도한 세계적인 축제였습니다. 올림픽 유치가 확정되자 온 나라가 축제 분위기에 들떴지만, 걱정이 태산 같았던 사람들도 있었습니다. 일부 과학기술자들, 특히 정보통신 기술자들이었습니다.

올림픽은 단순히 경기장을 만들고 문화예술 행사를 준비하는 것만으로 되는 것이 아니라, 최첨단 정보통신 기술이 뒷받침되어야 합니다. 그런데 전화조차 제대로 개설해주지 못하는 나라에서 어떻게 올림픽의 첨단 정보통신 서비스를 지원할 수 있겠느냐는 우려가 있었습니다.

당시 여론은 서울 올림픽을 위해 미국의 정보통신 시스템을 도입하자는 쪽으로 기울고 있었습니다. 1984년 LA 올림픽에서 사용한 정보통신 시스템을 도입하자는 것이 거의 기정사실화되었습니다. 그러나 제 생각은 달랐습니다. 저는 1984년 LA 올림픽 현장을 직접 둘러보면서 그 시스템에 여러 문제가 있다고 판단하고, 우리 기술로 준비해야 한다는 생각을 가지게 되었습니다.

처음 LA 올림픽 경기장을 둘러볼 때는 어마어마한 정보통신 시스템의 규모에 감탄했지만, 시간이 흐를수록 문제점들이 보이기 시작했습니다. 중간중간 데이터를 집계하는 데 두세 시간씩 소요되기도 하고, 일부 오류도 발생하는 모습을 보았습니다. 또한, 경기장마다 다른 회사의 시스템을 사용하고 있었기 때문에 시스템 간 연동에도 문제가 있었습니다. 경기 결과를 각 경기장 담당자들이 그때그때 수기로 작성하여 결과를 전산 시스템에 입력하고 있었던 것입니다. 제조사가 다른 경기 시스템 간의 연동이 어려웠던 것입니다.

가장 큰 문제는 기본 소프트웨어였습니다. LA 올림픽에서 사용한 소프트웨어는 1976년 캐나다 몬트리올 올림픽에서 사용했던 소프트웨어를 수정하여 사용한 것이었는데, 이 시스템을 88 서울 올림픽에서도 사용한다면 무려 12년 묵은 시스템을 쓰게 되는 셈이었습니다. 컴퓨터 기술이 얼마나 빠르게 발전하고 있는데 말입니다.

그래서 저는 우리가 개발한 정보통신 시스템을 사용하자고 제안했습니다. 우리는 1985년 전국체전과 1986년 아시안게임을 치르면서 우리 정보통신 시스템을 운영해본 경험이 있었습니다. 그러나 많은 체육계 인사들은 우리가 개발한 시스템을 신뢰하지 않았습니다. 정보통신 시스템에 문제가 생기면 올림픽을 망칠 수 있는데, 당시 후진국이었던 우리나라 기술로 만든 시스템을 어떻게 믿을 수 있겠느냐는 것이었습니다.

당시만 해도 전화 적체조차 해소하지 못하고, 제대로 된 컴퓨터도 만들지 못하는 상황이었으니 당연히 우려할 만했습니다. 이영호 체육부 장관께서도 저에게 여러 차례 물으며 확인하셨습니다.

"정말 한국에서 개발한 시스템을 믿어도 되겠습니까?"

"물론입니다. 1985년 전국체전과 1986년 아시안게임에서 이미 실전 경험을 쌓았고, 매우 훌륭하게 운영했습니다."

"그럼 서울 올림픽 정보통신 시스템에 대해서 체신부가 책임질 수 있겠습니까?"

"체신부가 책임지겠습니다. LA 올림픽 시스템은 모두 영어로 되어 있을 뿐만 아니라 경기 내용도 달라서 그대로 사용할 수 없습니다. 어차피 한국화 작업이 필요합니다. 그러니 우리가 개발한 시스템을 사용하는 것이 훨씬 안전합니다."

얼마 후, 올림픽 조직위원회 박세직 위원장 주재로 각 기관 대표가 참석한 회의가 열렸습니다. 이 자리에서 박세직 위원장이 "정보통신 시스템은 이 분야 전문가인 오명 체신부 차관이 책임지고 추진하도록 하시오"라고 결정하셨습니다. 이로써 체신부가 책임지고 국내 기술로 개발하는 것이 확정되었습니다.

경기장 운영 정보 시스템은 성기수 박사가 책임자인 시스템공학연구소에서 개발하였으며, 시스템 이름을 'GIONS(자이언스)'라고 명명하였습니다. 참고로, LA 올림픽에서 사용된 시스템은 'SIJO(시조)'였는데, GIONS와 SIJO는 기본 구성부터 달랐습니다. SIJO는 중앙 집중 처리 시스템이었지만, 우리가 개발한 GIONS는 분산 처리 시스템이었습니다.

SIJO는 중앙 처리 방식이라 한 경기장에서 문제가 발생하면 전체 시스템에 영향을 미칠 수 있었습니다. 그러나 분산 처리 방식인 GIONS는 경기장마다 서버를 설치하여 독립적으로 운영하면서 중앙의 대형 컴퓨터와 연결하는 방식이었기 때문에, 한 경기장에서 문제가 생겨도 다른 경기장에는 영향을 주지 않는 장점이 있었습니다. 또한, 경기장마다 서버를 두 대씩 배치하여, 한 대가 고장 나더라도 다른 한 대가 즉시 이어받게 함으로써 문제 발생 가능성을 원천적으로 차단하였습니다.

88 올림픽에서는 또 하나의 혁신적인 전산 서비스가 등장했습니다. 이용태 박사가 책임자인 데이콤에서 개발한 'WINS(윈스)'라는 시스템이었습니다. 이는 지금의 인터넷과 유사한 개념으로, 전 세계 사람들이 네트워크를 통해 88 서울 올림픽 경기 현장의 내용을 자신의 컴퓨터로 직접 받아볼 수 있도록 하는 서비스였습니다.

예를 들어, 〈뉴욕타임스〉 기자가 한국에 오지 않고도 뉴욕 본사 데스크에 앉아서 경기 내용을 받아 편집할 수 있도록 한 것입니다. 인터넷이 없던 시절에 사실상 인터넷 서비스를 제공한 셈이었습니다. 이는 올림픽 역사상 최초로 시도된 서비스였으며, 전 세계 언론으로부터 극찬을 받았습니다.

또한, 우리는 경기장 내 모든 시스템을 하나로 연결하는 데 성공했습니다. LA 올림픽 때는 이루지 못했던 것을 우리는 전체 시스템을 하나로 통합하여, 어느 경기장에서든 심판이 판정을 내리면 그 결과가 즉시 전산 입력되고, 동시에 경기장 서버와 중앙 대형 컴퓨터로 전송되어 실시간으로 데이터가 처리되고, 전광판, 기자석, VIP실까지 전달되는 일관된 시스템을 구축했습니다. 현재는 상식처럼 여겨지지만, 당시에는 매우 획기적인 시도였습니다.

각국이 올림픽을 개최할 때마다 정보통신 시스템 오류나 고장이 발생하는 것은 일반적인 일이었지만, 88 서울 올림픽에서는 오류 없는 무결점 서비스를 제공하였습니다. 이러한 무사고 시스템 운영이 가능했던 것은 철저한 준비 덕분이었습니다.

경기장마다 두 대의 서버를 운영하고, 분단국가라는 특수성을 고려해 테러 위협에도 대비하여 예비 시스템을 갖추었으며, 버스 한 대에 여분의 정보통신 시스템을 탑재해 비상 대기시켜 두는 등 만반의 준비를 기울였기에 가능했던 일입니다.

88 서울 올림픽 정보통신 시스템의 성공은 IBM조차 감탄하게 했습니다. 또한, 올림픽을 중계했던 미국 NBC 방송도 처음에는 우리를 후진국으로 보고 불쾌한 조건을 붙인 계약서를 들이밀었지만, 우리 시스템 운영을 경험한 뒤에는 오히려 우리에게 필요한 프로그램 개발을 요청해올 정도로 태도가 완전히 달라졌습니다.

세계 여러 언론도 과거 어느 올림픽에서도 이렇게 완벽한 정보통신 운영은 없었다며 찬사를 보냈습니다. 이후 개최된 1992년 바르셀로나 올림픽과 1996년 애틀랜타 올림픽조차 서울 올림픽 수준을 따라가지 못했다는 평가가 지배적이었습니다. 우리는 10년을 앞서간 시스템을 운영한 것이었습니다.

세계 언론들은 "한국은 경기 메달 수는 4위지만, 정보통신 시스템은 금메달"이라고 평가했습니다. 그러나 이러한 큰 성공이 국민에게 널리 알려지지 못한 것은 참으로 아쉬운 일입니다.

서울 올림픽 30주년 기념행사 때, 올림픽에 관여했던 대부분의 인사는 초청되었지만, 정보통신 시스템에 기여한 인사들은 한 사람도 초청받지 못했습니다. 서울 올림픽의 성공적인 정보통신 시스템은 결국 아는 사람들만의 이야기가 되고 말았습니다.

이 기회를 빌어 GIONS를 개발한 성기수, 김봉일, 이단영 박사와 연구원들, WINS를 개발한 이용태 박사와 연구원들, 그리고 체신부와 전기통신공사의 모든 관계자 여러분께 감사와 경의를 표합니다.

올림픽이 끝난 후, 제 모교인 미국 뉴욕주립대학교(스토니브룩)에서는 마버거 총장이 "성공적인 88 서울 올림픽 정보통신 책임자가 우리 학교 출신이다. 이는 학교의 큰 명예다"라며 저를 'UNIVERSITY PROFESSOR'로 임명해주었습니다.

마버거 박사는 후일 부시 대통령 정부에서 과학기술수석으로,

그리고 미국 과학기술자문회의 의장으로 미국 과학기술계를 대표하게 되었습니다. 그 무렵 저 역시 과학기술 부총리가 되어 한미 과학기술 장관 회의를 열게 되었습니다.

뉴욕주립대학교와의 인연은 계속 이어져, 인천 송도에 '한국 뉴욕주립대학교'를 설립하고 명예총장을 맡게 되었으며, 훗날 미국 본교 공과대학에 '명예의 전당'이 생기면서 첫 번째로 이름을 올리는 영광도 누릴 수 있었습니다.

대전 엑스포를 성공적으로 개최하다

대전 엑스포는 개발도상국으로서는 처음 도전한 어려운 행사였습니다. 사회적으로 혼란스러웠던 시절, 일부 정부 관료들조차 적극적으로 지원하지 않는 분위기 속에서 말로만 듣던 엑스포를 구상하고 준비하는 과정은 참으로 막막하였습니다. 제가 조직위원장이 되어 대전 엑스포 국제 공인을 받기 위해 프랑스 파리에 있는 BIE(국제박람회기구)를 찾아갔습니다.

BIE에 가서 알아본 결과, 이미 1992년 스페인 세비야 엑스포와 1995년 빈·부다페스트 엑스포, 그리고 2000년 엑스포까지 개최한 후 더 이상 엑스포를 열지 않기로 총회에서 의결된 상황이었습니다. 그런데 우리는 이러한 사실도 모른 채, 1993년에 엑스포를 개최하겠다고 찾아간 것이었습니다. 정부는 이미 국민에게 1993년 대전에서 국제 공인 엑스포를 열겠다고 발표한 상태였기 때문에,

어떤 방법을 써서라도 공인을 받아내야만 했습니다.

당시 대전 엑스포 조직위원회에는 외교부로부터 파견 나온 최홍식 과장이 있었습니다. 그는 프랑스어에 능통했을 뿐만 아니라 호감 가는 외모와 훌륭한 사교성을 지니고 있었습니다. 특히 프랑스의 ENA(고등행정대학원)를 졸업한 경력이 큰 장점이었습니다. 프랑스 주요 기관들은 대부분 ENA 출신들이 맡고 있다고 해도 과언이 아니었기 때문입니다. 당시 BIE 의장과 사무총장 모두 ENA 출신이었기에, 최홍식 과장은 사무총장을 붙잡고 설득에 나섰습니다.

그러나 이미 BIE 총회에서 2000년까지의 계획이 확정되어 있었고, 추가 엑스포 개최는 하지 않기로 결의된 상태였기 때문에, 이 결의를 뒤집기 위해서는 총회 비밀 투표에서 3분의 2 이상의 동의를 얻어야 했습니다. 최홍식 과장의 끈질긴 교섭 끝에 BIE 사무총장은 다음 총회에서 대전 엑스포 개최를 의결할 기회를 줄 테니 회원국들을 상대로 찬성표를 모아보라고 기회를 주었습니다. 이는 1993년 엑스포 개최를 위한 실낱같은 희망을 열어준 것이었습니다.

가능성보다는 불가능성이 높은 상황이었지만, 우리는 포기하지 않고 회원국을 직접 찾아다니며 교섭을 시작했습니다.

우리는 반드시 관철시켜야 했기에 우선 파리에 주재하고 있던 소련 대표를 찾아갔습니다. 당시 소련은 적성 국가였음에도 불구하고, 소련 대표는 의외로 우리를 환영하며 적극적으로 지원하겠다고 약속해주었습니다. 더구나 우크라이나 등을 직접 연결해주어, 한국에 대한 지지표를 확보할 수 있었습니다. 이러한 상황은 참으로 아이러니했습니다. 적성 국가였던 소련이 우리를 도와주겠다고 나섰기 때문입니다.

그다음 북유럽 공략에 나섰습니다. 북유럽 국가들을 설득하기 위해 먼저 스웨덴을 찾아갔습니다. 스웨덴의 결정이 주변국들에게 큰 영향을 미치기 때문이었습니다. 그러나 스웨덴 장관과의 면담은 쉽지 않았습니다. 고민 끝에 저는 과거 전전자교환기 개발 당시 협상 과정에서 특별한 인연을 맺었던, 에릭슨사의 스베드버그 회장에게 도움을 요청했습니다. 그는 스웨덴에서 존경받는 인물로, 한국에서 두 명의 아이를 입양할 정도로 한국에 대해 호의적인 분이었습니다.

그에게 장관 면담을 부탁드린 결과, 장관이 해외에서 돌아온 다음 날 오전 9시에 예정된 국무회의보다 1시간 먼저 장관과 만날 수 있도록 주선해주었습니다. 덕분에 어렵게 스웨덴의 찬성을 얻어냈고, 스웨덴의 찬성 이후 노르웨이와 핀란드 등도 잇따라 찬성 의사를 밝혔습니다.

한편, 1995년 비엔나 엑스포를 앞두고 있던 오스트리아는 1993년 대전 엑스포 개최를 강력히 반대하였습니다. 한국이 엑스포를 개최할 경우, 1995년 빈 엑스포가 퇴색될 것을 우려했으며, 빈 시장까지 나서서 반대 목소리를 높였습니다.

오스트리아를 설득하지 못해 고민하던 어느 날, 고등학교 동창인 포스코의 한영수 부사장이 찾아와 오스트리아는 박태준 회장의 영향력이 크니 부탁해보라고 조언해주었습니다. 저는 곧바로 박태준 회장을 찾아가 어려운 일이라도 도와달라고 부탁드렸습니다. 박 회장께서는 "내가 해결해줄게"라며 너무나 쉽게 대답하셔서 믿기 어려웠습니다.

다음 날 한영수 부사장이 오스트리아로 출발하였고, 일주일이 지나자 오스트리아로부터 대전 엑스포를 찬성한다는 연락이 왔습니다. 정말 놀라운 일이었습니다. 알고 보니, 당시 오스트리아 상공회의소 회장이 과거 어려움에 처했을 때 박태준 회장께서 많은 장비를 구매해주어 기사회생한 일이 있었고, 평생 은인으로 생각하고 있었다고 합니다. 이 회장이 정부에 "예산이 부족하면 우리가 지원하겠다"라고 설득하며 찬성을 이끌어낸 것이었습니다.

수많은 우여곡절을 거치며 여러 나라의 찬성표를 모았고, 우리의 끈질긴 노력 끝에 기적이 일어났습니다. BIE 총회 비밀 투표에서 만장일치로 대전 엑스포 개최 승인을 받아낸 것입니다. 대전 엑스포 공인이 불가능하다는 분위기 속에서 만장일치 승인을 얻어낸 과정은 참으로 통쾌한 한 편의 드라마였습니다.

엑스포를 제대로 치를 수 있을지 걱정하던 분위기였지만, 우리는 108개국과 33개 국제기구, 그리고 1,400만 명의 관람객을 유치하는 데 성공했습니다. 세계 엑스포 전문가들로부터도 가장 성공한 엑스포 중 하나라는 찬사를 받으며 엑스포를 마무리한 것은 두고 두고 잊을 수 없는 추억이 되었습니다.

대전 엑스포는 우리나라가 시카고 엑스포에 처음 참가한 이후 100년 만에 주최국이 되어 치른 행사였으며, 엑스포 역사상 가장 많은 나라와 국제기구가 참가한 기록을 남겼습니다. 특히 많은 개발도상국이 참여하여 어려운 여건 속에서도 짧은 기간에 발전한 한국의 경험을 공유하는 기회를 가졌습니다. 또한, 국제질서가 재편되던 시기에 러시아와 동구권 국가들이 참여함으로써 우리의 북방외교가 실질적으로 성공했음을 보여주는 장이 되었습니다.

대전 엑스포는 환경 문제에 중점을 두어, 무분별한 산업화의 한계에 직면한 선진국들에게 '새로운 도약의 길'을 제시하였고, 또한 우리나라가 정보 사회로 진입하는 시점에서 많은 국민에게 정보 사회의 중요성을 인식시키고 미래를 생각하게 한 행사였습니다. 이러한 모든 노력이 결실하여 우리나라는 정보통신 강국으로 자리매김하게 되었습니다.

대전 엑스포는 대전 지역의 발전을 10년 이상 앞당기는 전기가 되었으며, 이를 통해 대전은 우리나라의 6대 도시에서 5대 도시로 도약하였습니다. 대전 엑스포는 개발도상국이 처음으로 도전하여 성공적으로 치른 행사였고, 이후 개발도상국들의 엑스포 개최 신청이 이어졌습니다. 이 같은 공로를 인정받아 저는 BIE로부터 훈장을 받았습니다.

대전 엑스포가 성공적으로 끝난 이후, KBO(한국야구위원회)에서 총재를 맡아달라고 부탁해왔습니다. 구단주 총회에서 저를 선출한 것이었습니다. KBO 총재를 지명할 때마다 언론이 시끄러웠지만, 대전 엑스포의 인기 덕분인지 저에 대해서는 긍정적인 반응이 많았습니다. 여러 가지 구상을 가지고 부임하였으나, 이후 정부에 다시 입각하게 되어 아쉽게도 KBO를 떠나게 되었습니다.

교통혁명

세계 최고의 공항을 만들다

제가 교통부 장관으로 취임했을 때, 당면한 시급한 과제는 인천국제공항 건설이었습니다. 당시 공항 건설은 지지부진한 상태였는데, 살펴보니 단군 이래 가장 큰 공사를 한국공항관리공단의 한 부서가 맡아 추진하고 있었습니다. 한국공항관리공단은 국내 13개 공항을 운영하는 곳으로, 사장은 주요 인사들을 영접하느라 바빴고, 신공항에 관심을 가질 여유가 없었습니다. 게다가 신공항 건설 담당 부서는 영종도를 오가야 했기에 인기도 없었습니다. 이런 조직과 인원으로는 단군 이래 최대 공사를 제대로 해낼 수 없는 상황이었습니다.

우선 전담 조직이 필요했고, 확실한 예산과 법적 뒷받침이 필요했으며, 무엇보다 사명감과 능력을 갖춘 책임자가 있어야 했습니다.

이에 한국공항관리공단에서 공항 건설 업무를 분리하여 새로운 조직을 만들자고 제안하였으나, 경제기획원에서는 "새로운 조직은 만들 수 없다"라고 반대하였습니다. 저는 "13개 공항을 관리하는 공단의 일부 조직이 이 거대한 사업을 추진할 수 없으니 전담 조직이 필요하다"라고 설득했습니다.

당시 영종도는 섬이었고, 배를 타야 갈 수 있는 곳이었으며, 주거지도 없어 컨테이너에서 숙식해야 했습니다. 이런 상황에서 누가 선뜻 가고자 하겠습니까. 신공항건설공단 설립안을 올렸지만, 경제장관 회의에 상정되지 않아 부총리와 크게 다퉜습니다. 여러 장관의 지지를 얻어 안건을 강제로 통과시키자 부총리가 책상을 치며 "오 장관! 이러시면 안 됩니다"라고 항의하였고, 저도 "이런 식으로 회의할 것이라면 경제 장관 회의를 하지 맙시다"라고 맞섰습니다.

여기에 더해 공단 노조가 분리 독립을 반대하여 설득하는 데에도 많은 애를 썼습니다. 그렇게 어렵게 신공항건설공단 설립안을 통과시키고, 새로운 조직과 관련 법을 마련할 수 있었습니다. 중요한 일을 추진할 때는 반드시 법적 근거를 마련해야 하며, 그래야 대형 프로젝트를 힘 있게 추진할 수 있습니다.

다음 과제는 신공항건설공단을 이끌 책임자를 찾는 일이었습니다. 사장 인선에 대해 여러 사람의 의견을 들었는데, 모두 강동석 씨를 추천하였습니다. 강동석 씨는 교통부 기획관리실장을 역임하였고, 당시에는 교통부 산하 공단의 이사장을 맡고 있었습니다. 저

또한 가장 적임자라고 판단하여 정중히 신공항건설공단을 맡아 달라고 요청하였습니다.

그러나 강동석 씨는 쉽게 대답하지 않았습니다. 몇조 원 규모의 대형 사업이며, 정권 교체기까지 이어질 공사였기에 부담이 클 수밖에 없었을 것입니다. 그래서 "어려운 결정이니 시간을 두고 생각해 보시고 일주일 후에 다시 뵙겠습니다"라고 말씀드렸습니다. 일단은 거절의 여지를 막아둔 셈이었습니다. 일주일 후 다시 만나자 강동석 씨는 "장관님께서 저를 믿고 맡기시니 선뜻 대답하지 못해 죄송합니다. 대단히 어려운 일이지만 최선을 다해보겠습니다"라며 어렵게 승낙하였고, 이에 따라 공단 사장으로 임명하였습니다.

당시 세계 경제의 중심이 동북아 3국으로 옮겨오고 있었기에, 누가 허브(HUB) 공항을 먼저 갖느냐가 매우 중요했습니다. 24시간 비행기가 이착륙할 수 있는 공항을 갖춘 나라가 중심이 될 수 있었는데, 당시에는 3국 모두 야간 시간대에는 비행기가 이착륙할 수 없었습니다. 따라서 24시간 운영 가능한 공항을 갖는 것이 경쟁의 핵심이었습니다.

일본은 오사카 앞바다에 간사이공항을 먼저 건설하였습니다. 교통부 장관으로서 간사이공항을 방문했을 때, 비행기에서 내려다보니 비행기 날개를 본뜬 멋진 건축물로, 전체 분위기가 최첨단 우주선 같은 느낌이었습니다. 하지만 자세히 살펴보니 지반이 약해 바닥이 울리고, 지하에는 기둥마다 센서를 부착해 가라앉으면 끌어

올리는 방식으로 유지하고 있었습니다. 막대한 건설비와 높은 유지비로 경쟁력이 약하다고 판단하였습니다.

처음 간사이공항을 방문할 때는 일본을 부러워했지만, 시찰을 마치고 돌아오면서는 '간사이는 경쟁이 되지 않는다. 우리가 동북아 허브 공항을 만들자'라고 결심하였습니다. 이에 따라 기존 마스터플랜을 수정하여 인천국제공항 경내 건물 배치를 재설계하고, 활주로를 4개에서 6개로 확장하기로 계획을 변경하였습니다. 자가용 비행기 시대를 대비한 것이었습니다.

경제기획원은 예산 문제로 반대했지만, 저는 "100년에 한 번 있을까 말까 한 기회이니 욕을 먹더라도 부지를 확보해야 한다"라고 설득했습니다. 당장은 부지를 골프장으로 활용하고, 훗날 자가용 비행장으로 사용할 계획이었습니다. 먼 미래에 이를 실현하면 '오명 장관의 선견지명'이라고 평가받을 것이라고 생각하였습니다.

또한, 고속철도 건설과 관련하여 국민적 불신이 있었기에, 영종도에 홍보관을 세워 국민에게 인천국제공항의 필요성을 널리 알리고자 했습니다. 예산이 부족한 상황에서 삼성의 남궁석 사장을 만나, 홍보관 건설에 협력할 것을 제안하였고, 이건희 회장의 지원으로 20억 원을 확보하여 공항 홍보관을 완성하였습니다.

공항고속도로 건설 또한 급선무였습니다. 경제기획원은 민자 유치를 요구했으며, 이에 민자도로유치법을 제정하여 추진하였습니다. 주관사인 삼성건설과 요금 문제로 갈등이 있었지만, 제가 직접 개입하여 양측의 중간값으로 조정하여 결론을 내렸습니다. 이후에도 국회에서 인천시민들의 사용 요구가 있었으나, 공항고속도로 기능을 유지하기 위해 끝까지 반대하였습니다.

개항 준비 중 가장 신경 쓴 부분은 수하물 처리 시스템이었습니다. 미국 덴버공항이나 홍콩 신공항 모두 이 문제로 큰 어려움을 겪었기에, 우리는 수없이 가방을 돌려가며 연습하고 점검을 반복했습니다. 그러나 개항을 앞두고 일부 언론과 정치권에서는 준비 부족을 이유로 1년 연기를 주장하기도 했습니다.

이러한 여론의 진원지는 공항 내부 직원들의 불만이었습니다. 서울 생활권이었던 김포공항과 달리 인천은 불편함이 많았고, 출퇴근 통행료 부담도 컸습니다. 저는 문제 해결을 위해 통행료 1년 면제를 제안하였고, 청와대와 재정경제부의 협조를 얻어 통행료와 주차비 면제 조치를 이끌어냈습니다. 그 결과 잡음은 사라졌습니다.

마침내 역사적인 개항을 맞이하였고, 아무런 사고 없이 완벽하게 이루어졌습니다. 덴버공항, 홍콩 첵랍콕공항, 아테네공항 등과 달리 인천국제공항은 수하물 처리 시스템 문제 없이 성공적으로 개항하였고, 전 세계로부터 극찬을 받았습니다. 이후 14년 연속 세계 최고의 서비스 공항으로 평가받고 있으며, 다른 나라 공항 운영 위탁 요청도 들어오고 있습니다.

인천국제공항은 넓은 바다를 메워 건설한 세계 최대 규모의 공항이자, 24시간 이착륙이 가능한 세계에서 가장 편리한 공항으로 성장하였습니다. 이 자리를 빌려 영종도의 컨테이너 생활 속에서도 세계 최고의 공항을 만들어낸 강동석 사장님과 관계자 여러분께 깊은 감사의 말씀을 드립니다.

세계 최고의 철도를 만들다

교통부의 또 하나의 중요한 과제는 고속철도를 건설하는 일이었습니다. 그런데 고속철도와 관련하여 부정적인 루머가 많았습니다. 미국에서 대형 사업을 추진하는 사례를 보면, 처음 1~2년 동안 조직원의 거의 절반을 홍보 업무에 투입하는 경우가 많았습니다. 이는 국민에게 해당 사업이 어떤 도움이 되는지, 어떻게 진행되고 있는지를 수시로 알림으로써 국민적 동의를 얻기 위한 것이었습니다.

경부고속철도 건설도 이러한 점에서 대국민 홍보를 강화할 필요가 있다고 판단하여, 서울역에 홍보관을 설치하고 홍보 담당 이사를 영입하였습니다. 국회에서는 위인설관이라며 예산 낭비라고 공격하기도 했지만, 잘 설득하여 이해를 구하였습니다.

고속철도 건설과 관련하여 악의적인 루머가 많았습니다. 예를 들어, 열차 속도가 빨라 터널에 진입할 때 기압 차이로 인해 터널이 무너질 수 있다거나, 철로 위에 작은 모래가 떨어져도 열차가 전복될 수 있다는 등의 이야기가 돌았습니다. 그러나 모든 직원이 합심하여 사고 없이 성공적으로 개통을 마쳤습니다.

프랑스와의 협상에서는 기술 이전 문제를 중점적으로 다루었으며, 이는 우리 기술로 고속열차를 개발하는 데 큰 도움이 되었습니다.

여담으로 말씀드리면, 우리나라의 철도와 지하철은 운행 방향이 서로 반대입니다. 철도는 좌측 통행이고, 지하철은 우측 통행입니다. 이는 철도는 일본의, 지하철은 미국의 영향을 받은 결과입니다. 과천에서 서울로 진입할 때 열차는 좌측 통행에서 우측 통행으로 전환되어야 하므로, 선로가 X자 형태로 교차하게 되며, 실제로 남태령 고개에서 선로가 교차하여 진입하게 됩니다.

또한, 서울 시내 지하철은 직류 전기를, 일반 철도는 교류 전기를 사용하기 때문에, 과천에서 서울 시내로 들어가기 위해서는 교류 구간에서 직류 구간으로 넘어가야 합니다. 이 중간 약 200미터 구간은 전기가 공급되지 않는 구간으로, 열차는 달리던 속도를 유지한 채 이 구간을 통과해야 합니다. 이러한 상황은 시내와 외곽을 연결하는 모든 구간에서 동일하게 나타납니다.

1994년, 과천선 개통 시기였습니다. 서울 지하철이 과천까지 연장되어 큰 기대를 모았으나, 신설된 과천선 열차가 수시로 멈춰서는 사고가 발생하였습니다. 초기 안정화가 덜 되어 발생하는 일이라 곧 해결될 것이라 믿었지만, 열흘이 지나도록 고장이 지속되었습니다. 이에 언론은 과천선의 부실을 지적하며 집중적으로 비판하였습니다.

과천선 오작동의 원인은 IC 회로 중 하나가 지나치게 예민하게 설계되어 브레이크가 수시로 작동한 것이었습니다. IC 회로의 감도를 조금 낮추니 문제가 해결되었는데, 이 역시 일본 기술자가 와서야 해결할 수 있었습니다. 이러한 상황을 보며, 철도 분야에 왜 국내 기술이 없는지 이해할 수 없었습니다. 당시 이미 체신부에서는 TDX 전전자교환기 개발, 4M DRAM 반도체 개발, 슈퍼 미니컴퓨터 개발 등에서 세계 최고 수준의 IT 기술을 확보하고 있었기 때문입니다. 그런데 철도청은 열차의 국산화는 물론이고 유지보수조차 일본에 의존하고 있었던 것입니다.

자세히 들여다보니, 열차를 납품하는 업체는 세 곳이었으며 모두 일본 기업과 연결되어 있었습니다. 이들 세 회사가 번갈아 열차를 납품하다 보니 다양한 종류의 열차가 도입되었고, 그로 인해 유지보수에 많은 불편과 비용이 발생하였습니다.

이에 따라 장관 특명을 내렸습니다. "모든 열차를 표준화하고, 우리 기술로 개발하라." 저는 철도기술연구소를 설립하도록 결정하였으며, 프랑스의 TGV 고속열차를 도입할 당시 확보한 고속철도 기술 자료를 활용하여 자체 고속열차를 개발하도록 지시하였습니다.

저는 우리나라의 저력을 믿고 있었습니다. 그 믿음은 시간이 지나며 현실로 나타났습니다. 우리 기술로 프랑스 TGV보다 더 우수한 고속열차를 개발해낸 것입니다. 프랑스 TGV는 시속 300km로 운행되며 차량 연결과 분리가 어렵지만, 우리가 개발한 열차는 차량을 자유롭게 연결하거나 분리할 수 있었습니다. 알루미늄 차체로 제작되어 가벼운 덕분에 시속 420km로 주행 가능한 열차를 개발할 수 있었습니다. 세계 최고의 고속열차를 만든 것입니다.

또한, 우리 고속철도는 정시 운행 면에서도 가장 우수한 성과를 보이고 있습니다. 우리가 만든 고속열차는 세계 여러 나라에서 경쟁 중이며, 가격과 성능 면에서도 탁월한 평가를 받고 있습니다.

이제 우리나라는 세계 최고의 고속철도를 운영하고 있으며, 최고의 고속열차를 국내 기술로 제작하고 있습니다. 현재는 시속 600km급 고속열차 개발에도 도전하고 있습니다.

철도기술연구원에서는 철도 기술 개발을 적극적으로 지원한 데 대한 감사의 표시로, 새로 건립하는 연구원 강당에 '오명 홀'이라는 이름을 붙여주었습니다.

미래 기술을 선점하라

우주 개발 원년을 선포하다: 우주인과 나로호

2005년을 우주 개발 원년으로 선포하고, 우주개발진흥법을 제정하였습니다. 그리고 2009년에는 고흥 나로우주센터에서 우리 손으로 만든 인공위성을 쏘아 올렸습니다.

우주 개발은 그 자체로도 중요하지만, 많은 첨단 기술의 연관 효과가 크기 때문에 미래 국가 성장 동력으로 발전시켜 나가야 합니다. 또한, 위성, 발사체, 우주센터 등은 안보 측면에서도 매우 중요합니다.

저는 과학기술부를 맡으면서, 1993년 대전 엑스포 당시 추진하다가 마지막 단계에서 보류되었던 우주인 배출 사업을 다시 추진하였습니다. 대전 엑스포 기간 중 가장 인기를 끌었던 것은 소련의 우주정거장 '미르'와 미국의 우주왕복선 '컬럼비아호'였습니다. 엑스포 당시 저는 소련을 방문하여 대전 엑스포 하이라이트 행사로 우주인을 올려보내기 위한 교섭을 진행하였는데, 실무적인 협조는 순조롭게 진행되어 비용까지 합의했으나, 송금 단계에서 문제가 발생하였습니다. 당시 소련은 적성 국가였기 때문에 공식적으로 송금할 수 없어, 아쉽게도 포기할 수밖에 없었습니다.

저는 과학기술부 장관이 되어 우주 개발의 꿈을 다시 펼치기 시작하였습니다. 우주 개발은 선진국으로 나아가기 위해 반드시 거쳐야 할 과정입니다. 과거에는 오대양을 지배하는 나라가 세계를 지배하였지만, 미래에는 우주를 지배하는 나라가 선진국이 된다고 저는 생각합니다. 우주 기술은 전자, 기계, 바이오 등 모든 첨단 기술의 집합체로서, 관련 기술이 모든 산업에 파급됩니다. MRI, CT, 내비게이션 기술, 고어텍스 옷감, 티타늄 골프채, 탄소섬유 등 모두가 우주 개발과 관련이 있습니다. 선진국이 되기 위해서는 우주 개발에 참여하지 않을 수 없습니다.

우주 개발에는 막대한 비용이 소요되므로 여유가 있는 선진국이 아니고서는 참여하기 어렵습니다. 그런데 1960년 국민소득 78달러에 불과했던 세계에서 가장 가난한 나라가 이제는 선진국의 각축장인 우주 개발에까지 참여하게 되었으니, 얼마나 자랑스러운 일인지 모릅니다.

또 한 가지, 저는 장거리 미사일을 개발해야 한다는 사명감을 가지고 있었습니다. 우리나라는 군사적으로 300km 이상의 거리 미사일을 개발하지 못하게 되어 있었는데, 이 벽을 넘는 방법은 민간 분야에서 인공위성을 쏘아 올리는 로켓을 개발하는 것이었습니다. 그러나 미사일 관련 기술 협력은 거의 불가능하였습니다. 어떠한 선진국도 우리를 도와주지 않았습니다.

다행히 러시아는 당시 우리나라의 차관을 사용하고 있었고, 경제적으로 어려운 상황이었기 때문에 특별한 협조를 받을 수 있었습니다. 러시아 우주청장은 매우 우호적이어서 인공위성을 제작하기 위한 합작회사 설립을 제의하기도 하였습니다. 제가 "인공위성 기술은 귀국이 세계에서 가장 앞서 있는데, 우리에게 합작을 제의한 이유가 무엇입니까?"라고 묻자, 우주청장은 "한국의 IT 기술이 세계 최고 수준이라는 것을 알기 때문에 양국이 협력하면 최고의 작품을 만들어낼 수 있을 것이라고 생각했다"라고 답했습니다.

저는 대통령을 모시고 러시아를 방문하여 정상회담을 통해 러시아의 최신 로켓 기술을 협조받는 데 성공하였습니다. 우리는 많은 기술자를 러시아 개발 현장에 파견하였습니다.

나로호를 쏘아 올리는 순간, 모두가 긴장하였습니다. 우리가 만든 인공위성을 우리 땅에서 쏘아 올리는 일이었습니다. 과거에는 꿈도 꾸지 못했던, 선진국만이 가능했던 우주 개발에 우리가 직접 참여하는 순간이었습니다.

점화하는 순간 모두 숨을 죽였습니다. 무사히 점화되고, 로켓이 성공적으로 발사되어 300km 상공에 도달했다는 방송을 들었을 때의 감동은 이루 말할 수 없었습니다. 몇 년 동안 밤잠을 이루지 못하고 고생해온 과학자들의 감격은 이루 말할 수 없이 컸을 것입니다.

첫 번째 발사 때 페어링 분리에 문제가 발생하였지만, 그 정도면 성공적이라고 생각하였습니다. 선진국들의 경우 첫 번째 발사 성공률이 27%에 불과하고, 일본도 5번 만에 궤도 진입에 성공했다고 하니, 우리도 잘한 편이라고 봅니다. 그러나 일부에서는 실패라고 규정하고 책임을 물어야 한다고 공격하는 사람들도 있었습니다. 이는 과학을 제대로 이해하지 못한 무지한 사람들의 주장이라고 생각합니다. 충분한 예산도 주지 못하고, 적절한 예우도 하지 못한 상황에서 단 한 번의 발사로 완전한 성공을 기대하고 실패를 탓하는 것은 과학 한국 발전에 찬물을 끼얹는 일입니다.

저는 기자들에게 "300km 상공에 도달한 것만으로도 대륙간탄도탄 발사에 성공한 것과 같은 의미를 지니므로, 대성공"이라고 평가하였습니다. 앞으로 발사를 거듭하면서 성공 확률은 점차 높아지고, 시간이 지나면서 완전한 우리 기술로 자리 잡게 될 것이라고 밝혔습니다.

이소연 씨가 우주인이 된 이후, 과학자가 되겠다는 청소년 비율이 37%에서 67%로 상승한 것을 보면, 우주인을 배출한 것이 국민의 과학에 대한 인식을 넓히는 데 큰 도움이 되었다고 생각합니다. 또한, 나로호 관련 설문조사 결과를 보면, 나로호 발사를 알고 있는 국민은 100%였으며, 우주 개발을 해야 한다는 의견에 65%가 찬성하였습니다. 공개적으로 말하지는 않았지만, 안보에 크게 기여한 점까지 감안한다면 이는 대성공이라고 평가할 수 있습니다.

인류 에너지 문제의 근본적 해결: ITER 프로젝트

ITER(International Thermonuclear Experimental Reactor, 국제열핵융합실험로) 프로젝트는 핵융합 발전소 건설을 목표로 합니다. 이는 지구상에 작은 태양을 만들자는 구상입니다. 원자력 발전소는 핵폐기물 문제로 인해 많은 나라에서 기피하고 있지만, 태양광이나 풍력 등 재생에너지로는 한계가 있어 원자력 발전소를 대체하기 어렵습니다.

핵융합 발전은 원자력 발전보다 훨씬 많은 에너지를 생산할 수 있으며, 핵폐기물 문제도 없어 '꿈의 에너지'로 기대를 모으고 있습니다. 핵융합 발전은 원소끼리 융합할 때 발생하는 에너지를 이용하는 것으로, 이는 태양 에너지가 생성되는 원리와 같습니다. 그러나 핵을 융합하려면 섭씨 1억 도 이상의 온도가 필요한데, 문제는 1억 도 이상의 열을 견딜 수 있는 물질이 지구상에 존재하지 않는다는 점입니다.

이 문제를 해결하기 위해, 도넛 형태의 관을 만들고 그 안에 자기장을 흘려 플라즈마가 용기에 직접 닿지 않도록 하는 방법을 고안해냈습니다. 우리나라는 KSTAR(Korea Superconducting Tokamak Advanced Research, 한국형 초전도 토카막 연구 장치)를 건설하여, 최초로 1억 도 발생 실험에 성공함으로써 세계의 주목을 받았습니다.

우리나라는 2003년 6월, 공식적으로 ITER 프로젝트에 참여하였습니다. 현재 ITER 건설 사업에는 미국, 일본, 유럽연합(EU), 러시아, 중국, 인도, 한국의 7개국이 참여하고 있으며, 프랑스에 건설 중인 시설의 2050년 상용화를 목표로 하고 있습니다.

ITER 프로젝트를 추진하는 과정에서는 각국 간 의견 조율에 어려움이 있었으나, 우리나라는 많은 장비를 공급하는 데 성공하였고, 사무차장직에도 한국인을 임명하는 데 성공하였습니다.

핵융합 발전이 성공한다면, 지구상의 에너지 문제는 근본적으로 해결될 것으로 기대됩니다.

세계 생물자원 확보

과학기술부를 맡으면서 BT(Bio Technology, 생명공학 기술)를 차세대 국가 성장 동력으로 육성하고자 하였습니다. BT를 국가 전략 산업으로 키우기 위해 우선 관심을 가져야 할 부분이 바로 생물자원 확보였습니다. 생물자원은 그야말로 BT 산업의 원자재이기 때문입니다. 그러나 우리나라는 식물, 미생물, 곤충 등의 자원이 상대적으로 적은 '생물 빈국'이라고 할 수 있습니다. 따라서 얼마나 많은 생물자원을 확보하느냐가 BT 산업 발전의 첫 번째 과제였습니다. 신약 개발, 대체에너지, 공산품 원자재 확보, 식량 문제 등 모든 면에서 세계의 다양한 생물자원을 확보하는 것이 급선무라고 판단하였습니다.

신약 개발의 추세를 보더라도 생물 다양성 확보는 매우 필요한 일이었습니다. 과거에는 유기 합성 물질을 이용하여 신약을 개발하는 경우가 대다수였으나, 1980년대 이후 유기 합성 물질을 이용한 신약 개발이 한계에 봉착하면서 천연물을 활용하는 방향으로 추세가 바뀌었습니다.

하지만 우리나라는 활용할 수 있는 자원이 부족하여, 국내 자원만으로는 경쟁력 있는 신약이나 식품을 개발하는 데 한계가 있었습니다. 그동안 국내에서 생물자원을 활용한 사례로는 쑥, 인삼, 은행잎 등을 이용한 경우 외에는 다양성을 찾아보기 어려웠습니다.

선진국들은 이미 천연물로 신약을 개발하여 활용하고 있었습니다. 조류독감의 유일한 치료제인 타미플루 역시 중국 토착 식물에서 유래한 물질을 서구의 로슈사가 개발한 것입니다. 또한, 모르핀보다 약 1,000배 강한 초강력 진통제인 프리알트도 필리핀 바닷속

달팽이에서 추출한 물질을 이용하여 엘란사가 개발하였습니다. 비아그라도 아마존 유역 인디언들이 이용하던 의약 식물에서 추출한 성분을 바탕으로 개발된 것입니다. 우리나라에서도 쑥을 활용해 스티덴이라는 위염 치료제를, 은행잎에서 추출한 성분으로 관절 치료제인 징코민과 기넥신을 개발하였으나, 극히 일부에 불과합니다.

이에 고민 끝에 전 세계의 모든 생물자원을 우리나라가 확보하여 신약, 식량, 에너지 자원으로 활용하자는 원대한 계획을 세우게 되었습니다. 생물자원의 허브를 우리나라에 설치하고, 여러 국가에 생물자원 공동 연구소를 설립한 뒤, 그곳에서 확보한 자원들을 국내 연구진이 활용하자는 구상을 수립하였습니다. 우리나라와 공동으로 연구하는 국가들도 결과를 공유할 수 있어 서로에게 이익이 되는 방식이었습니다.

페루 세계적으로 가장 풍부한 생물자원이 존재하는 지역이 남미 아마존 일대입니다. 이에 따라 첫 번째로 손꼽은 나라가 아마존을 끼고 있는 페루였습니다. 공동 연구를 통해 식물, 미생물, 곤충 등의 생물 다양성 자원을 확보하고, 신약과 소재를 공동 개발하자는 안이 나왔습니다. 또한, 페루를 교두보 삼아 다른 남미 국가들과 연계하여 더 많은 생물자원을 확보한다는 계획도 세웠습니다.

2004년 7월, 저는 대통령 특사 자격으로 페루를 방문하여 알레한드로 톨레도 대통령을 면담하고 생물 다양성 공동 연구의 필요성을 제안하였습니다. 톨레도 대통령은 이에 동의하면서 한국과의 경제, 정보통신 분야 협력 확대도 희망하였습니다. 2005년 1월, 양국 간 양해각서를 체결하고 공동 연구를 시작하였습니다. 이는 아마존강 유역의 4만여 종 식물자원을 대상으로 천연 신약 및 기능성 소재 연구를 시작한 첫걸음이었습니다. 4만여 종은 한국에 있는 식물자원의 10배에 달하는 어마어마한 양입니다.

페루의 공동 연구센터에서는 다양한 자생 식물의 성분을 분석하고, 항암 및 항염 약재로서 활용 가능성을 집중적으로 탐색하였습니다. 우리나라가 페루의 과학기술자들을 교육하고 연구개발 노하우를 전수했기 때문에, 페루 입장에서도 공동 연구는 큰 도움이 되었다고 평가되었습니다. 이 공동 연구는 멕시코, 코스타리카, 브라질, 아르헨티나 등 생물 다양성이 풍부한 다른 중남미 국가들과의 생명공학 공동 연구 사업을 확대하는 발판이 되었습니다. 우리나라가 남미 국가들과 실질적인 과학기술 협력을 전개한 것은 이 사업이 처음이라고 할 수 있습니다.

코스타리카 INBio 중앙아메리카에 있는 코스타리카는 한반도 면적의 4분의 1에 불과하지만, 단위 면적당 생물자원 밀집도가 세계 최고 수준입니다. 코스타리카는 오래전부터 INBio라는 생물 다양성 연구소를 운영하며 세계 각국과 공동 연구를 진행해왔습니다.

2005년 7월, 저는 코스타리카를 방문하여 파체코 에스프리에야 대통령과 과학기술 협력 방안을 논의하였습니다. 파체코 대통령은 "코스타리카는 전 세계 생물 다양성의 6%를 보유하고 있다"라고 강조하며 한국과의 긴밀한 협력을 약속하였습니다.

다음 날 INBio 연구소를 방문하여 연구 현황을 파악한 결과, 이미 세계 20여 개국 과학기술자들이 파견되어 대규모 생물 다양성 연구 활동을 벌이고 있었습니다. 연구소 내에서는 영어가 사실상의 공용어로 사용되고 있었고, 우리 과학자들이 이곳에서 연구 활동을 하면 의사소통이 원활할 뿐만 아니라 연구 정보 공유에도 유리할 것이라는 판단이 들었습니다. 해외 연구센터로서는 최적의 조건이었습니다.

공동 연구센터는 코스타리카에 설치하되, 이를 기지로 삼아 브라질, 페루 등 남미 국가로 생물자원 연구를 확대하기로 하였습니다.

베트남 2005년 11월, 베트남을 방문하여 유용한 생물자원 발굴 및 추출물 구축 사업에 관해 논의를 진행하였습니다. 이 자리에서 한국생명과학연구원과 베트남 생태생물자원연구소(IEBR)가 공동 연구센터를 설치하기로 합의하였습니다. 이후 시간이 다소 걸리기는 하였으나, 2013년 한·베트남 생물 소재 연구센터를 설립함으로써 베트남과의 공동 연구가 본격화되었습니다.

중국 운남성 2005년 11월에는 중국 운남성 곤명시를 방문하여 생물과학 기술 협력을 추진하였습니다. 운남성장과의 회담에서 한국생명과학연구원과 운남성 농업과학원이 공동 연구센터를 설립하기로 합의하였습니다. 운남성 농업과학원은 연구원만 1,000명에 달하는 대규모 연구조직이었습니다.

중국 측의 관심이 어느 정도였는지를 보여주는 일화가 있습니다. 베트남에서 비행기를 타고 곤명(昆明)으로 향할 때, 더운 날씨여서 편한 복장을 하였고, 넥타이도 매지 않았습니다. 곤명 공항에 도착하니 빨간 카펫이 깔려 있었는데, 우리 일행을 위한 것이라고는 생각하지 못했습니다. 그런데 우리를 빨간 카펫 위로 안내하였고, 다른 승객들은 뒷문으로 내리도록 하였습니다. 귀빈실로 안내하는가 싶었지만, 그 예상도 빗나갔습니다. 귀빈용 벤츠 승용차가 카펫 끝에 대기하고 있었고, 우리는 출입국 수속 없이 곧바로 호텔로 이동하였습니다. 그 호텔은 현지에서 가장 오랜 역사를 가진 곳이었으며, 제가 묵은 방에는 운동기구까지 갖추어져 있었습니다.

당시에는 한·중 간 교류가 초기 단계였고 과학기술 격차도 컸기 때문에, 중국 측은 우리와의 적극적인 협력을 원하고 있었습니다. 운남성은 열대성 기후를 가진 지역이지만 해발 5,000미터에 달하는 고산지대도 있어, 열대와 아열대는 물론 온대, 한대 식물과 조류, 곤충 등이 다양하게 서식하는 곳입니다. 또한, 다양한 소수민족이 거주하고 있어 그들의 전통 의학과 기술을 연구할 수 있는 장점도 지니고 있었습니다.

운남성장 주최 만찬에서는 조류를 이용한 다양한 요리가 나왔습니다. 접시마다 요리된 새의 대가리가 세워진 독특한 모습이었는데, 당시 우리나라는 조류독감 발생으로 인해 닭고기도 먹지 않던 시기였습니다. 꺼림칙하기는 하였으나, 중국 측의 성의를 고려하여 열심히 음식을 먹었습니다.

말레이시아·인도네시아 2005년 11월, 말레이시아의 새로운 행정 수도 푸트라자야를 방문하여 라자브 부총리 겸 국방 장관과 회담하였습니다. 이 자리에서는 생명공학뿐 아니라 IT 기술 협력에 대해서도 논의하였습니다. 그 결과, 말레이시아 보르네오섬에 위치한 사바대학과 한국 생명과학연구원이 생물 다양성 공동 연구센터를 설치하기로 양해각서를 체결하였습니다.

사바대학은 보르네오섬의 풍부한 생물자원을 기반으로 농업 및 생명공학 분야에서 풍부한 연구 실적을 보유한 대학입니다. 사바대학을 방문할 때 경찰 오토바이가 사이렌을 울리며 우리 일행을 캠퍼스 안까지 에스코트하였습니다. 우리나라였다면 조용한 대학 구내에 경찰 오토바이가 사이렌을 울리며 진입하는 것은 큰 소란이 되었을 터인데, 그곳에서는 총장과 학장, 간부들까지 건물 앞에 도열하여 우리를 환영하였습니다. 야간에 근처 관광을 하려고 하였으나, 경호원들이 24시간 밀착 경호를 하여 사전 협의 없이는 외출이 불가능하였습니다.

보르네오섬은 동남아시아에서 가장 풍부한 생물 다양성을 보유하고 있다는 점에서, 말레이시아뿐 아니라 인도네시아와도 협력을 추진하였습니다. 보르네오섬은 두 나라가 함께 공유하는 지역이기 때문입니다. 이후 보르네오섬은 우리나라 생물 다양성 연구의 중추적 거점이 되었습니다.

세계 각 지역에서 생물 다양성 자원을 확보하기 위한 노력을 펼친 결과, 2019년 현재 37개국 43개 연구기관과 공동 연구 네트워크를 구축할 수 있었습니다. 또한, 각종 고부가가치 천연물 식의약품 및 향장품을 산업화하는 실적도 거두게 되었습니다.

BT 혁명을 위해 세계 각국에 공동연구센터를 설립하며 뿌렸던 씨앗이 마침내 열매를 맺기 시작한 것입니다.

남은 이야기

못다 이룬 꿈, 세계 자유 도시

저는 계획했던 대부분의 일을 성취하였습니다. 그러나 꼭 이루고 싶었음에도 끝내 실현하지 못한 아쉬운 프로젝트가 하나 있습니다. 그것은 '세계 자유 도시'를 건설하는 일이었습니다.

인천국제공항이 들어서는 영종도 근처에 홍콩을 능가하는 최고 수준의 세계 자유 도시를 건설할 수 없을까 고민하였습니다. 공항을 건설하면서 그 앞바다에 3,000만 평을 매립하여 세계 자유 도시를 조성하고자 했습니다. 필요하다면 1억 평까지도 매립할 수 있었습니다. 이 독립된 섬에서는 국내법의 제약을 벗어나 국제 규범에 맞게 자유롭게 비즈니스를 할 수 있으며, 일정 금액 이상을 투자한 사람에게는 영주권을 부여하고, 세계인 누구나 자유롭게 여행할 수 있도록 하려 하였습니다. 또한, 한국어와 영어를 공용어로 삼고, 세계 누구나 공무원이 될 수 있는, 한국의 한 도시가 아니라 세계인을 위한 도시를 만들자는 것이었습니다.

당시에는 홍콩의 중국 반환을 앞두고, 홍콩에 거점을 두고 있던 많은 기업이 대이동을 준비하고 있었습니다. 이들이 옮겨갈 새로운 거점이 필요했기에, 이곳은 매우 매력적인 장소가 될 것이 분명하였습니다. 이 지역은 동북아 허브 공항이 들어서게 되고, 세계적인 항구가 있으며, 통신 서비스도 완벽하게 제공할 수 있었기 때문에, 소위 에어포트(Airport), 시포트(Seaport), 텔레포트(Teleport) 기능을 모두 갖춘 완벽한 트라이포트(Triport)였던 것입니다. 지리적으로 중국과 일본에 가까우면서 규제가 없는 자유 도시를 만든다면, 세계 많은 기업이 관심을 갖지 않을 수 없었을 것입니다.

영종도 일대에 '세계 자유 도시'를 건설하는 계획은 점차 무르익어 갔습니다. 저희는 「영종도 세계 자유 도시 플랜」이라는 보고서를 작성하여 세계 6개 대학에서 프레젠테이션을 진행하였습니다.

세계 여러 전문가로부터 부러움 섞인 격려를 받았습니다. "폐쇄적이라고 알려진 한국이 이렇게 과감한 계획을 세우다니 놀랍다. 세계에 투자하려고 대기 중인 자금이 많은데, 계획만 발표하면 모두가 관심을 갖고 투자할 것이다. 한국 정부의 예산을 사용할 필요도 없이 해외 투자 유치만으로도 충분히 건설할 수 있을 것이다"라는 반응이었습니다.

또한, 미국, 일본, 프랑스를 방문하여 기업인들을 대상으로 설명회를 열었습니다. 저는 일본 경단련을 직접 방문하여 회장단에게 이 구상을 설명하였습니다. 반응은 대단히 뜨거웠습니다. "한국에 그런 도시가 생긴다면 직접 투자하겠다. 한국은 자금 걱정을 할 필요가 없다"라며 환영해주었습니다. 아울러 노무라연구소에 의뢰하여 다국적 기업 150곳을 대상으로 설문조사를 했는데, 많은 기업이 깊은 관심을 나타냈습니다. 이제 영종도가 세계 비즈니스와 국제 외교의 중심이 되는 것은 시간문제처럼 보였습니다.

저는 '영종도 세계 자유 도시 계획'을 대통령께 보고드렸습니다. 대통령께서는 단군 이래 가장 중요한 사업이라며 경제수석에게 적극 지원하라고 지시하셨습니다. 또한, 대통령께서 직접 헬리콥터를 타고 영종도 상공을 돌면서 "이곳에 오명 장관의 공로비를 세워주시오"라고 격려의 말씀까지 해주셨습니다. 이제 모든 것이 순조롭게 진행될 일만 남은 상황이었습니다.

그렇게 공식 발표를 앞두고 순조롭게 진행되던 중, 청와대에서 갑작스럽게 잠시 보류해달라는 요청이 있었습니다. 그동안 경제기획원의 일부 관료들과 경제학자들은 예산이 없다는 이유로 세계 자유 도시 건설을 반대해왔었는데, 외자 유치로 해결하겠다고 하자 이번에는 영종도에 외자가 너무 많이 들어오면 국내 인플레이션이 발생할 수 있다는 이유로 반대하기 시작한 것입니다. 속이 터질 노릇이었습니다.

국내 정치 상황이 복잡해지면서 발표는 계속 지연되었고, 결국 다음 대통령에게까지 이 문제가 넘어가게 되었습니다. 새 대통령직 인수위원회에서 이 문제를 다루고, 새로 임명된 건설교통부 장관이 이 계획을 추진하겠다고 발표하였습니다. 그러나 당시 우리나라는 외환 위기를 겪으며 온 나라가 구조조정에 시달리고 있었기에, 이러한 대규모 프로젝트를 감히 추진할 수 있는 상황이 아니었습니다. 그러는 사이, 영종도에 관심을 보이던 많은 기업은 밴쿠버나 싱가포르로 자리를 옮기게 되었습니다. 결국, 동북아 경제의 주도권을 쥘 절호의 기회를 놓쳐버리고 말았습니다.

외환 위기를 겪으면서, 저는 당시 외자가 많이 들어오면 인플레이션이 생긴다며 반대했던 사람들에게 이렇게 말하고 싶었습니다. "그때 '세계 자유 도시' 프로젝트를 추진했더라면 우리나라는 외환 위기를 겪지 않았을 것입니다."

세계 자유 도시가 성공적으로 건설되었다면, 우리나라의 위상은 완전히 달라졌을 것이며, 개방화와 국제화가 급속도로 진전되었을 것입니다. 우리는 영종도에서 우리나라의 미래를 직접 경험할 수 있었을 것이며, 세계에서 가장 앞서가는 도시국가를 하나 보유하게 되었을 것입니다. 공직 생활 중, 저에게 있어 가장 아쉬웠던 일입니다.

명예의 전당에 오르다: SUNY Stony Brook

제가 뉴욕주립대학교에서 공부하며 경험한 미국은 매우 충격적이었습니다. 귀국 후 정부에서 일하면서, 제가 맡았던 모든 분야에서는 미국을 앞서기 위해 끊임없이 노력하였습니다. 분명한 경쟁 목표가 있었기 때문입니다. 결과적으로 제가 맡았던 분야들은 모두 미국을 앞지르게 되었습니다. 전화 설치도 미국보다 더 빠르게 이루어졌고, 우편 서비스도 더 나아졌으며, 고속열차도 더 빠르고, 더 좋은 공항도 건설할 수 있었습니다.

미국 대학에서는 이를 두고, 자신들이 훌륭하게 교육하여 한국 발전에 큰 기여를 한 것이라며, 자국 학교 교육의 성공 사례로 축하해주었습니다. 그 과정에서 미국의 너그러움을 느낄 수 있었습니다. 덕분에 영광스럽게도 제가 졸업한 뉴욕주립대학교(스토니브룩) 공과대학 '명예의 전당'에 첫 번째로 이름을 올리게 되었습니다. 두 번째로는 스탠퍼드대학교 총장을 16년간 역임하며 스탠퍼드를 세계적인 대학으로 성장시킨 존 헤네시 박사가 선정되었습니다.

나는 참으로 행복한 사람

제가 참으로 행복한 사람이라고 생각하는 이유는, 우리 조국이 힘든 시기에 태어난 덕분에 도전해야 할 일들이 많았고, 그 중심에서 더 나은 세상을 만드는 데 기여할 수 있었기 때문입니다. 저는 참으로 보람된 인생을 살았다고 자부합니다.

우리는 앞으로도 경제를 지속적으로 발전시키고, 빈부 격차를 해소하며, 사회적 갈등을 줄여나가야 합니다. 이를 통해 모든 국민이 고르게 잘 사는 행복한 나라를 만들어야 합니다. 미래는 저절로 오는 것이 아닙니다. 우리가 노력하여 바람직한 미래를 스스로 만들어가야 합니다. 역사는 하루아침에 이루어지지 않습니다.

아메리카노의 향기를 즐기면서, 라떼의 고마움도 함께 느낀다면, 우리 사회가 한층 더 행복해지지 않을까요?

이한빈 이야기

김형국(서울대학교 명예교수)

지은이가 말하던 신간

『작은 나라가 사는 길: 스위스의 경우』[08]는 1965년 출간이다. 지은이인 덕산 이한빈(德山 李漢彬, 1926-2004)이 서울대학교 행정대학원 원장으로 부임한 해는 1966년이다. 그때 나는 대학원 1학년생이었다. 수업시간에 신간 이야기가 나온 것은 자연스러웠다.

학문하는 사람들의 관심 분야는 그 주제로 책을 쓸 때 가장 정통하기 마련이다. 미국의 저명한 교수가 강의하는 수업시간에 수강생이 좀 별난 질문을 하자, 최근에 자기 제자 중에 그 주제로 박사학위 논문을 쓴 이가 있었다며 그에게 묻는 게 좋겠다고 대답했다. 갓 출간한 당신의 책을 소개하며, 대한민국의 미래상을 꿈꾸는 데 주재국 대사를 지냈던 스위스가 좋은 참고가 될 것이라는 집필 취지를 들려주었다.

스위스 사례도 준거가 될 수 있다

그 수업은 당신이 담당하신 발전행정론(Development administration) 과목이었다. 이전의 정통 행정학은 정부 행정을 감당하는 '관료제(bureaucracy)'란 한 체제 안에서 그 구성과 기능을 가다듬어 정부 노릇을 효율·효과적으로 전개할 수 있는 방안에 관한 연구였다. 견주어 발전행정론은 나라 발전을 위해 관료제가 사회의 엄중한 변화에 어떻게 대처할 것인가를 다루었다. 미국식 신종 용어로 말하면 '정부생태학(ecology of government)' 발상이 그 기저였다.

1960년대는 유엔이 정한 개발도상국의 밝은 미래를 고대한다는 뜻의 '개발 연대'였다. 그 상황에서 발전행정론은 개발도상국의 행정 체계에 관심을 갖던 세계행정학회도 제안하던 새 교과과정이었다. 덕산 스스로에겐 공직자로 살아온 이전 경력의 연장으로, 그때 겨우 제1차 경제 개발 5개년 계획에 착수한 저개발국 한국의 미래상에 대해 신념을 갖고 매달리던 연학(研學)이었다.[09]

그 시절 조야(朝野, 조정과 민간) 식자층에선 저개발의 전통 사회가 어떻게 근대화를 앞서 실현한 구미 선진국의 역사적 발전 단계를 따라갈 수 있을까, 어떻게 따라잡기 노력을 압축적으로 할 수 있을까가 당면 관심이었다. 그 발전 단계설로 경제 발전 5단계설 (① 전통형 사회, ② 도약 준비, ③ 도약 단계, ④ 성숙 단계, ⑤ 고도 대량 소비 시대)이 크게 주목받았다. MIT 교수 출신 당대 경제학자 로스토(Walt Rostow, 1916-2003)의 저술 『The Stages of Economic Growth(경제 발전의 제 단계)』(1960)가 그 이론적 근거였다. 군사정부가 경제 개발 5개년 계획을 1962년에 처음 도입·추진한 것을 '도약 준비' 단계라 여겼고, 이후 이 나라 최초의 국가산업단지이던 울산공업단지 정유공장 준공식에서 검은 굴뚝 연기가 치솟자 바야흐로 '도약 단계'에 진입했다고 관민(官民)들이 환호했다.

'도약'의 영어 낱말 'take-off'는 활주로를 달리는가 싶더니 어느 순간 하늘로 치솟는 비행기 이륙(離陸) 모습의 형용이다. 국내외 비행기 여행이 일상화된 오늘에도 비행기의 이륙 순간은 모든 승객에게 경이로움 그 자체다. 공항 관제소에 높이 앉은 관제사들 역시 이륙을 유도하는 지시가 떨어지자마자 수백 톤 무게의 대형 비행기가 굉음과 함께 사뿐히 하늘로 치솟아 오르는 광경은 볼 때마다 감탄스럽다 했지 않았던가. 그때 위정자가 기간산업 공장 준공을 '4000년 역사의 가난'을 씻는 몸짓이라 설파했으니, 도약치고 세상에 그런 도약이 또다시 있을 수 없었다.

기술 관료에서 교육자로 돌아와

나라가 도약 단계에 접어들었다며 들떠 있을 때, 덕산은 국가 개발의 최일선에 있지 않았다. 그 대신, 나라 성장 도정을 체계적으로 정리하고 풀이하는 이론 연구와 장차의 고급 행정공무원을 교육하고 훈련할 목적으로 설립된 교육기관의 책임자로서 신명을 바치고 있었다.

1961년까지만 해도 덕산은 나라 경제 발전을 꾸미려던 최일선의 전문적 식견을 가진 이른바 기술 관료(technocrat)였다. 덕산은 자유당 정부 말기부터 관계 당국이 제안해놓은 '5개년 장기 계획'을 구체화하려고 단명했던 민주당 정부가 1961년 봄에 세 사람 실무 교섭단을 미국으로 파견할 때 그 일원이었다. 거기서 케네디 대통령 정책 고문이던 바로 그 로스토 박사를 만났다. 덕산이 로스토에게 한국 경제의 발전 가능성을 제시하자 아주 호의적으로 반응해 주었다고 한다.

미국 조야를 상대로 한 덕산의 접촉은 재무부 예산국장으로 일할 때 해마다 미국을 찾아 국가 재정을 꾸려갈 대한(對韓) 원조자금을 협의하는 과정에서 쌓았던 인연의 연장이었다. 그는 6·25 전쟁한 해 전에 미국 하버드 경영대학원으로 유학 갔고, 1951년에 임시수도 부산으로 귀환해서 경제 관료 생활을 시작했다.

실무교섭단이 한창 미국 조야를 상대로 한국 경제의 발전 가능성을 설득하던 일정 중에 뜻밖에 5·16 군사혁명 발발 소식을 현지에서 접했다. 당장 당신의 체면이 구겨진 것은 약과이고 무엇보다 미국 유학 생활을 통해 간직했던 자유민주주의 신념에 대한 일대 도발이라 여겨 군사혁명을 마음으로 용납할 수 없었다.

귀국한 뒤 군사정부의 경제 개발 행정 일선에 나서라는 제안을 뿌리치고 사표를 내었다. 군사정부는 그의 뛰어난 외국어 실력 등을 감안해서 일단 외국 주재 대사 자리를 제안했다. 그때 덕산은 내심으로 정당성이 추락한 정부에서 일하기보다 학계로 나가고 싶었다. 막간에 주제네바공사를 시작으로 스위스대사, 오스트리아·EU 겸임대사, 로마 교황청·바티칸 겸임공사를 두루 맡는 외교관으로 일했다. 현지에 부임해서 새 공관 개설 등의 공무에 진력하는 한편으로, 교육계로 향한 당신 장래 진로에 대한 계획은 착착 진행되어 갔다.

부임하고 1년 정도 지나 요로에 사표를 제출했다. 수리까지 시간이 꽤 걸릴 기미를 눈치채자 그 공백의 마음을 달랠 김에 한국 경제 사회의 발전 방안 모색에 도움이 될 일을 궁리했다. 그게 바로 한국이 스위스의 사람과 역사와 지리에서 배울 바를 찾자는 것이었다. 국토가 협소하고 지세마저 사람이 상대적으로 살기 어려운 산악인 점이 공통적이고, 수없이 외침을 받아왔던 반도국의 지정(地政)에서 영세중립국 처지가 부럽기만 하던 터라 혹시 이 점도 스위스를 벤치마킹할 수 있지 않을까 하여 살펴본 것이었다.

벤치마킹의 미덕

벤치마킹은 미래 목표 설정의 한 방편이다. 지금 없거나 모자라는 것을 장차 얻으려는 심사에서 '아직 오지 않았음'인 '미래(未來)'를 꿈꾸는 것은 자칫 허공의 뜬구름처럼 비칠 수 있다. 이럴 때 앞서가는 선망의 대상을 보며 "저기에 바로 우리의 미래가 있다"고 말하면 한결 장차를 위해 지금 투입할 시도에 실감이 보태질 수 있다. 특히 기업 쪽 행태가 그러했는데, 국산 텔레비전을 소니 텔레비전 못지않게, 국산 자동차를 도요타 자동차 못지않게 만들려고 부심했음은 그 선망의 대상을 벤치마크한 방식이었다. 국가의 발전책도 벤치마킹 방식으로 도모할 수 있을 것이라는 게 바로 덕산의 스위스 국가 사례 연구의 취지였다.

나라의 어려운 사정을 통감한 끝에 어느 나라를 닮아야겠다는 선각(先覺), 개인의 크고 작은 발상은 예로부터 우리에게도 적지 않았다. 전통 농업의 선진화를 위해 덴마크를 따라 배우자는 주장도 그런 발상의 일환이었다. 하지만 국토 분단, 동족상잔의 뼈아픈 역사를 겪고 난 대한민국에서 다른 나라 사례를 통해 국가적 방책을 제시한 것은 덕산의 이 책이 우리 현대사에선 최초일 것이다.

책 저술 전후의 소회를 수업시간에 말하던 언간(言間)에 덕산이 공직자로서 합당한 소임을 다했다는 자부심을 은근히 내비치기도 했다. "역사 이래로 다른 나라에 사신으로 갔던 이들이 많고 많았지만 나라에 보탬이 될 만한 일을 한 이로 고려조에 목화씨를 붓대롱에 숨겨온 문익점(文益漸, 1329-1398)만 한 사람이 있었겠냐?" 당신의 발전행정론 수업시간에 자문·반문했다.

벤치마킹 찾기에 골몰했던 덕산의 발상법은 나라의 경제 발전이 도약 단계를 넘어 도래한다는 성숙 단계, 그리고 그 너머 고도 대량 소비 시대에 진입하는 모습을 설명해보려던 시도이기도 했다. 이는 선행(先行) 사례가 있고, 문명 발전의 역사적 단계가 선형(線形)임을 전제로 한다. 경제·사회 발전이 농업에서 산업 사회로, 그리고 정보 사회로 나아간다는 설명인데, 산업화가 이뤄지면 도시화가 급격하게 진행한다는 설명도 일종의 선형 발전론이다.

벤치마킹은 미래 실현의 한 방법

덕산의 스위스 사례 연구는 그가 1968년 여름에 창립을 주도한 한국미래학회의 워크숍이나 세미나에서 자주 화제에 올랐다. 강대국과 이웃하는 처지이니 안보는 이를테면 러시아와 이웃한 핀란드 사례가 참고로 거론되기도 했던 것은 바로 벤치마크 찾기의 정당성이 그 기저였다.

다시 토론의 화제가 스위스 사례를 갖고 설왕설래하는 도중이면, 온갖 나라들의 독재자들이 부정·축재한 비자금 창구가 되어주는 게 그곳 은행들의 악행인데, 그런데도 스위스가 선행을 일삼는 모범국으로 비치는 것은 국제적십자의 깃발 색깔을 뒤집어 흰 바탕에 붉은 십자가를 박아 만든 나라 국기를 통한 이미지로 카무플라주(camouflage, 위장)하고 있기 때문이라 꼬집는 말도 나왔다. 이 비아냥은 우리의 대외적 이미지가 그 시절 한동안 태권도 시범행사를 앞세워 나라 얼굴 알리기를 하던 노릇에 대한 은근한 비판도 담겨 있었다. 벽돌을 쌓아놓고 우당탕 격파하는 모습은 처음 보는 사람에겐 무척 공격적인, 아니 파괴적인 모양새로 비칠 수 있는데 그런 방식으로 어떻게 나라의 이미지를 착하고 아름답게 진작시킬 수 있느냐는 비판이었다.

나는 그때 덕산에게서 스위스 이야기를 들을 때마다 대학 초년생 시절의 기억이 떠올랐다. 외국물을 먹어본 적 없었던 대학 초년생의 뇌리에 박힌 장면이었다. 서울대 사회학과 강의에서 한 교수가 열변했다. 『로마 제국 쇠망사(The History of the Decline and Fall of the Roman Empire)』(1788)로 유명한 영국의 역사학자 기번(Edward Gibbon, 1737-1794)의 행적에 관한 것이었다. 기번이 이탈리아 여행을 마치고 영국으로 돌아가는 길에 스위스를 지날 적에 "레만 호수를 바라보다가 문득 『로마 제국 쇠망사』를 쓰기로 마음먹었다"라고 소리 높였다. 사회과학 강의였던 만큼 집필 동기의 전후 인과를 말해야 하는데, '문득'이란 말로 얼버무리는 바람에 집필을 결심하기까지의 심리적 갈피를 간파하지 못해 스스로 참 난감해했던 기억이 지금까지도 잊히지 않는다.[10] 그런데 이탈리아 순례 길에 만난 로마에 매료되어 이 도시의 역사를 쓰려고 시작했던 일이 로마 제국의 역사 연구로 확대되었음은 한참 나중에야 알았다.

벤치마크는 경영학에서 '투자의 성과를 평가할 때 기준이 되는 지표'라는 뜻이라 했다. 한편 우리가 모범적 선행을 따라 하겠다는 뜻의 벤치마킹은 상식선의 일상용어인 셈이다.

벤치마크에 준하는, 더 학문적 개념은 내삽법(內揷法, intrapolation)이란 미래 예측의 한 방편일 것이다. 한국미래학회를 통해 소개되고 알려진 '미래 연구(future studies)'는 ① 미래에 어떤 일이 일어날 것인가를 살피는 이른바 '사실적 미래', ② 미래는 어떤 것이 바람직한가를 살피는 '당위(當爲)적 미래', 그리고 ③ 사실과 당위의 미래 간격을 줄이기 위한 오늘의 시도 곧 정책학으로 이뤄진다 했다. 거기서 내삽법은 외삽법(外揷法, extrapolation)과 함께 사실적 미래 예측 방법의 하나다.

어떤 체제의 미래를 그 체제의 지난 추세의 연장에서 살피며 대체로 통계적 방법을 이용하는 게 외삽법임에 견주어, 정성(定性)적인 사항의 예측은 한 체제의 미래상이 다른 선행 체제의 과거 정황과 비슷할 것이란 전제를 통해 파악하는 방법이다. 한국의 국민소득이 1인당 1만 달러인데, 장차 3만 달러이면 경제·사회상이 어떻게 변할 것인가를 살필 때 우리보다 앞서 발전하고 있는 이를테면 3만 달러 시절의 과거 일본 사회상을 통해 유추(類推)할 수 있다는 발상법이다. 이 말은 덕산의 이 스위스 연구는 국가 경제력이 장차 높아질 때 예견되는 한국의 사회상을 내삽법으로 살필 수 있는 준거가 될 수 있다는 말이다.

스위스에 대한 한국의 시차적 관심

스위스의 국가 발전 사례는 극동의 이 작은 나라만의 관심도 아니었고, 한편으로 대한민국으로선 가난에서 벗어나려고 몸부림치던 저개발국 시절의 관심만도 아니었다. 선진국 쪽에서는 스타인버그(Jonathan Steinberg, 1934-)의 『왜 스위스인가(Why Switzerland?)』 (1996)가 있다. 스타인버그는 케임브리지대학 교수를 역임한 유럽사

전공의 유대계 미국인인데, 이전에 나치 시대 독일 금융계의 움직임을 밝히는 데도 관여했다고 한다.

무려 반세기의 터울을 두고 한국의 두 외교관이 쓴 스위스 사례 연구 중 하나는 절대 가난을 벗어나려는 몸부림치던 시절에 썼던 덕산의 글이고, 또 하나는 압축 성장을 자랑하던 끝에 세계 무역 10대국에 들었다는 '강소국(强小國)'이 책 소제목대로 불시에 "선진국 문턱에서 주저앉은 한국"이 되고 말았다는 문제의식을 바탕으로 풀어낸 것이다. 『스위스에서 배운다』(2013)는 2010년에 스위스 대사를 마지막으로 외교관 생활을 마감한 장철균(張哲均, 1950-)의 저술이다. 후자의 부제는 "21세기 대한민국 선진화 전략"인데, 거기서 스위스 사례를 유의미하게 거론했다.

그런데 두 책의 가장 큰 차이점이라 하면 하나는 학술서이고, 또 하나는 참모 보고서라는 점이 아닐까 싶다. 학술서는 무엇보다 대상을 바라보는 시각을 '이론 틀(theoretical framework)'이란 이름으로 논의의 근거 개념 틀을 제시한 뒤 그것에 따라 관찰한 바를 적는다.

개념 틀에 따라 전개되는 학술서의 기술(記述)은 비록 과거의 사정에 대한 것일망정 상호 관련이나 인과에 대한 논의로 말미암아 장차 사태를 내다볼 수 있는 개연성을 가진다. 이한빈의 스위스 책은 ① 경제 ② 사회 제도 그리고 ③ 국민성과 역사를 논의 대상으로 삼았는데, 이는 나라 살림을 ① 삶 ② 틀 ③ 길이란 보편 개념을 갖고 살필 수 있다는 명제에 따라서였다. 그래서 스위스 사례에서 한국이 배우려 한다면 보편 개념별로 착안해서 거기에 따라 우리에게 주는 시사점도 도출할 수 있고 전망도 내릴 수 있다.

반면 참모 보고서는 골똘히 살펴본 대상을 비교적 포괄적으로 적은 일종의 수상(隨想)이다. 그만큼 장차에 대한 정책적 시사점은 제한적이다. 이 점은 훗날 적은 책이 앞서 나왔던 선배 외교관의 저술은 알고는 있었지만, 직접 참고했다는 언급이 없었음에서도 짐작이 간다.

하기야 좋은 도서관이 아니면 덕산의 반세기도 더 된 지난날의 책을 찾을 길이 없었을 것이다. 이런 사정을 감안해서 2018년 한국미래학회 창립 50주년 기념으로 스위스대사 시절, 학회 창립도 함께 꿈꾸면서 저술한 덕산의 책을 복간하기로 한 것이다.

인문주의자 덕산

덕산의 책은 요약의 말과 함께 한 편의 시로 끝을 맺는다. "개인 생활에 있어서 부지런하고 검약하고 저축하는 기풍이 생기고, 사회생활에 있어서 너그럽고 양보하고 이해하고 공동의 운명을 나의 운명으로 생각하고, 사회에 참여하는 뜻있는 시민이 많아지면 그때 비로소 식산(殖産)과 단결이 생길 것이다. 이것이 국가 발전의 첩경이요 우리가 스위스에서 배울 교훈이다"라고 적고는 우리말과 독일어로 적은 자작시 「눈(Der Schnee)」으로 끝맺는다.

"… 나는 이제 하직하련다 / 눈 속에 덮인 융프라우 / 암석과 초
목을 하나로 덮은 눈 / 회상과 희망을 이어다오 / 꿈을 아는
영봉이여 / 꿈을 펼 때까지 / 영감으로 지켜다오 / 다시 올 때
까지"

긴 산문을 시로 끝맺는 방식은 인문주의자의 아름다운 경지에
이른 이들이 구사하는 글쓰기 스타일이라 하던데, 덕산도 바로 그
런 관행을 따르고 있다. 우리 전통문화에서 선비의 좋은 자기표현
능력이자 자락(自樂)의 경지를 일컬어 '시서화(詩書畵) 삼절(三絶)'이
라 했고 영미 쪽에선 시와 수필과 산문으로 두루 경지에 이른 경우
를 '문필가(man of letters)'라며 선망했다.

동서양 가릴 것 없이 문자의 세계에선 시를 가장 높이 친다. 말
의 순도 높은 진정성이 '시정신(詩精神, poésie)'에 있다고 보기 때문이
다. 시정신의 구현인 시 짓기란 "서정적 자아의 소우주 속에서 순간
적으로 세계가 조명됨"(유종호, 『시란 무엇인가』, 1995)이라 했으니 그만
큼 '워드(word)에서 월드(world)를 읽는' 방식이 될 수 있다.

동서양 구분 없이 시의 위상은 한마디로 높고 넓으며, 엄정하고
치열하다. "시를 공부하지 않고서는 말할 게 없다(不學詩 無以言)"라
고 말했던 공자의 생각과 서양의 발상법이 다르지 않았다. 19세기
영국 유명 문필가 아널드(Matthew Arnold, 1822-1888)는 "시는 인간
의 가장 완벽한 발언"이라 했다. 시를 알지 못하고서는 말을 안다고

할 수 없다는 뜻이었다.

덕산의 스위스 시절에 대해서는, 직접 만나거나 편지를 주고받으며 교감을 깊이 나눈 바 있는 한국일보 최정호(崔禎鎬, 1933-) 유럽 특파원이 나중에 한 권의 책(김형국 편, 『같이 내일을 그리던 어제: 이한빈·최정호 왕복 서한집』(2007)으로 잘 정리했다. 여기에 덕산의 스위스 책 집필 전후 사정이 나온다. 당신이 불혹의 나이에 이른 소감을 담은 한 편의 시를 작시·작곡한 노래 악보와 함께 최 특파원에게 선물하기도 했다.

그때 덕산은 두 사람 사이를 공자의 '可與言詩(가여언시, 더불어 시를 말할 수 있음)'라는 말로 표현하기도 했다. 이를 일화를 기억하였기에, 스위스 책 복간에 즈음하여 당신의 시작(詩作)도 확보 가능한 것을 함께 수록했다.

여기 우리 20세기 고전이 있다

사회과학 서적은 명저라고 소문나도 그 유효 수명은 5년이라 했다. 5년을 넘긴 채로 계속 읽힌다면 그건 고전(classic)에 든다고 유학 시절에 들었다. 지금도 그 말이 유효한지는 별로 자신이 없다.

아무튼 '5년 시한설'에 따른다면 덕산의 스위스 책이 진작 절판되었다는 점에서 고전이라고 말할 수 없다. 그러나 현대 한국의 압축적 근대화를 예감하려 했던 해방 후 최초의 미래학적 저술이었다는 점에서 역사적인 책이라 할 수 있다. 미래를 만드는 것은 희망

사항을 마음과 생각에 담아 그걸 위해 행동 체계를 구사하는 사이에 이뤄진다는 '자기실현적 예측(self-fulfilling prophesy)'의 결과이기도 하다. 덕산의 저술은 바로 그런 경우인 점에서 한국미래학회 동학들 사이에서 복간을 결정했고 연후에 사계의 호응을 기대하려한 것이다.

덕산의 책이 스위스 선진 사례를 살핀 것은 역사적으로 민족국가가 개방 체제로 가기 위해 시도하던, 우리도 포함된 19세기 동북아의 신사유람단(紳士遊覽團)[11]에 담긴 발상의 후신(後身)이라 말할 수 있다. 세월이 흘러 글로벌 시대에 이르자 국제관계는 다방면으로 나라 생존의 필수라는 점에 대해 조야가 같은 생각이 되었고, 그래서 대학마다 세계 각 지역을 연구하는 국제대학원의 존재가 정당해지고 성행하게 되었다. 덕산의 스위스 배우기는 바로 그 선행(先行) 시도였다고 말할 수 있다. 그래서 고전이라는 판단이 선다.

원문:『작은 나라가 사는 길』복간에 즈음한 한두 단상

(김형국, 2019년 10월 16일)

미주

01 　신형철, 『몰락의 에티카: 신형철 평론집』, 문학동네, 2008.

02 　김형국 엮음, 『같이 내일을 그리던 어제: 이한빈·최정호 왕복 서한집』, 시그마
　　프레스, 2018. 11-12쪽.

03 　Ibid. 25쪽.

04 　영국 이코노미스트 계열사인 이코노미스트 인텔리전스 유닛(EIU)의 민주주
　　의 지수(Democracy Index)에 따르면 한국은 '완전한 민주주의' 국가에 속한다.
　　2006년부터 측정한 이 지수는 전 세계 167국을 다원주의, 정부 기능, 정치
　　참여, 민주적 정치 문화, 시민 자유의 다섯 지표로 평가하여 '완전한 민주주
　　의', '결함 있는 민주주의', '혼합주의', '권위주의'의 네 등급으로 나눈다.

05 　김진현, 『김진현 회고: 대한민국 성찰의 기록』, 나남, 2022. 35-36쪽.

06 　오명, 『30년 후의 코리아를 꿈꿔라』, 웅진지식하우스, 2009. 70쪽.

07 　Ibid. 8-9쪽.

08 　이한빈의 스위스 책은 1965년 동아출판사 초간인데 한국미래학회 창립 50년
　　(2018) 기념으로 열화당을 통해 복간(2019)했다. 편집 글은 김형국(한국미래학회
　　3대 회장, 서울대 명예교수)이 복간본을 꾸미며 적었다.

09 　이한빈, 『이한빈 회고록: 일하며 생각하며』, 조선일보사, 1996. 참조.

10 　스위스 이야기를 적자니 이 대목이 생각나서 저명한 역사학 교수에게 그 명저
　　의 집필 전후 사정을 직접 물어보았다. "책 저술에 혼신의 힘이 쏟았던 나머지
　　집필을 마치면서 이제 무엇을 적어야 하지…"하고 기번은 허탈해했다 한다. 위
　　키피니아 약술(略述)에 따르면 기번은 스위스 로잔에서 5년이나 머물면서 학업
　　에 매달렸고, 미완이지만 스위스의 역사에 관한 책을 썼단다. 로마 쇠망을 기
　　독교에 귀책(歸責)시킨 점이 책의 문제점이라는 게 중론인데도 노벨 문학상도
　　받았던 전시 영국 수상 처칠 등 많은 영국 문필가들이 기번의 문장에 매료되
　　었단다.

11 　조선조는 고종 때인 1881년에 어윤중(魚允中, 1848-1896) 등을 넉 달 동안 도쿄
　　와 오사카 등지의 선진 문물을 시찰하고 배우기 위한 이른바 '신사유람단'으로
　　파견했다. 훨씬 이전인 1870년대 초 메이지 정부가 1년 10개월에 걸쳐 유럽과
　　미국에 파견한 이른바 '이와쿠라(岩倉) 사절단'의 벤치마킹이었다.

KI신서 13603

다시 대한민국을 상상하다

석학 4인이 진단하는 한국의 구조와 지속 가능한 미래

1판 1쇄 인쇄 2025년 5월 23일
1판 1쇄 발행 2025년 6월 13일

지은이 최정호, 김진현, 김경동, 오명
엮은이 박성희
펴낸이 김영곤
펴낸곳 (주)북이십일 21세기북스

인문기획팀장 양으녕 **인문기획팀** 이지연 서진교 김주현 이정미
디자인 푸른나무디자인
마케팅팀 남정한 나은경 한경화 권채영 최유성 전연우
영업팀 한충희 장철용 강경남 황성진 김도연
제작팀 이영민 권경민

출판등록 2000년 5월 6일 제406-2003-061호
주소 (10881) 경기도 파주시 회동길 201(문발동)
대표전화 031-955-2100 **팩스** 031-955-2151 **이메일** book21@book21.co.kr

© 최정호 김진현 김경동 오명 박성희, 2025
ISBN 979-11-7357-313-2 (03340)

(주)북이십일 경계를 허무는 콘텐츠 리더

21세기북스 채널에서 도서 정보와 다양한 영상자료, 이벤트를 만나세요!

페이스북 facebook.com/jiinpill21   **포스트** post.naver.com/21c_editors
인스타그램 instagram.com/jiinpill21   **홈페이지** www.book21.com
유튜브 youtube.com/book21pub

당신의 일상을 빛내줄 **탐**나는 **탐**구 생활 〈탐탐〉
21세기북스 채널에서 취미생활자들을 위한 유익한 정보를 만나보세요!

정당 없는 민주주의는 없다

한국 정치, 현실을 넘어 미래로

곽진영 · 전진영 · 김진주 · 조원빈 · 고선규 · 정회옥 지음

민주주의 성장은 '정당'에 달려 있다!
한국 정당의 혁신 방향과 미래형 시스템 구축 방안

정치를 바꾸기 위해서 지금 무엇을 해야 하는가? 현실 정치인과 학자들은 중요 인물과 민감한 사건을 중심으로 한국 정치 생태를 비판하는 데에만 그치고 있다. 이런 환경에서 드물게 한국의 정치 발전을 위한 구체적 대안을 내놓는 책이다.

경제의 길

한국경제를 정상궤도로 돌려놓기 위한 혁신전략

권남훈 · 박정수 · 전현배 · 박형수 · 양재진 · 손재영 · 황세진 · 민세진 · 김용성 · 김영철 지음

한국경제를 정상궤도로 돌려놓기 위한 핵심전략
국내 최고 전문가 10인이 말하는 경제 정책 어젠다

무너진 한국경제를 다시 일으켜 세워야 하는 것은 정부의 숙명적 과제이다. 국내 최고 경제정책 전문가 10인이 모여 '성장과 혁신', '재정과 복지', '부동산·금융·공정거래', '노동, 저출산' 등 9개의 어젠다를 제시한다.

한반도, 평화를 말하나

튼튼한 평화를 위한 대한민국의 평화정책

최대석 · 홍용표 · 허재영 · 이호령 · 신인호 · 박원곤 · 양 욱 · 김기웅 · 김병연 · 김인한 · 황태희 · 박병광 · 신범철 · 이금순 · 모춘흥 · 김태균 지음

북한 핵과 미중 경쟁 격화로 위협받는 대한민국
국내 최고 외교안보 전문가 16인의 정책 제안

분단 극복은 평화의 문제이면서 동시에 통일의 문제다. 대한민국이 지향해야 할 평화와 통일의 정체성을 분명히 짚으며, 한반도 평화를 지키고 정착시키기 위한 정책적 대안을 4가지 차원(안보, 남북협력, 외교, 인권)에서 엄중하게 논의한다.

경제의 길 2

10가지 정책 이슈부터 산업별 대안까지
한국 경제 중장기 대응 전략

유혜미 · 이윤수 · 박윤수 · 김지운 · 신자은 · 전현배 · 민세진 · 조재한 · 김민기 · 이정환 · 권남훈 지음

규제 혁신과 정책적 접근으로 다가올 미래에 대비하라!
국내 대표 경제학자 11인의 대한민국 경제정책 대전망

물가에 따른 통화 긴축과 고금리 정책, 전쟁과 국제 안보 질서 변화, 기후변화 대응, ESG 열풍, 인공지능 발전 등 전 세계적 변화 속에서 새로운 도약을 향한 과제를 부여받은 한국 경제가 나아갈 바를 이야기한다.